오염된 정의

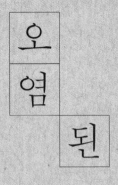

오염된 정의

기자 김희원,
탈진실의 시대를 말하다

SIDEWAYS

차례

제3부 차별이라는 폭력

제4부 우리는 다른 길을 선택할 수 있기에

검찰이 비판받은 적은 많지만 이토록 비웃음을 산 적은 없었다. 김건희 여사의 주가 조작 무혐의 처분을 국민은 믿지 않았다. 법원이 인정한 통정매매(通情賣買, 주가 조작을 위해 시간과 물량을 미리 짜고 한 매매)를 검찰은 '기억나지 않는다'는 진술만 받고 부정했다. 기각됐다던 압수수색 영장은 청구된 적도 없었다. 서슬 퍼렇던 수사기관은 조롱의 대상이 됐다. 국민 눈에 검찰은 더 이상 정의를 실현하는 국가기관이 아니다. 권력에 복속된 사적 기관이다.

불신과 조롱은 윤석열 대통령으로부터 흘러넘친 것이다. 자신과 배우자에 대한 혐의를 검찰로 덮고 거부권으로 막았다. 법치와 공정은 전복되었다. 무능과 불통은 상수가 됐다. 영부인의 문자와 녹취에서 드러난 국정 개입의 그림자는 탄핵 여론을 공공연하게 만들었다. 친오빠라느니, 여사 라인이 없다느니 하는 대통령실 해명 또한 믿는 이가 없어 보였다. 취임 직후 '바이든-날리면' 사태 때부터 대통령실이 입장을 밝히고 스스로 부정한 것이 한두 번이었던가. 이태원 참사든, 뒤집힌 정책이든 아무도 책임지지 않는 일이 하루 이틀이던가.

대통령만의 문제라면 차라리 희망이 있다. 이재명 더불어민주당 대표라고 해서 믿을 만하지 않다. 정당을 방탄으로 이용하고 입법을 생존 도구로 쓴다. 윤석열에 대한 분노와 절망이 이재명을 지탱한다. 국민의힘을 심판하고 민주당을 비토한 결과가 조국혁신당의 부상이었다. 거짓과 부정과 부도덕이 없는 이가 없다. 그런데도 반성하지 않고 자신이 더 낫다고 한다. 저쪽이 더 내로남불이라 한다. 수사가 조작됐다고 주장하고, 특검법은 정치 공작이라 주장한다. 저마다 자기만의 진실, 자기만의 공정, 자기만의 도덕을 말한다.

진실은 타락하고 정의는 오염되었다. 제도는 불신받고 권위는 조롱당한다. 사실을 보도하고 권력을 감시해야 할 언론 또한 아수라다. 정치적 양극화와 맞물려 정파성이 심해졌다. 무슨 공익적 가치가 있는지 모를 기사들이 넘쳐난다. 언론의 문제를, 1인 미디어라는 더 큰 문제가 덮는다. 탈진실을 선동하고 이용하는 이들이 있다. 궤변이 살아남고 선동이 승리하기 쉬운 시대다.

현재를 비관하지만 그럼에도 나는 상식과 원칙의 힘을 믿는다. 이기심과 술수가 늘 이기는 것 같아도 진실과 명예가 회복되는 순간이 있다. 상식적인 다수가 힘을 실을 때다. 생각해 보면 내가 글을 쓸 때 염두에 두었던 대상은 언제나 상식과 원칙을 믿는 그들이었다. 칼럼에서 무책임과 비겁함에 분노하고 진실과 지성의 적들을 비판할 때, 나는 합리적이고 양심적인 그들을 설득하고자 했다. 애꿎은 피해자, 외면당하는 약자, 최선을 다하고도 손해 보는 이들을 지지할 때, 나는 공감할 줄 아는 그들이 곁에 있어 주기를 바랐다. 이 책은 그 분들께 드리는 책이다. 위축돼 가는 '상식과 원칙의 편'을 불리려는 목적이다. 지향과 취향이 달라도 상식과 원칙에서 만날 수 있는 이들을 폭넓게 규합하겠다는 생각이다. 더 나은 세상으로 가려면 그들이 우리 사회의 굳건한 중심이 되어야 한다. 극단을 견제하고 포용력을 넓히는 주축이 되기를 바란다. 그렇게 해서 우리는 혐오와 냉소와 탈진실에 질식하지 않을 수 있다.

책의 출발은 《한국일보》에 써온 '김희원 칼럼'과 인터뷰였다. 나의 기자경험 등 신문에 드러내지 않았던 이야기를 새로 쓰고, 기존 글을 바뀐 시각에서 다시 쓰고, 완결적으로 보완하고 수정하는 작업을 한 끝에 새로운 내용의 책이 되었다. 32년 차 기자의 눈으로 현재 한국 사회를 읽은 책이다. 우리는 어떤 세상을 살고 있는지 조망하고 싶었고, 지금 가장 필요한 변화가 무엇인지를 말하려 했다.

무자격자들이 지배하는 정치, 저널리즘 임무에 자꾸 실패하는 언론, 노동의 가치를 폄하하고 부동산에 올인하는 우리 공동체에 대한 진단을 1부에 담았다. 2부는 주요 정치인들에 대한 비판적 평가다. 누가 이길 것인지 비평하지 않았다. 누가 이길 자격이 있는지 말하려 했다. 어떤 이들은 선거는 이기고 봐야 한다지만 나는 가치를 팔아 얻은 승리는 무의미하다고 믿는다. 법과 자유를 형해화하면 보수 정당의 집권이 무슨 소용인가. 노동자와 약자의 삶이 나아지지 않으면 진보 정당이 왜 승리해야 하는가. 가치를 저버린 승리는 정치인의 노획물일 뿐이다. 나는 우리 공동체를 더 낫게 만들 정치인을 원한다.

한국은 이제 선진국으로 분류되지만 세계 보편의 가치를 아직 내면화하지 않았다. 여전히 우리는 성장주의, 단일민족, 반일 애국주의에 익숙하다. 이민자, 외국인노동자, 성소수자, 페미니스트가 낯설고 두렵다. 이질적인 그들에게 마음을 열면 '우리'가 확장된다. 이것이 한국 사회가 맞닥뜨린 시대적 과제다. 차별, 혐오, 다양성과 포용에 대한 글들이 3부에 있다. 그리고 4부에서는 우리가 선택할 수 있는 미래를 담았다. 후배 기자 한 명은 '헬조선'에 체념해 저출생마저 긍정한다. 자식이 있는 나는 그렇게 초연하지 못하다. 내 아이들, 그 친구들, 그 또래 청년층이 다 걱정돼 안절부절못한다. 치열한 경쟁과 팍팍한 공정 담론이 마음을 짓누르고, 월급 모아 집 사는 게 불가능해진 세상을 납득할 수가 없다. 연대하는 길이 있다고, 함께 문제를 해결해 보자고 말하고 싶다. 그것이 곧 정치다. 시민들이 관전만 하지 말고 참여해야 하는 것이다.

기자들은 사회적 현안을 좇고 원인을 파악하고 해법을 찾는 일을 한다. 공적인 이슈를 발굴하고 구조를 보는 시각을 얻게 된다. 책에 쓰인 내 생각들은 그렇게 축적되고 정리된 것들이다. 정답을 제시할 능력은 없다. 함께 생각해 볼 문제를 드린다. 이 책을 통해 문제를 공유하고, 생각해 보고, 틀릴 수 있음을 자각하고, 더 나은 답을 찾는다면 더할 나위가 없겠다.

책을 쓰도록 제안해 주신 박성열 도서출판 사이드웨이 대표께 감사드린다. 내게 위기가 닥쳤던 지난 시간 나를 붙잡아준 건 동료 기자들, '김희원 칼럼'을 계속 보고 싶다고 지지해 주신 분들이었다. 이 자리를 빌려 진심으로 감사드린다. 오늘도 제 자리에서 할 일을 다하는 모든 분들을 응원한다.

2024년 10월 22일

김희원

제1부

타락한 진실의 시대

비겁함이 죄다

『내가 누구인지 말할 수 있는 자는 누구인가』,『영원한 제국』등 화
제작으로 기억되는 소설가 이인화, 본명 류철균 대구경북연구원장
은 최서원(최순실) 국정농단 사태에 휘말려 징역 1년, 집행유예 2년
형을 받았다. 박사학위도 받기 전 이화여대 교수로 부임해 소설가,
평론가, 게임작가 등으로 재능을 과시한 이였다. 그는 최서원의 딸
정유라가 수업에 결석하거나 과제를 제출하지 않았는데도 정상 학
점을 주고 조교를 시켜 기말고사 답안지를 위조했다가 처벌을 받았
다. 인간과 삶의 본질에 천착하는 문인으로서 용납 못 할 비리라 해
야 할지, 데뷔작『내가 누구인지…』를 이인화라는 필명으로 발표하
고 류철균이라는 본명으로 평론하며 표절 논란에 '포스트모더니즘
적 혼성모방'이라고 항변했던 전력에 비춰 납득할 일이라 해야 할
지 모르겠다. 어찌 됐든 그가 박영수 특별검사팀이 체포한 첫 이화

여대 교수가 된 것은 교수로서 마땅히 해야 할 의무를 다하지 않았기 때문(업무방해 등)이다.

자기 자리에서 맡은 일을 하는 것은 사회가 제대로 돌아가도록 하기 위한, 사람들이 사회를 이뤄 살 수 있게 하는 최소한의 약속이나, 때로 이 일을 하는 데에 엄청난 용기가 필요하다. 노태강이 그랬다. 박근혜 대통령 재임 때인 2013년 7월 문화체육관광부 체육국장 노태강은 '박원오 대한승마협회 전무를 만나 승마협회 비리를 조사하라'는 청와대 지시를 받았다. 그는 진재수 당시 체육정책과장의 조사를 바탕으로 '양쪽(박원오파와 승마협회)의 파벌싸움이고 다 문제'라고 보고하는 '할 일'을 했다. 화근은 박원오가 정유라 승마 훈련을 돕던, 최서원의 측근이었다는 것. 박근혜는 유진룡 문체부 장관에게 노태강과 진재수를 가리켜 "나쁜 사람이더라"고 했고 두 사람은 각각 국립중앙박물관, 한국예술종합학교로 좌천됐다. 그러다 2016년 '이 사람이 아직도 있느냐'는 대통령의 확인사살에 노태강은 끝내 퇴직했다. 직분을 다 하느라 자리를 걸어야 할 때도 있는 것이다. 그러고도 그 용기는 잊히기 쉽다. 그나마 노태강은 문재인 정부에서 문체부 차관으로 복귀하고 스위스 대사를 지내며 명예를 회복했다. 진재수에겐 그런 기회가 없었다.

대통령의 뜻이라며 CJ 측에 이미경 부회장 퇴진을 강요했다가 처벌받은 조원동 전 청와대 경제수석은 국회 국정농단 청문회에서 "청와대 근무자들은 다 알겠지만 대통령이 말씀하실 때 그렇게 토를 달기가 쉽지 않았다"고 털어놓았다. 바로 이것이 류철균과 노태강의 갈림길이다. 눈치껏 윗사람의 지시와 심기를 따르는 길과, 내가 맡은 책임을 잊지 않고 다 하는 길.

윤석열 대통령의 비속어 논란도 고집스러운 대통령과 감히 토 달지 못한 측근들이 키운 일이다. 윤석열이 취임 넉 달 만의 미국 방문에서 조 바이든 대통령을 48초간 환담한 직후 "(미국) 국회에서 이 새끼들이 승인 안 해주면 바이든이 쪽팔려서 어떡하나"고 말했다는 영상이 문제의 발단이었다. 대통령이 "말실수였다"고 사과했으면 그대로 끝났을 해프닝이었다. 하지만 대통령실은 해명도, 사과도 없이 보도 자제만 요청하다가 15시간이 지나서야 공식 입장을 냈다. 대통령 발언이 "(한국) 국회에서 이 새끼들이 승인 안 해주고 날리면 (내가) 쪽팔려서 어떡하나"라는 설명이었다. 동맹국 대통령과 의회 위신을 지키려 욕설 대상이 한국 국회(야당)라는 기막힌 해명이라니. 귀국 후 윤석열이 "사실과 다른 보도로 동맹을 훼손"했다고 언론을 겨냥하자 대통령실은 "야당을 지목한 게 아니다" "'이 새끼'(라고 말했는지)에 대해서는 입장을 밝히지 않겠다"며 4일 전 해명을 뒤집었고, '대통령이 자기 발언을 기억 못 하지만 바이든은 아니다'로 또 바꿨다. 자기 해명을 자기가 반박하는 우스운 상황에 혹시나 참모들이 자괴감을 느꼈다면, 그럴 자격은 없다고 하겠다. 그 파장을 내다보지 못한 무능, 대통령 심기를 살피느라 진언하지 못한 비겁함이 그들의 몫이기 때문이다. 대체로 무능하니까 비겁하다.

조원동이나 류철균은 큰 사리사욕 때문에 비위를 저지르지 않았다. 안온한 현재를 위해 조금 비겁했을 뿐이다. 그러나 권한과 책임의 크기에 따라 비겁함이 초래할 무질서는 참담하다. 1,258명의 무고한 죽음을 낳은 가습기 살균제 사건이 그런 것이다. 흡입독성 시험은 건너뛴 채 넘어가고, 부족한 근거에도 "인체에 99.9% 안전하다"고 장담하고, 홈페이지에 소비자 불만이 하나둘 쌓여도 무시하고 마는 무수한 비겁함과 직무유기가 차곡차곡 누적된 결과였다. 돈 되는 짐은 한도를 초과해 싣고, 선박의 균형을 잡아주는 평형수는 그만큼 덜어내고, 짙은 안개에도 불구하고 운항을 강행하는 무모함이 한순간 집중됐을 때 세월호는 침몰했고 304명이 목숨을 잃었다. 누군가를 죽이겠다는 악의도 없이, 내 일을 제대로 하지 않는 타성이 무고하고 억울한 희생자를 낳는다. "토 달 수 없었다"며 입을 다물고 비선과 불법에 모른 척 눈을 감아 국정을 유린하고 농단한다. 각자의 자리에서 제 할 일을 하지 않은 결과다.

그러므로 성찰하지 않은 잘못은 죄다. 각성하지 않은 것은 죄다. 작정한 무지는 그것만으로 죄가 된다. 자기 몫의 판단과 결정을 미루는 이들은 얼마나 흔한가. 듣기 좋은 말을 누가 못 하겠는가. 심기 경호만 하다가 진짜 문제를 방치하고, 결과를 내는 것보다 자리를 보존하는 게 우선인 이들은 얼마나 많은가. 대통령 밑에서 일하지만 않으면 선택의 갈림길을 피할 수 있는 것도 아니다. 장관과 회장의 한마디에, 아니 부장과 팀장의 낯빛에 나는 어떤 선택을 할 것인가.

¶　¶　¶

내게도 갈림길이 있었다. 사측에 의해 뉴스룸이 폐쇄된 '《한국일보》 사태' 때였다. 2013년 한국일보사는 기자들 출장비, 외부 필자고료가 몇 달씩 밀릴 정도로 적자 누적이 심각했다. 그러다 장재구당시 한국일보사 회장이 서울 중학동 한국일보사 재건축 사옥의 지분(우선매수청구권)을 몰래 팔아넘기고 결과적으로 회삿돈으로 증자했다는 사실이 밝혀졌다. 달리 정상화 방법이 없다고 본 노조는 장재구를 업무상 횡령·배임으로 고발했다. 회장은 즉시 사장과 뉴스룸국장을 교체했다. 신문사를 움직여 자신을 지키려는 회장의 의도를읽은 기자들은 국장실을 가로막고 신임 국장 임명 동의 투표*를 부결시켰다. 기존 국장 체제로 신문을 만들며 한 달 넘게 대치하던 중회사는 용역을 동원해 기자들을 뉴스룸에서 쫓아냈다.

내 선택의 순간은 그 전에 닥쳤다. 신임 국장이 임명되면서 부장단을 물갈이하는 인사를 동시에 냈는데 생활부장에 내가 임명됐다. 신임 국장과 나는 어제까지만 해도 사회부장과 차장으로 손발 맞춰일하던 가까운 관계였다. 기자 경력 20년 만의 부장 승진은 영광이어야 마땅했다. 여느 때라면 말이다. 하지만 노조의 고발과 회장의인사 반격 후 회사는 불안과 긴장으로 터질 듯했고 앞날은 가늠이안 됐다. 인사를 통보받은 날 저녁 신임 국장과 부장들이 회사 인근에서 모였다. 누군가의 입에서 함께 일했던 동료와 노조를 없애야

---

* 　언론사들은 편집권 독립을 보장하기 위한 보도준칙 조항을 두고 있는데,《한국일보》는 뉴스룸국장 임명 동의 투표에서 기자들의 과반 찬성을 얻지 못하면 국장에임명할 수 없도록 편집강령 규정에 정해놓고 있다.

할 적으로 취급하는 험한 말이 나오는 것을 듣고 충격을 받았다. 그리고 정신이 번쩍 들었다. 선택을 해야 할 때라는 걸 깨달았다.

그날 밤 잠을 못 잤다. 이 인사를 따르는 게 맞는 걸까, 회장이 형사 처벌을 피하려 신문사 영향력을 이용하겠다는 건데 이런 게 내가 늘 비판하던 일 아닌가, 모른 척 일할 수 있을까, 하지만 회사원이 인사발령을 거부할 도리가 어디 있나, 내가 거부한다고 뭐가 달라질까, 나만 잘리고 말 수도 있겠구나, 인사를 거부하려면 결국 회사를 그만두는 수밖에 없겠구나, 고민은 그렇게 흘러갔다.

다음 날 아침 출근길에 전직《한국일보》기자였던 선배의 전화를 받았다. 그에게 "회사를 관두게 될 것 같다"고 말하는 순간 눈물이 북받쳤다. 지난 20년의 기자 인생이 떠오르며 뭔가 분하고 어쩐지 외로웠다. 선배는 "회사를 그만두는 상황이 올지 모르지만 네가 먼저 나가지는 말아라"는 말 한마디를 남겼다.

출근해서 새 부장단 첫 회의에 참석했다. 기자들이 국장실을 막고 있어 정상적인 지면 회의가 어려웠고 비상상황에 대해 논의했다. 나는 몇 마디 하고는 따로 국장을 만났다. 나는 그에게 "내가 기자로서 기사 쓰면서 원칙으로 삼아온 것들이 있는데, 그 원칙상 이 인사발령을 받을 수가 없다"고 말했다. 그때부터 부장 회의에 들어가지 않았다. 나중에 용역들이 기자들을 내쫓고 문을 잠근 뉴스룸 안에서 신임 국장과 몇몇 부장들이 신문을 만들 때 나는 대다수 기자들과 함께 로비에 있었다. 회사로부터 복귀 명령과 대기발령을 받았다. 하지만 먼저 사표를 쓰지는 않았다.

회사가 극적인 운명을 맞으며 내 운명도 결정됐다. 인사 석 달 후 한국일보사는 법정관리에 들어갔고 장재구는 구속됐다. 15개월 뒤 동화의 인수로 한국일보사는 사원이 신청한 법정관리가 기업 회생에 성공한 최초의 사례가 됐다. 이런 결과를 예상한 이는 많지 않았다. 나 또한 지금까지 《한국일보》 기자로 32년째 경력을 이어갈 줄 몰랐다.

¶　¶　¶

　기자의 원칙에 충실했기에 그만둘 뻔한 적도 있었다. 2005년 11월~2006년 1월 황우석 전 서울대 교수의 줄기세포 논문 조작 사건을 취재하면서였다. 세계 최초의 인간 복제배아 줄기세포 성과가 사기로 드러나 세계에 충격을 던진 사건이었다. 뒤에 다시 쓰겠지만 사건은 롤러코스터를 탔다. 팩트를 쥔 이들은 좀처럼 입을 열지 않아 진상을 파악하기가 어려웠다. 힘들게 취재해 진실에 가까운 기사를 쓰면 엄청난 항의에 직면했다. "평생 독자인데 《한국일보》를 끊겠다"는 독자의 항변, "가족 중 난치병환자가 있으면 이런 기사를 쓰겠느냐"는 환자 가족의 원망, "다른 언론은 다 황우석 편인데 왜 우리만 〈PD수첩〉 편에 서냐"는 사내 반응, "잘 나가는 사람 곱게 봐주지 못하냐"는 어느 일간지 논설위원의 조롱이 가슴을 후벼팠다. 내가 소중히 여겼던 진실 규명의 임무, 과학자 집단에 대한 신뢰가 처참히 어그러졌다. 거대한 과학 사기가 이대로 묻힐 수도 있겠다고 생각했다. 그렇게 된다면 기자를 그만두겠다고 마음먹었다. 다만 큰 사건 진행 중에 발을 빼는 건 너무 무책임하다고 여겨 사건이 정리될 때까지 사표 낼 시기만 미뤄두었다.

그때 내가 느낀 회의와 절망을 "나는 팩트(fact, 사실)의 힘을 믿는다"는 문장으로 시작하는 기자칼럼에서 토로했다. "'나의 가치관과 달라도 사실 자체를 간과하거나 꿰맞추지 않아야 한다'고 나는 믿는다. 과학은 이 신념에 잘 맞아떨어졌다. 실험에 의한 증거를 좇는 과학자는 법칙을 알아내고, 진실을 향하며, 그래서 힘이 있다. 이를 지켜보는 것은 과학기자의 즐거움이다. 그러나 요즘처럼 회의가 든 때는 없었다. (…) 그들은 과학자이고 의사이며 교수다. 사회가 중심을 못 잡을 때 내가 기대어 기사를 썼던 이들이다. 보안문 안에서 전화를 피하고 입을 다물거나 '검증할 필요가 없다'고 하는 모습이어선 안 된다."*

결국 논문 조작이 밝혀진 건 할 일을 해낸 무수한 사람들 덕이다. 용기를 갖고 제보한 류영준 강원대 교수, 우상에 무릎 꿇지 않은 〈PD수첩〉과 취재에 응한 많은 취재원, 잠 못 자고 '브릭(생물학연구정보센터)'에서 격정을 토로한 생명과학자들, 총장에게 논문 검증을 건의한 서울대 소장파 교수들, 진상규명을 결정하고 수행한 서울대가 있었기에 진실이 드러났다. 그들이 없었다면, 조금 비겁했다면, 상황은 전혀 다르게 흘렀을 것이다. 그때 비난과 회의를 무릅쓰고 진실을 찾

*   김희원, 「[기자의 눈] 줄기세포 논란 회의(懷疑)」, 《한국일보》, 2005. 12. 3.

는 길을 함께 걸었던 몇몇 기자들이 또한 있었다. 함께 욕 먹고 술 먹던 그들이 없었다면 나 또한 버틸 수 없었을 것이다. 누군가는 자기 책임을 회피하는 그동안에도 각자의 자리에서 소임을 다하는 누군가가 있다. 세상에 대한 절망이 희망으로 바뀌는 순간이 있다.

정의는 언제나 승리한다는 그런 말을 하고 싶지 않다. 진실은 결국 밝혀진다고 믿지 않는다. 정의는 힘들게 승리하고 진실은 가까스로 밝혀진다. 정의와 진실을 위해 애쓴 이들의 노고와 희생이 보상받지 못할 때도 많다. 나 또한 일자리와 명예를 잃을 수 있었다. 전 회장이 경영권을 유지했거나, 논문 조작이 그대로 덮였다면 나의 선택은 비참한 결말로 이어졌을 것이다. 내 선택의 결과를 미리 알기 어렵다. 미래를 알 수 없고 선택이 어려울 때 나는 원칙을 따랐을 뿐이다. 그게 옳다고 지금도 믿는다. 큰 고비에서 내 판단은 틀리지 않았다. 지금까지는.

언론은 왜 자꾸 실패하는가 ───────

2021년 4월 한강 대학생 사망 사건 보도는 언론의 참담한 실패 사례다. 무분별한 살인 의혹을 보도해 사회적 혼란을 야기했다. 특정인을 살인범으로 몰아 피해자를 만든 점에서 악질적이다. 안 그래도 조마조마하게 지켜보던 중 뉴스가 선을 넘는 게 보였다. 함께 술 마신 친구를 향해 "신발 왜 버렸나" "방어기제로 최면수사 안 돼"라는 사망자 부친의 발언이 그대로 제목에 달리고, "대가를 치르게 하겠다"는 말이 가감 없이 기사에 실리기 시작했다. 댓글은 순식간에 친구를 범인으로 단정했다. 친구의 '미심쩍은' 행적과 경찰의 '부실한' 수사를 비난했다. 언론과 대중이 한 사람의 '범인'을 만들어내는 모습은 30년 전 서해훼리호 침몰 사고 보도를 다시 보는 듯했다.

　1993년 전북 부안군 위도 앞바다 서해훼리호 침몰 사고는 과적과 악천후로 292명의 목숨을 앗아간 비극이었다. 또한 언론 참사였다.

사고 후 선장의 모습이 보이지 않자 언론은 "항구에서 비슷한 사람을 봤다"는 루머를 보도하기 시작했다. 언론사끼리 경쟁이 붙으며 "혼자 탈출해 섬으로 숨었다" "중국으로 도주했다"는 미확인 설까지 대서특필했다. 경찰은 그를 지명수배했고 "선장이 살아있을 확률이 98%"라 발표했다. 배를 떠난 적 없던 그가 선체에서 시신으로 발견되고서야 '도피범' 창조자들은 입을 다물었다. 몇몇 언론이 사과했다. 하지만 사자(死者)와 유가족의 명예를 유린한 죗값을 제대로 치렀다고는 할 수 없다. 참사가 된 불행이었다.

서해훼리호 보도가 오롯이 매스미디어의 잘못이라면 한강 대학생 음모론은 1인 미디어가 앞장섰다. 자극적인 영상콘텐츠로 돈을 버는 사이버 레커의 시대다. 언론의 책임이 가볍다는 게 아니다. 언론과 SNS는 허위정보와 음모론 확산의 협업자가 됐다.

언론이 사실 보도라는 본연의 역할에 실패한 사례를 기자로서 수차례 경험했다. 왜 이런 일이 자꾸 벌어질까 하는 고민이 나를 무겁게 짓눌렀다. 서해훼리호 침몰 보도가 처음이 아니고 한강 대학생 보도가 끝이 아니다. 1997년 대한항공 괌 추락 원인 오보, 2005년 황우석 사태 편파 보도, 2014년 세월호 참사 '전원 구조' 오보, 2023년 배우 이선균 사망으로 이어진 마약 수사 보도 등 치명적인 사례만 줄잡아도 여럿이다. 실패가 반복되는 것이 더 이상 놀랍지 않다. 어떤 경우에 실패하기 쉬운지도 이제는 안다. 대중의 선호가 강하고 사건의 불확실성이 크면 잘못되기 십상이다. 의대생이라는 등장인물, 죽음이라는 비극, 목격자도 CCTV도 없는 미스터리 요소가 두루 섞인 한강 대학생 사망 사건이 그랬다. 조회수가 매체의 영향력이자 매출인 디지털 시대에 대중이 기대하는 의혹 보도를 양산하지 않을 이유가 없다. 나중에라도 오보로 드러나면 평판에 금이 갈 텐데 언론사가 그래도 되느냐고 묻는다면, 진상이 불확실하고 모두가 떼로 몰려갈 때는 내가 돌 맞을 확률이 낮다고 답하겠다. 뉴스소비자의 선호가 강하면, 오보일지언정 소비자가 원하는 뉴스를 팔아 얻는 이득이 손실을 압도한다. 심지어 SNS를 받아쓰는 기사는 탐사보도나 심층기획만큼 비용이 들지도 않는다. 그러니 의혹 받아쓰기는 참 합리적인 선택이 아닌가?

한강 대학생 사건 후 관훈클럽 세미나에서 만난 기자들은 이런 현실을 자조했다. 한 기자는 배우자조차 '왜 유튜브만큼 보도를 못하느냐'고 묻는다며 기막혀했다. 나는 언론사 내부 분위기가 궁금했다. 한 일간지 기자가 "의혹 보도에 문제가 있다고 말하면 부장이든 국장이든 고개를 끄덕였을 것이다. 하지만 문제는 문제고, (팔리는) 기사는 써야 하는 것 아니냐는 분위기다. 아무도 쓰지 말자고는 못 한다"고 답했다. 언론계 밖의 이야기는 더 참담했다. 나는 허위 정보를 양산한 유튜버와 악플러들을 고소한 변호사를 인터뷰했었다. 그는 내 칼럼을 읽고 나를 신뢰해서 만난 것이었는데도 "기자를 사람 취급하지 않는다"고 말했다. "신문사 기자에게 사건에 대해 실컷 설명을 했다. 그런데 정반대 내용으로 기사가 나왔다. 항의를 했더니 그 기자가 '데스크 지시라 어쩔 수 없다'고 하더라. 또 한번은 방송사 기자와 전화통화를 하면서 인터뷰가 아니라는 걸 분명히 밝했다. 그런데 통화 녹음을 단독 인터뷰라고 달아 방송에 내보냈다. 의뢰인 가족들이 공개 대응을 원하지 않아 공식 인터뷰를 자제했던 것인데 그 후로 할 수 없이 언론 대응에 나섰다. 이러니 기자를 사람 취급할 수가 있나."

이런 기자들이 합심해 실패를 이룩한다. 저널리즘 가치를 버리고 불신을 자초한다. 그러고도 자기 잘못은 아니라고 생각할 것이다. 부장이 쓰라고 시켰으니까, 내가 제일 먼저 제일 심하게 쓴 건 아니니까, 다들 그렇게 썼으니까, 나는 정말 그런 줄 알았으니까…. 이런 생각으로 자신이 일으킨 파장을 외면한다. 성찰과 각성 없는 기계적 수행이 거대한 악을 구성하는 순간이다.

그러나 나쁜 보도가 무능하거나 악의적인 기자 탓이라고 결론 내린다면 너무 단순하다. 기자에게 욕설과 화를 쏟아내는 건 간편하다. 더 근본적인 뉴스시장의 구조를 들여다봐야 한다. 디지털 환경의 뉴스시장은 좋은 뉴스에 보상이 거의 없다. 품 들인 단독이나 심층 탐사·기획은 매체 평판을 높여주지만 뉴스이용자들이 더 비싸게 사 보진 않는다. 아니, 뉴스 자체를 돈 내고 보지 않는다. 조회수는 광고단가와 관련이 있는데, 조회수를 높이는 게 꼭 고비용 고품질 뉴스여야 하는 건 아니다. 결국 언론사들은 저비용의 선정적 기사, 정파적 보도로 기운다. 공영방송과 국가기간통신사를 제외한 언론사(주로 신문사)는 민간 사기업인데, 왜곡된 시장에서 살아남으려면 좋은 저널리즘을 구현하기가 어렵다. 당장의 이득을 추구하다 때로 크게 실패하고 결국 언론계 전체가 신뢰를 잃는 구조다. 언론의 상업적 생존과 저널리즘적 성공이 불일치하는 이 딜레마가 나는 괴롭다. 탁한 어항물을 바꾸지도 탈출하지도 못하는 금붕어 신세다.

언론이 파는 게 '이야기'일 뿐이라면 괴롭지 않을 수 있다. 사실 보도, 공정성, 투명성 같은 저널리즘 원칙을 잊는다면 딜레마는 없을 것이다. 유튜브의 비즈니스 모델은 얼마나 조화로운가. 검증 안 된 의혹이든 정치적으로 편향된 내용이든 대중이 원하기만 하면 수익을 올릴 수 있다. 《중앙일보》의 추정에 따르면 한강 대학생 사망과 관련해 CCTV 영상을 조작하거나 과장해 의혹을 제기한 유튜브 계정들은 한달 수익이 744만~3,809만 원이었다. 또한 편파적인 정치시사 유튜브가 흔히 슈퍼챗 수익이 많다. 보수지-진보지들도 정파성이 있고 유튜브도 일부 언론 기능을 하지만, 대체로 유튜브는 사실보다 의견을, 주로 치우친 의견을 판다.

이 왜곡된 뉴스시장에서 언론은 어떻게 성공할 수 있을까? 답답하지만 돌파구는 안 보인다. 시장을 바꾸기는 어렵고, 성공 전략을 세우는 건 경영자의 몫이다. 하지만 기자가 실패를 막을 수는 있다. 한강 대학생 사망 사건 뉴스가 선을 넘었다고 생각했을 때 나는 「[지평선] 위험천만한 '한강 대학생' 보도」(《한국일보》 2021년 5월 7일자)를 썼다. 기자들을 향해 쓴 칼럼이었다. "익명의 다수는 감정적이고 편파적이게 마련이다. 이에 영합하는 매체가 득을 보는 구조라는 게 문제다. 대중이 원하는 기사는 오보일지언정 페이지뷰를 높여 줘 이득이 되고, 그 흐름이 거대할수록 책임은 희박해져 손실이 적다. 신중한 매체는 칭찬받는 게 아니라 잊힐 뿐이다. 기자들이 이런 구조의 톱니바퀴가 되지 않기를 바란다. 서해훼리호 선장 유족에게 대못을 박았던 그 일을 내가 하고 있는 게 아닌지 자각해야 한다."

《한국일보》기자들은 선정주의의 톱니바퀴가 되기를 거부했다. 담당 부서인 사회부 사건팀 기자들이 의혹 받아쓰기에 대해 문제제기를 했고 팀장, 부장을 거쳐 부장회의에서 공론화한 끝에 뉴스룸 국장은 확인된 최소한의 사실만 기사화하기로 했다.《한국일보》의 보도는 차분해졌다. 실패하지 않은 것은 칭찬받지 않는다. 하지만 그들은 할 일을 했다. 문제를 제기한 젊은 기자들과 수용한 간부들에게 나는 박수를 보낸다.

어린 기자였을 땐 내 기사만 봤다.《한국일보》가 중요했다. 기자로 30년 넘게 살고 보니 어떤 매체, 어느 기자든 좋은 보도는 내가 자랑스럽고 물의를 빚으면 내가 부끄럽다. 정체성이 확장돼 얼굴 모르는 기자들에게 동료애를 느끼고 다른 언론사의 문제라도 바로잡기를 바라며 비판한다. 논설위원이 된 후 나는 SNS에 그런 언론의 문제들을 공개적으로 지적하고 있다. 사내의 문제는 사내에서 늘 말해왔다. 회의석상에서 또는 책임자에게 바로잡고 사과하고 징계하라고 한다. 내부를 향한 지적질은 부담스럽다. 내가 아무리 기자 초년생 때부터 손 들고 의견을 말하는 사람이었다 해도 눈총과 박해를 무릅써야 한다. 이토록 다정하지 않은 나는 참 살아남기 어렵겠다고 생각한 적이 한두 번이 아니다. 그러다가도 내가 아니면 누가 하랴, 같이 망할 수는 없지 않느냐는 생각으로 다시 용기를 낸다.

나는 뉴스룸이 더 소란스러웠으면 좋겠다. 기자들이 이견을 말하

고 소리 높여 싸우기를 바란다. 다양성과 열린 문화는 어느 조직에
나 필요하지만 언론사는 더욱 그렇다. 싸가지없다는 말을 들을지언
정 권위에 짓눌리지 않고 질문하며 문제를 제기하고 반박하는 것
이, 데스크와 기자가 사이좋게 손잡고 실패의 나락으로 떨어지는
것보다 낫다. 언론은 선정주의와 편파와 대중 추수의 구렁텅이로
미끄러지기 쉽다. 그걸 막는 건 결국 기자들이다. 언론의 사명을 기
억하는 한 명 한 명의 기자들이다. 모두가 한 방향으로 달려갈 때 의
심하는 누군가다. 사회 문제를 비판하는 것과 똑같은 잣대를 우리
자신에게 들이미는 어느 기자다. 그렇게 해서 언론은 오늘 실패하
지 않을 수 있다. 어떤 기자들은 그걸 해낸다.

'입틀막' 하려고 청와대 나왔나

2024년 신년 기자회견을 대신한 윤석열 대통령의 KBS 특별대담은 언론의 자유가 위축된 시대의 단면이었다. 기자들 여럿이 질문하는 기자회견이었다면 디올백을 "파우치, 외국회사 그 조그만 백"이라 돌려 묻고 "아쉽다"는 답변을 다소곳이 들을 일은 없었을 것이다. 출근길 문답이 중단되지 않았다면 대통령 입장을 이토록 목 빼고 기다리다 허탈해질 일도 없었을 것이다. 대담 전까지만 해도 2023 카타르 아시안컵에서 졸전을 보인 위르겐 클린스만 축구 대표팀 감독이 전국민 욕받이였는데, 대통령에게 비난이 집중되면서 클린스만만 득 봤다는 말이 나왔다.

언론을 막으면 위기를 넘길 수 있다고 여기는 건 정치인들의 단견이다. 언론은 정권을 비판하고 책임을 묻지만 그렇게 함으로써 정권을 구하기도 한다. 기자회견에서 기자들이 쟁점을 낱낱이 묻고 윤석열이 땀 흘려 해명하고 고개 숙여 사과했다면 난국을 넘을 수도 있었다. 윤석열은 난감한 자리를 모면했지만 위기를 키우고 여론을 악화시켰다. 영상으로 온 국민이 지켜본 대통령 부인의 명품 수수를 "매정하게 끊지 못한 것이 문제라면 문제"라는 변명으로 넘어갈 수는 없었다. 사과도 유감 표명도 아닌 "아쉽다"에 설득될 국민은 없다. 대통령이 디올백 수수를 "정치 공작"으로 규정하니, 디올백을 선물한 최재영 목사의 청탁이나 "한번 크게 저랑 같이 할 일"을 하자는 김건희의 답변이 해소되지 않은 의혹으로 남았다. 뒤늦은 검찰 수사는 검찰총장 패싱으로 얼룩지며 무혐의 종결을 납득 못 하게 만들었다. 기자회견으로 넘어갔을지도 모를 일이 총선 심판대에 오르고 다른 의혹들로 이어졌다.

대통령에게 질문을 제대로 못 한 언론도 비판받을 만했다. 대담을 진행한 박장범 앵커를 9시 뉴스에서 하차시키라는 시청자 청원이 KBS 게시판에 빗발친 게 괜한 일이 아니다. 〈대통령실을 가다〉라는 제목을 달고 대통령 선친의 책장, 반려견 사진, 외빈의 선물을 소개하는 걸 보고 나는 집 소개 예능인 줄 알았다. 박장범이 디올을 디올이라 부르지 못하고 파우치라 돌려 말한 것이나, "부정청탁금지법 위반 아니냐"는 질문은 못 하고 "부부싸움 안 하셨냐"고 물은 대목에선 내가 다 부끄러웠다. 채수근 상병 사망 사건 수사 외압 의혹이나 당무 개입 논란 같은 더 민감한 질문은 하지도 못했다. 차마 국민을 대신해 묻는 언론이라 할 수가 없다. 의자 등받이에 허리를 기대지 못하고 웅크린 채 대통령 말씀을 듣는 자세마저 언론인답지 않았다. 예의 없다는 소리를 들을지언정, 시민들이 정말 궁금해하는 것을 끝까지 묻는 게 기자다. KBS 특별대담은 정권이 방송통신위원회를 기형적 2인 체제로 운영하면서까지 공영방송에 친여(親與) 사장을 보낸 이유를 증명했다.

내가 기억하는 최악의 대통령 인터뷰는 박근혜 전 대통령이 탄핵 소추로 직무 정지된 상태에서 〈정규재TV〉와 했던 단독 인터뷰다. 취재원과 언론이 결탁한 전형이다. 정규재 당시 《한국경제》 주필은 "유진룡 전 문화체육관광부 장관이 헌법재판소에서 (최서원의 요청에 따른 인사 지시를) 폭로했다 한다. 어떤 기분인가" "정윤회와 밀회했느냐" "청와대에서 굿 하거나 향정신성 의약품에 중독돼 있는 게 아닌가 하는 질문들이 있다"와 같은 루머와 기분과 생각을 물었다. 국정 농단의 본질에서 빗나간 질문들이었다. 정규재는 최서원의 청탁을 받아 인사조치한 게 사실이냐고 묻지 않았고, 세월호 참사 후 7시간 동안 도대체 뭘 하느라 대면보고도 안 받았는지 묻지 않았다. 박근혜에게 "오해와 허구와 거짓말" "모르는 일"이라는 변명을 듣고는 추가 질문도 하지 않았다. 우리 편끼리 듣고 싶은 것만 묻고 답하는 인터뷰가 지금 유튜브에 넘쳐나지만, 언론이 그래서는 안 된다. 기자도 정치적 성향이 있고 누군가를 지지할 수 있지만, 중요한 것은 신념과 사실을 혼동하지 않는 것이다. 보수든 진보든 팩트에 천착하는 기자다운 기자를 나는 여럿 알고 있다. 무례하고 오만하다고 욕 먹기가 일쑤인 기자들은 권력 앞에서 겁도 없이 질문을 던짐으로써 그런 비판을 사소하게 만든다.

임기 초 윤석열은 청와대에 들어가지 않은 덕분에 적극적으로 소통하는 대통령으로 꼽혔다. 그러다가 말실수와 논란 끝에 출근길 문답을 중단한 뒤 가장 불통하는 대통령이 됐다. 그는 역대 대통령들의 관례였던 신년·1주년 기자회견을 하지 않았다. "부처들이 패널을 엄선"(대통령실)한 국민과의 대화, 선택받은 언론과의 인터뷰로 대체됐다. 총선 패배 후에야 취임 2주년 기자회견을 했지만 하고 싶은 말만 하고는 끝냈다.

기자회견을 피하는 정도가 아니라 아예 입을 틀어막는다. MBC의 '바이든-날리면' 보도에 방송심의위원회가 과징금을 부과하고, SBS가 김건희 특검법을 김건희 여사 특검법이라고 부르지 않았다며 선거방송심의위원회가 행정지도를 내리는 소극(笑劇)이 이어지고 있다. 대통령 집무실 앞은 집회·시위 금지 대상이 아니라는 일관된 법원 판결에도 불구하고 시행령을 개정해 금지 근거를 마련했다. 대통령에게 "국정 기조를 바꿔야 한다"고 말한 강성희 진보당 의원을 경호처 직원들이 입 틀어막고 사지를 들어 끌어낸 장면은 상징적이다. 쓴소리하는 입을 틀어막아라. 귀를 닫자. "R&D 예산 복원"을 외친 KAIST 졸업생도, 의료개혁 민생토론회에 참석하려던 의사도 '입틀막'을 당했다. 개그 프로그램 〈SNL 코리아〉의 '입틀막' 패러디 영상이 '최고의 풍자'라며 박수를 받고 출연자들의 안위를 걱정하는 댓글이 줄을 이었다. 우리는 지금 어느 시대를 살고 있는 건가.

윤석열이 갖은 무리수를 두면서 청와대에 들어가지 않은 명분은 '국민과의 소통'이었다. 하지만 지금 용산 대통령실은 민심을 전하지 못하고 심기를 경호하는 구중궁궐이 돼버렸다. 윤석열이 불편을 감수하고 출근길 문답을 지속했다면 레임덕을 막을 수 있었을 뿐만 아니라 훌륭한 대통령으로 남을 수 있었을 것이다. 눈치 보는 참모들이 아니라 싫은 질문을 던지는 기자들을 접하다 보면 민심을 읽게 되고 개선할 점도 알게 마련이다.

권력에 언론은 불편한 존재다. 불편하지 않으면 언론이 아니다. 버락 오바마 전 미국 대통령만큼 이 본질을 정확하게 표현한 이가 없다. 그는 임기 마지막 기자회견에서 "여러분(백악관 출입기자)과 함께 일하는 것을 즐겼지만 여러분들이 쓴 모든 기사를 즐겼다는 뜻은 아니다"라면서 그 불편함이 권력과 언론의 관계가 갖는 특징이라고 말했다. 그는 "기자들은 아첨꾼이 아니라 회의론자여야 한다. 저한테 곤란한 질문을 해야 하는 사람들이다. 여러분들은 엄청난 권력을 쥔 인물에게 칭찬을 늘어놓는 게 아니라 비판적 잣대를 들이댈 의무가 있다"고 했다. 그러면서 "여러분들이 있어 백악관은 더 잘 작동했다. 우리를 정직하게 만들었고, 더 열심히 일하도록 만들었다. 우리가 하는 일들에 대해 생각하게 만들었고, 유권자들이 요청한 것들을 이룰 수 있는지 고심하게 만들었다"고 말했다. 이 얼마나 민주주의 원칙에 충실한 말인가. 비판적 언론을 상대 진영의 공격수로 여기는 태도에 비할 수가 없다.

리더라면 비판을 소중히 여겨야 한다. 야당의 반대, 언론의 아픈 질문도 국민의 뜻임을 인정해야 한다. 비판을 들을 용기 없이 대통령직을 수행할 수는 없다.

자격 없는 두 사람의 정치 ────────────

박근혜 전 대통령은 대통령이 되어서는 안 되는 사람이었다. 지지자들은 지금도 "돈 한 푼 받지 않고 탄핵됐다"고 항변하지만 박근혜의 부적격은 도덕적 결함 때문이 아니다. 그는 국민이 위임한 통치권한을 행사할 능력이 없었다. 국민에게 말할 연설문을 최서원에게 맡겼고 최서원의 의사를 반영해 공직 인사를 내고 민간기업 인사까지 압박했다. 최서원이 재단을 만들고 모금한 것을 도왔다. 세월호참사 당일 관저에 머물다 오후 5시가 넘어 중앙재난안전대책본부를 방문한 일조차 최서원이 다급히 청와대를 찾아 문고리 3인방과 회의한 뒤에야 이뤄졌다. 이 같은 '최서원 의존'을 보수 인사들이 몰랐을 리 없다. 당대표 시절 결정을 못 내리고 떨고 있던 박근혜에게 전여옥 당시 대변인이 '전화라도 해 보시라'고 하자 실제로 구석에 가서 전화를 걸었다지 않나. 전여옥은 "억장이 무너지더라"고 했고 여의도에서 최서원의 존재를 몰랐다면 "손바닥으로 하늘을 가리는 것보다 더 심한 얘기"라고 했다.* 그런 박근혜를 얼굴로 내세워 집권한 것은 보수의 정치적 야바위다.

7년이 지나 또다시 대통령 탄핵이 언급된다. 국민들은 지지율 10~20%대 레임덕에 빠진 윤석열 대통령이 남은 임기를 채울 수 있을 것인지 재고 있다. 중대한 위헌·위법이 없는 한 탄핵은 현실화하지 않을 테지만, 윤석열의 자격에 대한 회의는 커졌다.

윤석열은 대선 후보 시절부터 무지와 편협을 자주 노출했다. 이한열 열사가 쓰러지는 모습을 담은 1987년 6월 항쟁 조형물을 보고 1979년 부마항쟁이냐고 했고 "없는 사람은 그(부정식품) 아래도 선택할 수 있게 해야 한다" "손발 노동은 아프리카나 하는 것" 등 말실수가 잦았다. 대통령이 된 후 재정 적자를 아랑곳 않는 감세, 의대 증원 파행, 안보 불안 등 국정 블랙홀에 빠져들었다.

그러나 국민들이 심판론으로 돌아선 결정적인 이유는 윤석열의 자기 배반이다. 자신을 대통령으로 만들어 준 공정, 법치, 상식의 가치를 스스로 내버린 점이다. 검찰은 야권 인사들의 혐의만 대대적으로 팠고, 대통령은 자신과 배우자를 향한 특검법들을 거부권으로 막았다. 자신을 쏙 뺀 공정, 자기만 예외인 법치였다. 살아있는 권력수사가 정치 자산의 전부였던 윤석열의 완전한 배신이다. 사람에게

---

* 「[박진호의 시사전망대] 전여옥 "10년 전 그때, 그 주변에 '좀비' 같은 사람들 많았다"」, 《SBS》, 2016. 11. 1.

충성하지 않는다면서 자신에게 충성하라고 강요하는 자기모순이다. 사람들은 윤석열에게 환호했던 그 이유로 그에게 분노하고 등 돌렸다.

윤석열이 자기 배반의 정치를 할 때 이재명 더불어민주당 대표는 자기 생존을 위한 정치를 했다. 이재명이 지난 대선 유세 중 "이번에 이재명 지면 정치생명 끝장난다. 정말이다. 끽"하며 손으로 목 베는 제스처를 한 것은 솔직한 심정이었을 것이다. 대선 패배 후 그는 정치생명을 부지하기 위해 아슬아슬한 저글링을 하고 있다. 국회의원이 되고 당대표가 되어 구속을 피하려 했고, 경쟁자를 밀쳐내고 친명 공천을 밀어붙였다. 자기 범죄 혐의를 수사한 검사들에 대한 탄핵소추안과 대북송금 수사에 대한 특검법을 발의하는 등 초유의 이해충돌 입법을 강행했다.

그가 실용주의라는 이름으로 원칙 없이 오락가락 한 것도 생존본능의 발동일 것이다. 상황에 따라 소신을 철회하고 말을 바꿨다. 그러면서 이재명이 한 말의 무게는 가벼워졌다. 생존을 위한 임기응변은 신뢰를 깎아먹고 부메랑이 돼 돌아오고 있다. 이재명이 대통령이 될 경우 막강한 권한을 적법하게 행사할 것인지, 자기를 지키기 위해 휘두르지 않을지 나는 확신할 수가 없다. 나처럼 불신이 있는 유권자를 그는 어떻게 설득할 것인가.

2022년 대선은 자격 없는 두 정치인의 대결이었다. 시대정신이라 불리는, 우리 사회가 해결해야 할 당면과제는 테이블에 오르지도 않았다. 막말과 혐오가 난무한 최악의 선거였다. 실언도 논란도 많았던 정치 신인 윤석열은, 믿을 수 없고 범죄혐의가 있는 이재명과 경쟁했기에 대통령이 될 수 있었다. 이재명이 여전히 유력한 차기 후보인 이유 또한 문제 많은 윤석열이 대통령으로 있어서다. 무능한 자기 배반의 정치인과 자기 생존에만 유능한 정치인이 지금도 맞서서 공생하고 있다.

현재 유력한 주자들이 맞붙는다면 2027년 대선은 한동훈 국민의힘 대표와 이재명의 대결이 될 가능성이 높다. 이는 '윤석열-이재명 대선'의 재판(再版)이 될 것이다. 검사 출신의 정치 신인 한동훈은 '어쩌다 대통령' 윤석열과 본질적으로 차별화하기 어렵다. 한동훈은 이재명을 범죄자 취급하며 지지층을 결집시킬 것이고, 이재명은 한동훈에게 검찰 정권의 책임을 물으며 심판을 외칠 것이다. 어느 한쪽이 도덕적·정치적 우위를 점하지 못한 상태에서 혐오와 공포로 진영을 결집시키려 할 것이다.

나는 진짜 자격을 갖춘 후보를 내세운 쪽이 승리할 가능성이 있다고 생각한다. 2024년 미국 대선이 막을 올렸을 때 늙고 허약한 조바이든 대통령과 범죄적 포퓰리스트 도널드 트럼프 전 대통령은 둘 다 부족했기에 재대결이 성사됐다. 바이든을 대체한 카멀라 해리스 부통령은 비록 승리하지는 못했지만, 승산이 없던 민주당에 싸울 기회를 가져왔다. 해리스가 대선 후보가 되면서 선거 구도는 '검사 출신 대 범죄 혐의자', '미래 대 과거'의 대결로 바뀌었다. 민주당은 정체성을 벼리고 그들의 가치를 대의로 고양시켰다. 민주당은 노동자, 중산층, 이민자, 여성, 성소수자의 대변자라는 것을 얼버무리지 않았다. 해리스가 유색인종 노동자 집단으로부터 압도적 득표에 실패하기는 했지만 그 선거운동이 의미 없다고 부정할 수는 없다. 미국의 현대 선거 중 최악의 인종차별과 성차별로 꼽히는 트럼프의 선거운동을, 그가 승리했다고 해서 용납할 수는 없다.

정치의 언어는 자기실현적이다. 말은 힘이 있다. 정치인의 말에서 진심을 느낄 때 사람들은 결집하고 공동체가 움직이며 제도가 만들어진다. 그 힘을 발휘하려면 발화자가 자격이 있어야 한다. 능력과 도덕을 갖추고 감성으로 무장한 정치인이어야 한다. 우리나라 정치인들이 원칙을 말할 자격, 수사(修辭)를 동원할 능력이 있기나 하면 다행이다. 경쟁자를 제거하고 85% 몰표로 당대표에 연임된 이재명이 민주주의를 말한들 누구를 설득할 수 있으랴. 대통령 부부에게 수사받으라는 말도 못 꺼내는 한동훈이 민심과 국민 눈높이를 말한들 감흥이 있을 리 없다.

수단과 방법을 가리지 않고 선거에서 이기는 게 중요하다고 생각하는 이들이 있을 것이다. 그렇게 하다가 원칙이 실종된 게 우리 정치의 문제다. 정치인들은 자신을 뽑아야 하는 이유가 아니라 상대를 떨어뜨려야 하는 이유를 말하고, 유권자들은 후보의 자질을 보지 않고 뽑았다가 뒤늦게 후회한다. 윤석열 대통령을 뽑은 유권자 중 지금 탄식하고 있는 저 많은 이들을 보라. 지난 대선 때 김종인 국민의힘 총괄선대위원장이 "(내가) 비서실장 노릇을 할 테니, (윤석열) 후보도 태도를 바꿔서 우리가 해준 대로 연기만 좀 해달라"고 말한 것처럼 '얼굴'을 내세워 집권하려는 시도는 제발 그만했으면 좋겠다. 정당은 자기 능력으로 검증을 통과할 후보를 내야 한다. 국민은 최소한의 자격을 갖춘 후보 중에서 선택할 수 있어야 한다.

누가 한국의 위대함으로 지지를 호소할 것인가. '수박' 사냥은 민주주의가 아니라고, 노조를 적대시하거나 소수자를 혐오하는 건 잘 못이라고 말하는 정치인을 보고 싶다. 지당한 가치를 지당하게 인정하는 웅변의 정치가 필요하다. 자격 있는 정치인이 정당하게 이기는 선거를 고대한다.

얼어 죽을 '관전 포인트'

20년 전쯤 정치부 기자를 할 때부터 정치면에서 빈번하게 본, 볼 때마다 싫은 표현이 '관전 포인트'다. '관전 포인트'가 붙은 정치 기사는 정치 행보의 손익을 계산하고 다음 수순을 전망하고 승패를 가늠하는 기사이기 십상이다. 스포츠라면 모를까 정치를 게임처럼 중계하고 해설하는 건 정치 보도의 본질이 아니다. 대통령이 특검법을 받을 것인지 말 것인지를 관전 포인트랍시고 예상하는 게 정말 언론의 역할일까. 수사팀이 영부인을 불러 조사할지 말지를 영화 예고편처럼 두근두근 봐야 하나. 실제로 정치를 게임처럼 보는 이들이 많다고 해서, 언론이 그걸 조장할 필요는 없다. 사건의 실체 규명은 놔둔 채 발언만 중계하고, 옳고 그름을 젖혀둔 채 득실 분석만 하는 언론의 '논객질'이 나는 지겹다.

언론이 관전 포인트를 짚어 정치를 해설할 때 정치는 정치인들의 플레이가 되고 시민들은 관중석에 머문다. 기자들은 기사에 시민의 목소리를 빼고 정치인의 목소리를 채운다. 그걸 당연시한다. 하지만 그게 그렇게 당연하지 않다. 국내 주요 일간지 6개와 미국《뉴욕타임스》의 정치 보도를 비교한 연구[*]를 보자. 국내 일간지들은 기사에 인용한 취재원 수(3.55)가《뉴욕타임스》(7.6)의 절반밖에 안 되는데 비정치인 취재원 수가 각각 0.77과 4.17이다.《뉴욕타임스》정치 기사에 등장하는 이름은 절반 이상이 정치인 아닌 전문가, 시민, 활동가 등인데 한국 신문에는 정치인만 인용하는 정치 기사가 수두룩하다는 얘기다. 세계 1등 신문의 자원과 수준을 감안하더라도, 한국 언론의 정치 기사는 유독 취재원 편중이 심하다. 정치인 발언만 전달하는 기사가 얼마나 많은지 굳이 세어볼 필요도 없다.

심지어 발언을 검증하지도 않는다. 어떤 발언은 인용만으로도 의미가 있지만, 다른 의미와 숨은 의도가 있을 때조차 모른 척 따옴표 안에 넣어버린다. 보도준칙을 관장하는 뉴스스탠다드실장이 된 후 나는 내부 구성원을 대상으로 스탠다드통신을 주기적으로 발행하는데, 여기서 강조했던 것 중 하나가 "따옴표 저널리즘에서 벗어나자"는 것이었다. 인용만 하고 해석이 없는 기사는 얼핏 객관적인 것처럼 보인다. 사실은, 발언의 진위와 의도와 맥락을 확인해 알려야 할 기자의 책임을 회피하는 것이다. 비판하지 않으니 정치인들과

[*]   김지현·김창숙·이나연, 「한국 정치 뉴스 현황」, 『한국의 정치 보도』, 이화여자대학교출판문화원, 2022

관계가 멀어질 일도 없다.

정치부는 다른 부서에 비해 훨씬 취재원과 동류의식이 강하다. 어떤 출입처든 기자들이 가까이에서 취재하다 보면 사정을 이해하게 되고 잘 되도록 도우려는 마음이 생긴다. 나는 비판도 잘되게 하는 마음에서 비롯된다고 믿는 사람이라, 그런 마음 자체가 나쁘다고는 보지 않는다. 하지만 정당만큼 내 편 네 편 가르기에 예민한 출입처가 없다. 기자들도 '같은 편'으로 신임을 받아 정보를 얻고자 한다. 취재원을 선배라고 부르는 관행도 정치부가 유일할 것이다. 그러다가 선거전략도 함께 고민하고 조언하며 부지불식간에 선을 넘는다. 정치인을 위한 기사인지 국민을 위한 기사인지 구분하지 못하는 단계에 이른다. 스스로 정치인이 되는 기자도 있다. 애초에 정계 진출을 염두에 두고 정치부를 지망하는 기자도 있다. 그런 기자의 기사를 신뢰할 수는 없다.

기자들은 자신의 관전 포인트를 던져줄 게 아니라, 뉴스이용자들이 궁금해하는 것을 써야 한다. 뉴스이용자, 유권자에 초점을 맞춘 기사가 재미없고 안 읽힐 거라는 인식은 기자들의 착각이다. 2017년 대선 직후 기획취재부장으로서 기획했던 「이토록 값진 422만 표」(《한국일보》 2017년 5월 13일자)는 사표가 될 것을 알면서도 유승민, 심상정 후보를 찍은 6.2% 유권자에 대한 분석 기사였다. 나는 그들이 무엇을 위해 투표했는지, 이것이 선거사에 중대한 변화가 될 것인지 궁금했다. 유권자의 표심을 읽어보자고 제안했고 후배 기자들이 기대에 어긋나지 않게 잘 취재했다. 기사에 대한 독자들의 뜨거운 호응을 기억한다. 1면 메인 기사에 달린 약 3,000개의 댓글은 흔한 악플 하나 없이 기사에 공감하고 두 정치인을 응원하는 내용이었다.

정책기사도 시민의 삶과 연결해서 쓰면 안 읽힐 리가 없다. 그런데도 손쉽게 클릭될 정치인 기사만 쓰는 경향이 심해지고 있다. 막말은 기사가 되고 공약은 다뤄지지 않는다. 2024년 총선은 내가 기자로서 경험한 선거 중 공약도, 공약 점검도 가장 부실한 선거였다. 투표를 할 국민에게 정책 따위 몰라도 된다고, 정당들에 공약은 중요치 않다고 언론이 보장한 꼴이다. 총선 1년 전 국회가 처음으로 선거제 개혁을 논의하는 전원위원회를 연 일도 비중 있게 다룬 언론은 소수였다. 그래놓고 '전원위 성과 없었다'고 일축한 뉴스가 많았다. 편법적인 위성정당 선거가 반복된 데에 선거개혁 어젠다를 외면한 언론의 영향이 없을까. 정치가 너절해지는 건 언론 또한 책임이 크다.

정치 분야는 연예 분야만큼 강력한 스타시스템이 굴러간다. 유명 정치인, 권력 다툼에 관심이 쏠리는 것은 사실 본능적이다. 하지만 정치는 보고 즐기는 걸로 끝나는 엔터테인먼트가 아니다. 어떤 정치인을 대표로 뽑느냐에 따라 나의 삶이 달라진다. 언론이 의제를 공론화하는 역할을 망각하고 정치가 그 짐을 던져버리면 그 부담은 우리 모두에게 돌아온다. 정치 혐오로, 이미지 선거로, 정치적 무책임으로, 각자도생으로. 정치는 시민의 요구에 반응하는 것이어야 하며, 정치 기사는 정치인과 시민을 이어주는 것이어야 한다. 언론이라면 권력을 감시하고 유권자의 요구를 담을 것이지 무슨 얼어 죽을 관전 포인트인가.

정의 잃은 국가, 지킬 가치 있나 ──────

해병대 채수근 상병의 죽음은 안타까운 죽음이 아니다. 억울한 죽음이다. 병역 의무를 다하던 청춘이 집중 호우 실종자를 수색하다 물살에 휩쓸릴 때 사병의 안전은 안중에 없었다. 수색 전 카카오톡 대화방에 공지된 임성근 당시 해병대 제1사단장 지시사항은 "복장 통일 철저" "얼룩무늬 스카프 총원 착용, 쪼개는 얼굴 표정 안 나오게 할 것" "해병대가 눈에 확 띌 수 있도록 가급적 적색 티 입고 작업" "군 기본자세 유지 철저(특히 방송차량이 올 시)" 등 복장 규정 일색이었다. 임성근은 "훌륭한 공보활동"을 칭찬했고 포병대대의 수색이 비효율적이라고 질책했다. 안전보다 과시가 중요했던 지휘관 명령이, 구명조끼도 없이 허리 높이 물 속에서 수색하던 해병의 죽음과 진정 무관한가. 국민을 구하다, 나라를 지키다 당한 죽음이라면 이렇게 비참할 리 없다. 실적을 위해 동원됐다가 스러진 생명이다. 그래서 억울하고, 비참하다.

군은 신뢰와 명예를 회복할 기회가 있었다. 해병대 수사단장이었던 박정훈 대령이 채수근 사망 책임을 엄중히 물어 8명 지휘관을 과실치사 혐의로 경북경찰청에 이첩할 때만 해도 그랬다. 그러나 군과 국가에 심각한 내상을 입힌 건 국방부였다. 국방부는 돌연 박정훈을 항명죄로 입건하고 이첩 자료를 회수했다. 재조사 끝에 임성근 등을 빼고 대대장 2명만 과실치사 혐의로 경찰에 넘겼다. 이는 단지 처벌 대상이 줄었다는 의미가 아니다. 국방부는 군 사망사건을 지휘관 눈치 보지 말고 독립적으로 수사하라는 군사법원법 개정 취지를 농락했다. '죽음에 억울함이 남지 않도록 하겠다'고 한 박정훈의 다짐을 깨뜨렸다. 사병의 목숨은 가볍고 지휘관 책임은 얄팍함을 공식화한 것이기도 하다.

그 시작과 끝에 윤석열 대통령이 있다. 외압의 출발점인 'VIP 격노설'은 윤석열이 '8명 이첩' 보고를 받고 '이런 일로 사단장이 처벌받으면 사단장을 누가 하느냐'고 화를 냈다는 것이다. 이후 벌어진 일들, 즉 대통령과 국방부가 긴박하게 통화하고 이첩자료를 회수하고 책임을 축소하고 이종섭 전 국방부 장관을 호주 대사로 빼돌리려 한 일들이 무엇을 의미하는지 윤석열은 알았을까.

2014년 육군 28사단 윤 일병 학대 사망 사건을 가슴 아프게 기억한다. 선임들의 상습 폭행과 가혹행위에 시달리던 그는 먹다가 맞고, 맞아서 의식을 잃고, 의식을 되찾지 못한 채 맞은 날 죽었다. 근육이 찢어지고 갈비뼈 14개가 부러지고 비장이 터졌다. 그런데도 국방부는 '냉동식품을 먹다가 기도가 막혀 질식사했다'고 발표했다. 석 달 뒤 군인권센터가 폭로한 뒤에도 국방부는 질식사가 맞다고 고집했고 육군 법무실장은 외려 수사기록 유출에 "응분의 책임"을 언급했다. 사건을 덮으려 한 건 가해자들만이 아니었다. 육군과 국방부가 함께였다. 사인 조작 등 엉터리 수사를 한 28사단 헌병대장과 헌병수사관, 검찰관, 국방과학수사연구소 법의관 중 누구도 처벌받지 않았다. 2021년 공군 제20전투비행단 이예람 중사가 성추행당하고 사망했을 땐 뭐가 달랐던가? 군사경찰은 피해자에게 거짓말 탐지기를 들이밀었고 군검사는 이예람이 사망한 그날까지 가해자 조사를 하지 않고 방치했다. 상관들은 가해자를 두둔하고 이예람에게 2차 가해와 회유를 했으며, 전속 갈 부대에 허위 사실을 알려 이예람에게 이중삼중의 고통을 가했다. 공군은 사건을 축소하느라 급급했다. 군 수사기관과 지휘관이 똘똘 뭉쳐 이예람을 죽음으로 몰아갔다.

이런 일 때문에 군사법원법이 개정됐다는 걸 대통령은 몰랐을 것이다. 군 사망사건을 지휘관 영향력에서 벗어나 민간 경찰이 독립적으로 수사하도록 법을 개정하기까지 얼마나 많은 억울한 죽음이 쌓였는지를. 그렇게 이뤄낸 제도 개혁을 단숨에 무위로 돌린 일이 국방부의 채수근 사망 수사 회수, 재조사라는 사실을.

채수근 유가족은 박정훈이 항명 혐의로 입건되자 "천인공노할 일이며, 억장이 무너진다"고 했다. 채수근과 함께 수색작전에 나갔다가 그의 손을 놓치고 괴로워 울었던 생존 병사는 만기 전역한 바로 다음날 임성근을 고위공직자범죄수사처에 고발했다. 생존 병사인 아들보다 앞서 임성근을 고발했던 그의 어머니는 "복구 작전인지 몰살 작전인지 모를 곳에 투입됐던 대원들 모두 제 아들들"이라며 "참담한 현실에 제 심장이 뜯겨나가는 분노를 표한다"고 말했다. 군 통수권자가 격노한 결과가 이런 것이다. 두고두고 회자될 수사 외압 사례를 남기고, 군에 대한 불신을 깊게 했으며, 청년들에게 신성한 국방의 의무를 다하라고 말할 명분을 박살냈다.

"격노한 게 죄냐"(성일종 국민의힘 의원)고 국민 염장을 지르고 박정훈을 정치 군인으로 몰아간 보수 정치인·언론은 그러니 가짜 보수일 것이다. 진짜 보수라면 군의 기강과 국가 안보를 위해서라도 진상을 밝히고 책임을 물어야 했다. 박정훈이 현역 군인으로서 KBS에 출연해 "국방부 검찰단 수사 거부" 입장을 밝힌 것은 분명 이례적이나 "전형적으로 정치인들이 하는 행태"(유상범 국민의힘 의원)라거나 '(정치)꾼들'이 달라붙었다(《조선일보》 기자칼럼)는 주장은 사건의 본질과 무관하다. 천영우 전 청와대 외교안보수석은 칼럼에서 '중대재해처벌법처럼 군 사고에 형사 책임을 물으면 남아날 지휘관이 없어 군 간부의 자질이 급격히 저하하고 나약한 군대로 전락할 것'이라고 썼다. 그럴 듯한 헛소리다. 사고가 났다고 무조건 처벌하는 법도 없지만, 피해를 최소화하고 이기는 것은 유능한 지휘관의 자질이지 무능함일 수 없다. 3성 장군 출신의 신원식 국가안보실장이 "8명이나 군 외부에 수사를 의뢰하면, 앞으로 사단장 등 지휘관들이 민간 경찰에 불려 가 조사를 받느라 정상적인 군 작전과 훈련이 불가능하게 될 것"이라고 말한 것도 개탄스럽다. 사병 목숨보다 해병대 빨간 셔츠를 중시하는 지휘관이 나라를 지키는 작전에는 성공하겠느냐고 묻고 싶다. 그런 지휘관을 감싸는 군에 누가 기꺼이 충성하겠는지 답해 보라. 사병의 목숨을 가벼이 여기는 국가는 나라를 위해 목숨을 바치라고 할 자격이 없다.

군 문제의 핵심은 외부와 단절된 공간, 시민사회 통제에서 벗어난 질서다. 폐쇄적인 군은 스티븐 킹의 『언더 더 돔』에 나오는, 돔에 갇힌 마을과 같다. 사람으로서 어떻게 저럴 수 있나 싶은 가혹행위, 의문사, 성범죄가 횡행하고 은폐되며 또 반복되는 건 군이 외부와 단절돼 있기 때문이다. 군을 바꾸려면 폐쇄성을 깨야 한다. 내무반을 바꾸는 건 휴대폰이다. 암수(暗數) 범죄를 막으려면 군 옴부즈만이 있어야 한다. 군 사망사건은 민간 경찰이 수사해야 하는 것이다.

이런 생각을 갖게 된 계기가 있다. 2013년 《한국일보》 기자들이 뉴스룸에서 쫓겨났다가 법원 판결을 받고 되돌아왔을 때 우리는 정상발행 첫 호에 야심 찬 기획기사를 냈다. 「우리 안의 군대문화」(《한국일보》 2013년 8월 12~21일자) 시리즈였다. 황상진 당시 부국장이 던져준 아이디어를 내가 구체화하고 여러 부서를 지휘해 기사를 냈다. 상명하복, 서열주의, 획일성, 폭력성, 권위주의 문화에 독자들은 격한 공감을 표현했다. 《한국일보》 사이트로 독자들이 유입되고 기사마다 수천 개씩 댓글이 달렸다. 나는 내친 김에 해외 군대를 취재하고 군대 개선을 조명한 2부 「군대를 바꾸자」(《한국일보》 2013년 12월 9~13일자)를 기획했다.

시리즈 기사를 모두 승인한 뒤 내 가슴에 남은 한 줄을 꼽는다면 "전시에 나를 지켜줄 사람이라고 생각하면 가혹행위가 있을 수 없다"는 말이었다. 그것이 전우애다. 서로의 뒤를 지키는 것이며 지킬 것을 믿는 것이다. 박정훈은 "채수근 상병 시신 앞에서 죽음에 억울함이 남지 않도록 철저한 조사와 재발 방지를 약속하고 다짐했다"고 말했다. 나는 이것이 한 명의 전우도 뒤에 남기지 않겠다는 군인으로서의 진심이라고 믿는다. 전쟁 중은 아니었지만 전우의 죽음을 규명하고 책임을 묻는 것이 그 죽음을 의미 있게 하는 길이라고 생각했을 것이다. 해병대 수사단의 첫 수사가 부실·축소·은폐로 얼룩진 많은 군 사건 수사와 달랐던 것은, 박정훈이 "충성과 정직이 핵심 가치"라고 말한 해병대 정신에 충실했기 때문일 것이다. 이것이 진짜 군인정신이다. 임전무퇴의 기상은 국가와 국민을 지키기 위한 것이지 지휘관을 지키기 위한 것이 아니다. 군의 기율은 전투력을 높이기 위한 것이지 사병을 막 부리기 위한 것이 아니다.

이제 채수근 사망 사건은 군이 나라를 지킬 수 있느냐 하는 문제가 아니다. 대한민국이 지킬 만한 나라인가를 가늠하는 잣대다. 군사법원이 박정훈의 정의를 찾아줄 것인지, 최고 권력이라는 몸통 앞에서 공수처가 진실을 드러낼 것인지 국민들이 지켜보고 있다. 박정훈의 정직이 항명으로 취급돼 처벌받는다면, 군사법원법을 무력화한 수사 외압이 덮이고 만다면, 또 다른 채수근을 막지 못하는 사회로 남는다면, 이 나라가 지킬 가치가 있겠는가.

노동을 멸시하는 사회

2022년 3월 대통령 선거일에 정치 담당 논설위원이었던 나는 당연히 출근했다. 개표 상황을 보고 사설을 써야 하기에 야근을 각오해야 하는 날이다. 사무실로 올라가는 신문사 엘리베이터에서 마주친 여성이 "18층도 일하냐"고 다짜고짜 물었다. 그가 건물의 청소노동자라는 걸 몇 초 후에 알아차렸다. 뉴스룸이 있는 17층뿐만 아니라 논설위원실이 있는 18층도 청소해야 하는지를 물은 것이다. 그 역시 쉬는 날 출근한 건 기자들이 새벽까지 일하며 먹고 버릴 도시락 쓰레기 등을 치워야 하기 때문이다.

빨간 날 못 쉬는 건 기자만이 아니다. 명절 연휴 마지막 날이면 알아서 출근하는 미화원이 있고, 방학 중이라도 학생과 교사가 학교에 나오는 날이면 출근하는 학교 청소노동자가 있다. 쉬어봤자 쉬는 날 쌓이는 쓰레기는 내가 치울 몫이니 휴일 출근을 감수한다. 사람들이 모여 일할 때, 놀 때, 그냥 먹고 마시며 생명을 유지하기만 할 때에도 청소노동자들은 일한다. 눈에 띄지 않을 뿐이다.

'배운 이들'이 청소노동을 얼마나 멸시하는지 보여준 사건이 있었다. 코로나가 여전히 기승이던 2021년 6월 26일 서울대 관악학생생활관(기숙사) 청소를 담당하던 50대 여성 노동자가 심근경색으로 사망했다. 그의 과로사는 배달음식으로 쓰레기가 배로 늘어난 팬데믹 시기의 우발적 비극에 그치지 않았다. 관리자인 행정실 시설안전팀장이 청소노동자들에게 한자와 영어를 포함한 필기시험을 치르도록 하고 정장 차림을 요구하는 등 갑질을 한 사실이 노조에 의해 폭로되면서 직장 내 괴롭힘 이슈가 됐다.

보직 교수들의 태도는 지식인의 계급의식을 드러냈다. 학생처장이 "순수하고 겸손한 유족에게 노조가 개입해 억지로 산재 인정을 받아내기 위해서 '중간 관리자의 갑질' 프레임을 만들고 있다" "산 사람들이 너도 나도 피해자 코스프레 하는 것이 역겹다"고 페이스북에 써서 팀장을 두둔하고 노조를 비난하면서다. 관악학생생활관 부관장은 "관리자에 대해 마녀사냥 식으로 갑질 프레임을 씌우는 불미스러운 일"이라고 홈페이지에 공지했다. 교수들의 발언에 비난이 쏟아졌지만 서울대 본부는 묵묵부답이다가 7월 13일에야 사망자에 애도를 표하며 학생처장 보직 사퇴를 수리했다. 총장의 공식 사과는 사망 38일 만인 8월 2일, 고용노동부가 직장 내 괴롭힘이 있었다는 조사결과를 낸 후에 나왔다. 최고 지성이라는 이들의 공감 능력은 이 정도였다.

도대체 필기시험까지 치러야 할 영어 지식이나 정장 차림이 건물을 깨끗하게 하는 일과 무슨 상관인 걸까. 이런 갑질이 청소노동자 관리에 무슨 도움이 될까. 나는 진심으로 의아했다. 비정규직 연구자 김영 부산대 사회학과 교수의 답변은 명쾌했다. "전형적으로 노동자를 통제하는 수단"이라는 것이다. "고용주가 노동자를 통제하는 방식을 이론적으로 인격적 통제, 관료적 통제, 헤게모니적 통제로 구분한다. 헤게모니적 통제는 스스로 회사의 이념에 동의해 동참케 하는 것이다. 관료적 통제는 쉽게 말해 임금상승 규칙이다. 호봉 승급에는 인사고과가 따르게 돼 있고 이것이 강력한 통제 수단이 된다. 하층 노동 시장일수록 임금상승 규칙이 없고 최저임금을 주는 것 외에 별다른 보상이 없다. 그러니 인격적 통제, 즉 갑질만 남는다. 일을 무리하게 시키느라 더 군기를 잡는다. 노동자에게 모멸감을 줘서 '시키면 시키는 대로 해야지'라고 생각하게 만든다. 팀장이 청소노동자들에게 멋지게 정장 입고 오라는 게 누구 눈에 멋진 건가. 부하직원들이 자기에게 예의를 갖추라는 것이고, 군기 잡힌 상태여야 한다는 것이다."*

복장을 비롯해 노동자를 구분하고 통제하는 수단들은 오랜 세월 존재하고 작동해 왔다. 생산직 노동자의 블루 셔츠와 사무직의 화이트 셔츠 정장은 계급을 나누고 서열을 드러낸다. 상품을 나르고

---

*　김희원, 「[김희원의 질문] "서울대 갑질, 모멸감 줘서 군기 잡는 전형적 노동자 통제"」,《한국일보》, 2021. 7. 16.

진열하는 유통매장 직원들에게 딱 붙은 블라우스와 치마를 입게 하거나, 생산직 노동자들에게 짧은 머리를 유지하도록 하는 건 일하는 사람을 위한 것이 아니라 일 시키는 사람을 위한 것이다. 업무 시작 전 PT체조와 조회, 반말과 막말도 통제에 순응하게 만든다. 출퇴근 시간 체크나 실적 평가 외에 근로자를 옥죄는 수단은 이렇게나 다양하다. 내가 헤게모니적 통제, 관료적 통제에 익숙했기에 인격적 통제가 존재하는 이유를 알지 못했을 뿐이다.

청소는 '숨어서 일하는' 업종이다. 청소노동자들은 새벽이나 한밤에 청소하고, 그들이 깨끗하게 치운 공간에서 일하는 노동자나 방문하는 고객들과 동선을 분리한다. 꼭 필요한 일이지만 눈에 안 띄게 '되어 있어야' 하는 일이다. 그러니 그 일을 하는 노동자를 인격체로 생각하는 인식 자체가 없기 십상이다. 요즘은 많이 개선됐지만 청소노동자에게 휴게실, 샤워실을 제공하지 않는 게 기본이었고 그들은 화장실에서 먹고 쉬는 일이 많았다.

눈에 띄지 않고 하찮게 여겨지던 일이야말로 최후까지 멈춰선 안 될 필수 노동이라는 것을 절감케 한 건 팬데믹이었다. 거의 모든 경제활동을 멈춰 세우고 최소한의 삶을 이어갈 때조차 농사와 식재료 가공, 배달운송, 청소, 의료, 돌봄 같은 일은 잠시도 멈출 수 없었다. 역대 연봉을 받고 우러러보던 많은 직업 중 다수는 잠시 중단돼도 아쉽지 않았지만, 누군가 식재료를 배달해 주고 쓰레기를 치워주지 않으면 삶은 며칠을 버티기도 만만찮았다. 거동 못 하는 환자나 중증장애인은 돌봄 노동이 없으면 당장 목숨을 부지하기 어려웠다. 거기에, 진짜 노동이 있었다. 우리가 삶을 유지하도록 코로나에도 쉬지 않고 일하던 진짜 노동자가 100리터들이 쓰레기봉투를 들고 엘리베이터 없는 건물을 오르내리다 심근경색으로 쓰러졌다.

이 중요한 필수 노동에 이렇게 값싼 대가를 지불하는 게 맞는 일일까. 저임금 노동자를 당연하게 무시해도 되나. 생각할수록 단단히 잘못됐다. 흔히 노동에 대한 대가는 사회에 기여한 정도에 따라 결정된다고 생각한다. 스티브 잡스 같은 1%의 천재, 혁신가가 99%의 평범한 이들을 먹여 살린다고 믿는다. 그들이 100배의 연봉을 받는 게 정당하다고 여긴다. 하지만 코로나를 겪고 보니 암만 봐도 청소 노동의 사회적 기여가 크다. 웬만한 고연봉 일자리보다 더 중요한 것 같다.

이 시대에 가장 연봉이 높은 업종은 금융이다. 현대의 금융은 복잡한 파생상품을 만들어 고수익을 올리지만 동시에 경제위기도 키웠다. 이것이 그렇게 많은 보상을 받을 일인지 의문이 든다. 글로벌 금융위기 때 떼돈을 번 실존 인물들을 다룬 영화 〈빅 쇼트〉를 보고 경악했다. 모기지대출을 해준 은행, 이를 담보 삼은 증권과 파생상품을 사고 판 투자은행과 보험사, 파생상품의 신용등급을 매긴 신용평가사 누구도 실제의 위험을 알지 못했다. 세월호 참사 때 연안 여객선의 안전 관리를 위탁하고 재위탁해 사실상 아무도 관리하지 않는 걸 발견하고 소스라치게 놀랐던 일이 떠올랐다.

심지어 금융계는 손실을 감당하지도 않는다. 글로벌 금융위기 때 도산 위기에 처한 금융사에 미국 정부는 막대한 구제금융을 퍼부었고 은행가들은 보너스 잔치를 벌였다. 한국에서도 홍콩 ELS, 독일 DLS, 키코 등 위험한 파생상품을 불완전판매 해 피해자를 양산한 적이 한두 번이 아니다. 정부는 부동산 PF 부실로 줄도산한 저축은행들을 공적자금으로 구제했었다. 미국 경제학자 조지프 스티글리츠는 은행이 기업에 대출해 경제를 성장시키는 전통적 역할을 저버리고 금융공학을 통해 단기 수익만 추구함으로써 오히려 경제를 위축시켰으며 손실과 붕괴에 대한 책임조차 전가했다고 비판했다(『불만 시대의 자본주의』). 스티글리츠의 표현대로 수익은 사유화하고 손실은 사회화하는 그런 일에 왜 그렇게 높은 보수를 줘야 하는지 의문이다.

임금은 '진짜 사회적 가치'로 결정되지 않기 때문에 필수 노동이 홀대받는다. 마이클 샌델 하버드대 교수가 『공정하다는 착각』에서 능력주의를 비판한 주요한 논리 중 하나다. 책에 소개된 경제학자 프랭크 나이트의 주장을 요약하면 노동의 시장 가치는 사회적 기여도와 다르다. 노동자의 소득은 어쩌다 존재하는 시장 수요(즉, 소비자의 욕구)에 부응한 대가이며, 우연히 욕구에 부응하는 능력을 가진 소수가 고임금을 받게 된다. 샌델은 미국 드라마 〈브레이킹 배드〉를 예로 든다. 주인공의 본래 직업인 화학 교사는 누구나 사회적 가치를 인정하는 노동이지만 그가 떼돈을 번 노동은 마약 제조다. 마약 제조 능력은 마약에 대한 수요가 없는 시대라면 하등 쓸모없는 것이기도 하다. 임금이 진짜 사회적 가치에 따라 결정된다면 청소, 돌봄 등 필수 노동은 훨씬 값비싼 대가를 받아야 할 것이다.

우리는 우연한 결과임을 잊은 채 소득으로 사람을 평가한다. 고

소득자를 우러러보고 저소득자에게 함부로 하는 걸 당연시한다. 소득이 높거나 낮다는 이유만으로 그러기가 쉽다. 부동산, 코인 등 자산가치가 급등하면서 노동 자체를 무시하는 경향도 짙어지고 있다. 내가 소비하는 것이 내 능력을 보여준다는 생각으로 충만하면서도, 그 소비가 누군가 노동한 결과물이라는 것을 깡그리 잊고 만다. 내 돈 내고 내가 사 먹는데 왜 식당 점원에게 고맙다고 말해야 하냐고 반문한다.

인간의 삶은 공동체 속에서 분업화된 노동으로 영위된다. 남의 노동이 없을 때 나의 삶은 종종 불편해지고 때로 불가능해진다. 아이 돌보미가 아프기라도 하면 출근을 못 하는 건 흔한 일이다. 멀리서 원두를 재배하고 배달하는 이들이 있기에 아침마다 커피를 마신다. 기관사와 기사들 덕분에 발이 묶이지 않는다. 없으면 안 되는 노동에 감사하는 건 인간 사회에서 살아가는 방식이다. 김영은 말했다. "내가 향유하는 삶이 누구의 노동의 산물인지를 생각해 보라. 노동이 있어 세상이 있다. 이를 생각하는 게 시민으로서의 도덕이고 의무다." 우리의 삶은 결국 누군가의 노동에 빚지고 있다. 하찮게 여겨도 좋은 노동은 없다. 노동이 세상을 만든다.

'오십억 게임'에 분노한다면

대장동 개발사업 의혹에 여야는 목청 높여 '너네 게이트'라 주장했지만 '기득권 게이트'가 맞겠다. 국회 국정감사에서 폭로된 '50억 클럽'의 면면을 보자. 2014~2020년 대법관을 지낸 권순일, 국정농단 특검 박영수, 박근혜 청와대에서 정무수석을 지낸 검사 출신 곽상도, 김수남 전 검찰총장 등이다. 실제 50억 원 수수가 드러난 이는 곽상도뿐이나 권순일, 박영수, 김수남의 로펌은 화천대유(대장동 개발사업자)로부터 고문료를 받고 일했다. 국정농단 사건에서 박근혜 전 대통령 변호를 맡았던 이경재 변호사, 강찬우 전 수원지검장도 고문과 자문 변호사로 일했다. 진보·보수를 가리지 않는 초호화 권력 인맥이다. 법조 기자를 하면서 인맥을 다진 김만배 화천대유 대주주의 능력에 입을 다물지 못하겠다. 동업자인 남욱 변호사를 피의자로 조사했던 검사 강찬우마저 "좋은 형님"이라며 모시는 김만배의 광폭 도량이 경탄스럽다.

대장동 개발 방식이 민영-공영 개발로 엎치락뒤치락한 것을 경험한 후 개발투기세력은 아예 사업 설계자인 성남시·성남도시개발공사와 결탁했다. 화천대유의 법조·정치 인맥이 결탁의 빈틈을 메꿨을 터다. 수익 분배 설계와 로비가 아슬아슬하게 합법이거나 감춰졌다면 이 기득권 결탁은 아무렇지 않게 투자이익을 챙기고, 다음 프로젝트에서 또 막대한 이익을 남겼을 것이다.

그렇다면 이 질문을 하지 않을 수 없다. 문제는 불법인가, 개발 이익 자체인가. 물론 불법은 처벌받아야 마땅하다. 이재명 더불어민주당 대표가 법정에서 불법의 배후로 결론 난다면 합당한 사법처리를 받게 될 것이다. 그러나 위법한 짬짜미 없이 8,000억 원의 개발·분양 수익을 낸 것이라면 그것은 용납되는 것일까. 초과 이익 환수 조항을 넣고 분양가 상한제를 적용해서 수익이 3,000억 원 정도에 그쳤다면 아무 문제없이 축하할 일일까.

여기서 우리는 부동산 가치의 원천에 의문을 품어봐야 한다. 과도한 이익을 환수하는 것만 아니라, 부동산에서 불로소득을 얻는 것 자체가 정당하냐는 물음을 던져야 한다. 예금이나 주식보다 언제나 수익률이 높았던 부동산 불패의 원천은 토지 공급이 제한적이라는 데에 있다. 유한한 자원을 소유했다는 이유만으로 부를 축적하는 것은 당연한 것인가.

땅은 공기나 물처럼 사유화할 수 없고, 따라서 땅에서 난 수익은 공공의 것이라는 견해가 있다. 아메리카대륙 선주민들의 사고방식이자, 이정우 경북대 교수, 남기업 토지+자유연구소장 등 헨리 조지 학파의 이론이다. 토지공개념, 토지가치공유제라고도 표현된다. 이들은 부동산 불로소득을 아예 없애는 '체제 전환'을 주장한다. 땅값 상승에서 얻는 부를 차단하고 환수하자는 것이다. 공공이 개발사업을 할 때는 수용한 토지를 국가 소유로 유지하면서 건물분만 저렴하게 분양(토지임대부 분양)하자고 한다. 또 다주택자에게는 높은 보유세를 부과해 시장에 매물을 내놓게 압박한다. 부동산에서 이익을 얻을 수 없게 차단하면 부동산 시장은 차츰 안정될 것이다. 국내총생산(GDP)의 5배에 이르는, 어떤 선진국보다 높은 땅값이 모든 생산 활동의 비용을 높여 한국 경제를 무겁게 짓누르는 현실을 바꿀 수 있다. 남기업은 이렇게 말했다. "투기가 만연한 시장경제가 좋은 건가? 열심히 일한 사람이 더 많은 대가를 가져야 하지 않나? 수도권에, 목 좋은 곳에 땅을 가졌다는 이유로 아무것도 안 하고 돈을 버는 것은 정당하지 않다."

2022년 대선에서 민주당 경선 후보들은 토지공개념에 기반한 공공 개발 위주의 부동산 공약을 내놓았다. 국민의힘은 이를 반시장적이라 비판하며 민영 개발을 주장했지만 윤석열 후보의 '역세권 첫집주택', 홍준표 후보의 '4분의 1값 주택' 공약 또한 토지임대부 주택 분양에 기초한 것이었다. 물론 공공주택을 값싸게 분양하는 것만으로 문제가 해결되지는 않는다. 일찍이 이명박 정부의 보금자리주택이 반값 아파트를 실현했으나 최초 분양자만 잭팟을 터뜨렸다. 환매조건을 붙이는 등 집값이 뛰는 걸 막을 장치가 필요하고, 주택 공급과 세금 부과로 민간 주택시장도 함께 안정시켜야 한다. 그렇게 해서 월급을 모아 내 집을 마련하는 게 가능해진다면, 쌓이는 임대료와 사기당한 전세금에 목숨 끊는 일이 없다면, 얼마나 안도할 세상인가.

이 아름다운 이상이 실현되려면 또 하나의 질문을 곱씹어야 한다. 화천대유의 8,000억 원 이익에 분노한다면 내 집값이 8억 원쯤 오르(기를 희망하)는 것은 정의로운가. 물론 법규를 준수하며 발품을 팔고 대출을 얻어 마련한 내 집은 떳떳하고 자랑스럽지만 매매차익이 생산활동의 대가가 아닌 것은 마찬가지다. 화천대유처럼 결국 다음 구매자로부터 이전받은 돈일 뿐이다. 주택시장 안정을 외치던 무주택자도 내 집을 마련한 순간 차익 실현을 꿈꾼다. 최근에 부는 부동산 광풍은 누가 봐도 정상이 아닌데 넷플릭스 드라마 〈오징어 게임〉처럼 오직 '나도 잭팟을 터뜨릴 수 있다'는 미련 때문에 이를 용납하고 있는 꼴이다.

나는 결혼할 때 서울에 방 2개 아파트를 샀다. 7년 뒤 시부모와 살림을 합쳐 경기도 주택으로 옮겼고 지금까지 살고 있다. 첫 집을 팔며 1,000만 원 정도의 차익을 남겼다. 남들과 비교하거나 아쉬워하지는 않았다. 남편의 저축과 대출로 집을 산 것만으로도 복이라 여겼다. 1990년대 중반 우리가 산 아파트는 1억 2,500만 원 정도였다. 최근 딸아이가 직장 가까운 곳으로 독립하려 서울 집 시세를 알아보니 그 금액으로는 원룸 전세나 가능했다. 초현실적인 집값이다.

나는 그래도 월급으로 내 집 마련을 꿈꿀 수 있는 시기를 살았다.

지금 서울의 아파트 가격은 직장인 연봉 22.5년치를 숨만 쉬고 모아야 하는 수준이 됐다. 한국부동산원의 아파트 매매 시세(2023년 12월 기준)를 국세청의 시도별 근로소득 신고현황 수치로 나눈 값이다. 30년, 50년쯤 저축하거나 대출을 갚아야 집을 살 수 있다니, 물려줄 부모 없이 내 집 마련은 꿈도 꿀 수 없다니, 이걸 정상이라고 할 수 있나. 이런 세상을 내 아이들에게, 청년들에게 물려줘야 하는 게 속상하다.

영혼까지 끌어오는 이 위태로운 부동산 게임은 탐욕이 아니라 불안으로 지탱된다. 고용은 불안정하고 소득은 양극화하고 복지는 허약한 한국에서 부동산은 가장 믿을 만한 노후대책이자 상속 자산이다. 통계청 '2023년 경제활동인구조사 고령층 부가 조사'에 따르면 중년층은 평균 49.4세에 주된 직장에서 퇴직한다. 소득 불평등을 나타내는 가처분소득 지니계수는 0.333(2021년)으로 경제협력개발기구(OECD) 37개국 중 11번째로 높다. 국내총생산 대비 공공사회지출은 꽤 많이 늘었는데도 아직 OECD 최하위 수준이다. 그러니까 부동산 영끌은 정확한 현실인식의 귀결점이다. 월급만 믿었다간 하층으로 떨어지고 노후가 빈곤해질 거라는 불안이 자산에 대한 욕망을 키워온 것이다.

이 욕망을 버리기로 우리는 합의할 수 있을까. 부동산 불로소득을 없애고 집값이 급등하지 않는 세상에서 살기로 약속할 수 있을까. 간단한 일은 아니다. 주택시장이 급등하지 않도록 면밀히 유도해야 한다. 국가적으로 소득과 자산과 복지의 균형점을 그려야 한다. 그에 부합하는 과세와 복지 지출을 재설계해야 한다. 개인의 욕심과 불안을 뚫어낼 비전이 있어야 한다. 기득권층을 설복해야 하며 개발이익을 나누려는 건설사-투자자-금융사-언론사 연합을 깨뜨려야 한다. 대선처럼 국가적 비전을 생각하는 공간에서나 타진 가능한 질문이다. 대장동 의혹이 '누구 게이트냐'에 매몰되고 만 것은 그래서 유감이다. 이재명이 국토보유세를 걷어 토지 수요를 억제하고 기본소득 재원으로 활용하는 기본소득형 국토보유세를 연구해놓고서 대선 공약으로 꺼내지도 못한 것이 아쉽다.

〈오징어 게임〉에서 가장 중요한 선택은 게임을 이기기 위해 누구와 편을 먹느냐가 아니라, 게임 자체를 중단할 것이냐 여부였다. 우리 국민이 중대한 결정을 맞닥뜨리기를 바란다. 부동산 불로소득 게임을 중단하는 데에 찬성하는가? 원래 내 것이 아니었던 저 돈다발을 포기할 수 있는지를 고민해야 할 것이다. 목숨 걸고 영끌해 인생역전에 올인하는 세상보다, 누구나 값싸게 주거 공간을 가질 수 있는 세상이 더 행복하다는 것을 깨달아야 할 것이다. 다수가 여기에 동의할 때 승자 독식의 게임은 비로소 끝난다.

미안함이 세상을 바꾼다

"부부싸움 같은데."

112로 걸려온 신고전화에서 한 여성의 "악, 악" 하는 비명과 "아저씨 잘못했어요"라고 비는 목소리가 들려왔다. 7분 넘게 이어진 통화를 112센터 근무자가 모두 함께 들었다. 그들은 이를 부부싸움으로 여겼다. 하릴없이 주소만 묻다가 전화는 끊겼고, 정확한 위치를 파악 못 한 채 출동한 경찰은 불 꺼진 집들 문에 귀만 대보고 돌아갔다. 그러는 사이 착실하게 자기 삶을 살아오던, 112에 신고만 하면 구출될 것이라 믿어 의심치 않던 20대 여성이 중국동포에게 납치돼 무참히 살해됐다. 2012년 4월 경기 수원시에서 벌어진 오원춘 사건이다.

이 순간을 잊지 못한다. 우리 사회가 '남의 가정사'라는 이름으로 폭력을 은폐하고 방조해 온 악습이 경찰의 직업적 의무마저 짓누를 만큼 강고하다는 것을 무심히 드러낸 순간이다. 부부싸움이면 경찰이 긴급히 출동하지 않아도 된다는 무시무시한 인식은 현실이었다. 20년 가까이 남편의 폭력에 시달리던 여성이 남편을 살해해 징역 2년형을 선고받은 사건이 있었다. 초등학생 딸의 신고로 경찰이 찾아왔지만 "부부싸움"이란 말에 되돌아갔고,* 최후의 방어가 살인이 되고서야 경찰이 일했다. 한국여성의전화가 가정폭력 피해자들을 조사했을 때 한 여성은 이렇게 말했다. "경찰에 전화를 걸어서 남편에 대해 '임시조치'를 취해 달라고 했는데 수사관이 저한테 화를 냈어요. 지금 가정을 깰 거냐, 유지하지 않을 거냐면서요."** 요즘은 경찰 인식이 많이 달라졌지만 여전히 가해자 분리조치를 소홀히 했다가 신고한 아내, 여자친구가 살해되는 일이 드물지 않다.

경남 울산시에서 계모에게 폭행당해 숨진 초등 2학년 서현이 사건, 경북 칠곡군에서 계모가 8세 딸을 학대해 사망케 하고 11세 언니에게 거짓 자백을 시킨 사건으로 전국이 울었던 것이 2013년의 일이다. 서현이 계모는 소풍 날 아침 서현이가 거짓말을 한다며 한 시간 동안 때려 갈비뼈 16개를 부러뜨렸고, 부러진 갈비뼈가 폐를 찔러 서현이는 사망했다. 기사를 읽으며 고통스러운 신음을 멈출 수가 없었다. 비슷한 또래의 딸을 둔 엄마로서 그럴 수밖에 없었다.

---

* 이영주, 「가정폭력 전남편 목 졸라 살해한 40대 징역 2년…"정당방위 아냐"」, 《연합뉴스》, 2015. 10. 20.
** 이유진, 「폭력 남편 신고했더니 경찰이 한 말 "가정 유지 안 할 거예요?"」, 《한겨레》, 2018. 11. 30.

사회부 데스크였던 나는 가정폭력은 남의 집안 일이 아닌 범죄라는 메시지를 담은 「안방의 비명」(《한국일보》 2013년 11월 25~29일자)을 기획했다. 시민 464명을 대상으로 설문조사를 했는데 '소매치기와 주먹다툼하는 장면을 보면 개입하지 않고 모른 척하겠다'는 응답이 20명 중 한 명이었지만 '훈육이라며 자녀를 때리는 부모에 대해 모른 척하겠다'는 응답은 10명 중 3명 꼴로 훨씬 많았다. 이조차 전문가는 "실제 가정폭력에 개입하는 비율보다 높게 나타난 것"이라고 했다. 나는 옆 집 비명소리에 귀 기울여 신고하자고 강조했다. 이웃의 어른, 문방구 아저씨, 슈퍼 아줌마가 나서야 한다는 조바심을 기사에 담았다. 차장부터 부장까지 내리 4년을 사회부에서 일하는 동안 아동학대 문제는 내 마음의 큰 부분을 차지했다. 보호자가 가해자인 특수한 범죄의 피해자, 그래서 도움 청할 이 하나 없는 가장 미약한 존재를 내가 돌봐야 한다고 믿었다.

아동학대 사건은 반복됐다. 2015년 11세 나이에 몸무게가 16kg밖에 나가지 않을 정도로 굶주린 인천 학대 소녀가 가스배관을 타고 집에서 탈출했다. 또 다시, 학교를 4년이나 결석했지만 아무도 찾지 않는 사이 싸늘한 시신으로 발견된 부천 초등학생 최 군 사건이 2016년 발생했다. 그리고 또, 2020년 16개월 입양아 정인이가 부모의 폭행으로 장기가 파열돼 숨졌다. 정치권은 또 다시, 아동학대 근절대책을 논의했고 정부는 또 다시, 철저한 조사와 재발방지를 약속했다.

반복되는 현실이 익숙하다. 하지만 세상이 달라지지 않는다고 체넘하긴 섣부르다. 최 군의 존재가 세상에 드러난 것은 인천 여아 학대 사건 후속대책으로 교육부가 초등생 장기 결석자 전수조사를 실시한 덕분이었다. 오원춘 사건 때처럼 "경찰이 남의 가정사에 어떻게 끼어드느냐"고 드러내놓고 항변하는 목소리는 잦아들었고 경찰이 먼저 살인죄 적용을 밝혔다. 최 군 부모의 친권은 즉각 제한돼 최 군 여동생을 안전하게 격리했다. 정인이 양모는 살인죄로 징역 35년형이 확정됐다. 아이가 부모 손에 죽어도 상해치사나 학대치사죄로 기껏 징역 4~7년형에 그치던 과거에 비하면 처벌이 몇 곱절이 됐다.

아동학대라는 범죄 앞에서 친권이 신성불가침이 아니라는 사회적 합의는 2013년 12월 아동학대범죄 처벌 등에 관한 특례법이 제정됨으로써 공식화했다. 서현이 사건과 칠곡 사건이 없었다면 이법은 국회를 통과하지 못했을 것이다. 서현이가 학대당하던 시기에 어린이집 교사가 아동보호기관에 신고한 적이 있었지만 부모의 친권을 제한할 수단이 없어 구하지 못했다. 칠곡 사건에서 경찰은 동생이 죽기 전 출동했었지만 부모 앞에서 몇 가지 묻고는 되돌아가 죽음을 막지 못했고, 살아남은 언니와 가해 부모를 격리하지 않아 거짓 자백 강요 또한 막지 못했다. 이에 분노한 여론이 특례법 제정을 떠밀었다.

아동학대치사에 처음으로 살인죄를 적용한 사례도 서현이 계모였다. 1심까지만 해도 살인이 아니라고 했다. 1심 재판부는 "마음먹기에 따라 흉기를 사용할 수 있었음에도 손과 발만으로 피해자를 구타했다"는 등의 이유로 살인 의도가 없다고 봤다. 자기방어력이 없는 어린아이에게 체중 3배인 어른의 손과 발은 충분한 살인 흉기임을, 판사가 어떻게 간과할 수 있는지 나는 의아했다. 2심 재판부는 똑같은 사실에 미필적 고의에 의한 살인죄를 인정해 징역 18년형(상고 포기로 확정)을 선고했다. 흉기를 준비했는지 사전 모의가 있었는지 기계적으로 따지던 판사의 판결과 시민의 상식적 판단이 비로소 괴리를 좁혔다. 형량에 대한 고민도 남겼다. 엄마 아빠가 세상의 전부였을 어린아이에게 반복적인 폭행과 학대, 세상에 자기 편은 없다는 공포와 외로움 속에서 4년을 살게 한 죄, 갈비뼈가 부러지고 숨이 쉬어지지 않는 극심한 고통 속에서 어린 목숨을 빼앗은 죄, 그리고 밝게 자라났다면 수십 년 인생에서 성취했을 그 모든 가능성을 앗아간 죄. 그 죗값에 징역 18년은 정의로울까. 어떤 이들은 재판이 여론의 영향을 받아선 안 된다고 말하지만, 이런 여론이라면 반드시 영향을 받아야 한다. 사회와 동떨어진 법과 판결이 무슨 의미가 있단 말인가. 정인이 양모에게 내려진 징역 35년 선고는 그렇게 가능했다.

이 모든 일을 만든 것은 이 세상에서 8년을 머물다 간 서현이의 짧고 슬픈 생이었다. 그리고 서현이를 지켜줬어야 했다고 부채의식을 느낀 사람들이 그 죽음을 헛되이 흘려보내지 않은 결과다. 나는 여전히 미안하다. 서현이에게, 칠곡에서 죽은 아이와 살아남은 아이에게, 최 군에게, 정인이에게, 집에서 두려움에 떨고 있을 누군가에게. 한 번만 더 쳐다볼 것을, 조금 더 찬찬히 들여다볼 것을, 용기 내 신고할 것을. 우리 사회가 여기까지 온 가장 큰 힘은 이런 미안함일 것이다. 이제 체벌은 훈육이 아니라는 게 당연시되는 사회를 만들어보자. 아동에 대한 가장 강력한 네트워크인 학교와 보육시설을 통해 아동학대 감시를 더 강화하자. 학대 아동의 사례를 조사하고 보호할 아동보호전문기관이 제 역할을 다하도록 지원하자. 미안함으로 세상을 바꿔보자.

생각을 바꿀 수 있다는 건 얼마나 다행한가

정의당 의원이었던 류호정이 타투업법 제정을 홍보하기 위해 국회에서 문신을 그린 자기 등을 노출했을 때 그에게 쏟아진 악플과 욕설은 무시무시했다. 정확한 표현은 차마 인용을 못 하겠다. 악플의 주된 내용은 민생 입법이 아닌 쇼다, 정의당에 먹칠한다, 의원답지 못하다는 것이었다. 나는 이런 비난이 결국 타투, 젊은 여성, 진보 정당에 대한 편견의 발현이라고 칼럼에서 비판했었다. 그런데 몇 년 전만 해도 나 자신이 그런 편견에서 자유롭지 않았다.

큰딸이 대학생이 돼 첫 문신을 한 이후 약 1년 간 우리 집에선 내재적 발전론과 식민지 근대화론의 논쟁을 방불케 할 타투 논쟁이 장대하게 벌어졌다. '신체발부수지부모'를 내건 설득은 턱도 없었다. 과학적 합리로 무장해 감염 위험을 제기해 보고 타투는 지울 수 없다는 불가역성도 주장해 봤지만 간단히 제압당했다. 가장 타협하기 어려운 미학적 토론에도 뛰어들었다. 하지만 딸의 생각을 흔든 나의 논리는 없었다. 타투 왕국은 나날이 딸의 피부 위에 영토를 확장했다. 새 문신을 볼 때마다 내 무언가가 침범당하는 듯 맘이 상했다.

구차하다 싶은 논거까지 죄다 소진해 버린 어느 날 나는 내가 그저 타투를 싫어할 뿐이라는 사실을 불현듯 깨달았다. 지금까지 동원한 모든 거창한 논리들은 타투가 싫은 것을 정당화하기 위한 나의 몸부림이었던 게다. 딸은 처음부터 자신의 답을 갖고 있었다. 설득해야 할 대상은 그가 아니었다. 여전히 나는 타투를 좋아하지 않지만, 누군가에겐 그것이 자기 표현의 수단임을 부정할 도리가 없다. 이 깨달음이 없었다면 나 또한 류호정 비난 대열에 합류하거나 최소한 공감했을 것이다.

성소수자에 대해 관심과 연대의식을 갖게 된 것은 더 나중의 일이다. 안철수 의원은 2021년 서울시장 보궐선거 때 서울퀴어문화축제를 도심 밖에서 열자며 "거부할 수 있는 권리도 존중받아야 한다"고 주장했다. 그때도 나는 그것이 차별이라고 비판했지만 나 역시 한때 비슷한 생각을 했음을 고백한다.

퀴어축제가 서울시청 앞 서울광장에서 열리기 시작한 2010년대 중반 즈음 나는 '왜 굳이 광장에 나와 존재를 과시하는 걸까?'라는 의문을 품었다. 안 보이는 곳에 조용히 있으라는 요구 자체가 배제와 차별의 시작임을 나는 알지 못했다. 장애인이면 조용히 주는 도움만 받을 것이지 권리를 요구하냐는 타박, 여자가 자기 의견을 주장하면 '성질 있는 여자'로 보는 문화, 외국인 노동자면 일만 하다

자기 나라로 돌아가면 되지 우리 국민과 똑같은 대우를 기대하는
건 과하다는 시각이 똑같은 차별의 논리임을 그땐 몰랐다.

성소수자에 대한 관심이 촉발된 것은 2018~2019년 회사를 휴직
하고 머물렀던 캐나다 밴쿠버에서였다. 그곳에선 '프라이드 데이'로
불리는 퀴어축제가 우리나라와는 전혀 다르게, 진짜 축제로 열리는
것을 경험했다. 기업들은 회사 깃발을 들고 시내 행진에 참여했고
행진 종착지인 선셋 비치 주변 집들은 무지개 깃발을 내걸었다. 행
진 참가자들이 땡볕에 쓰러질까 교회가 나눠준 찬 생수를 둘째 딸
은 '성수'라 불렀다. 무료 에이즈 검사를 해 주는 부스 또한 한국이
라면 상상할 수 없는 광경이었다. 한데 생각할수록 마땅한 일이 아
닌가? 에이즈가 동성애를 반대하는 첫번째 이유로 꼽힐 만큼 공포
스러운 질병이라면 진단과 치료를 돕는 것이야말로 꼭 필요한 일이
다. 가난하고 병든 이웃을 돌보라는 기독교 정신에 따른다면 더욱
그렇다. 한국의 교회는 왜 성소수자를 나의 이웃에서 제외하는 것
일까. 대한기독교감리회는 성소수자에게 축복 기도를 해주었다는
이유로 이동환 목사에게 출교령을 내렸는데 여기 어디에 기독교의
사랑과 구원이 있는 것인가.

페미니즘과 젠더 이슈도 과거의 나에게는 중요 관심사가 아니었
다. 2016년 5월 강남역 살인사건이 많은 한국 여성에게 그러했듯 내
게도 페미사이드(Femicide, 여성이라는 이유로 살해)의 공포를 던져주었다.*

---

*   이 사건을 페미사이드로 규정할 수 있느냐를 두고 논란이 있었다. 경찰은 범인이

범인은 화장실에 먼저 들어온 남자 6명을 그냥 보내고 처음 들어온 생면부지 20대 여성을 살해했다. 그는 경찰에게 "여자들이 무시해서 범행을 저질렀다"고 진술했다. 수많은 여성들이 충격을 받고 강남역 10번 출구를 찾아 추모글을 남겼다. 사회부장이었던 나는 이 사건을 1면으로 끌어내 비중 있게 보도했다. 2015년에 탄생한 메갈리아의 존재는 그 후에 알았다. 메갈리아의 시작은 디시인사이드 메르스 갤러리에서 '김치녀' 등 여성들을 비난하는 글에 유저들이 '김치남' 등 패러디 표현으로 반격한 것이었다. 그런데 운영진이 '김치남' 등 남성들을 향한 표현만 즉각 삭제 조치했다. 오랜 세월 여성에 대한 비하 표현, 신체 비교, 외모 품평, 불법촬영물 등을 방치했던 것과는 대조적인 조치에 분노한 유저들이 뛰쳐나가 만든 커뮤니티가 메갈리아다. 메갈리아가 남자 성기 비교라는 충격요법으로 여성혐오에 대한 문제제기에 성공한 인터넷에서의 일대 사건이라면 강남역 살인사건은 여성혐오의 심각성을 대중에 각인시킨 결정적 계기였다.

바야흐로 전세계 페미니즘 리부트의 시절이었다. 기자라면 공부해야 할 주제라고 생각했다. 밴쿠버에서 머물던 기간에 책과 논문

정신질환을 앓고 있다는 이유로 정신질환자의 이상동기범죄라고 밝혔다. 여성혐오 범죄가 아니라는 반론, 반대 시위도 잇따랐다. 그러나 정신과 전문의 서천석 마음연구소장은 "정신병의 증상은 사회적 맥락 속에 있다"며 정신질환자의 범행조차 여성혐오 맥락에서 저질러진 것임을 분명히 했다. 내가 보기엔 여성혐오를 부정하는 이 거대한 물결이야말로 강남역 살인사건을 여성혐오 맥락 위에 올려놓는 근거다.

을 잡히는 대로 읽었다. 페미니즘 책들은 용어부터 낯설어 깊이 빠지지 못했다. 다만 성평등이 일보 전진할 때마다 반발과 퇴행의 역사가 얼마나 유구한지를 기술한 수전 팔루디의 『백래시』만큼은 내 안에 선명히 남았다. 메갈리아 사이트는 진작 사라졌는데도 '집게손을 세상 곳곳에 퍼뜨리는 남성 혐오 비밀 결사체'가 존재한다는 듯 싸우는 남성들의 행동이 다종다양한 백래시의 하나라는 걸 덕분에 쉽게 알아차렸다.

책 몇 권 읽었다고 대단한 이론가, 활동가가 될 리 만무하지만 페미니즘에 문을 열자 연쇄적인 인식의 전환이 따랐다. 사회생활 수십 년 동안 꾹꾹 누르고 켜켜이 쌓였던 성차별 경험이 참는 게 능사는 아니라는 자각으로 폭발한 순간, 차별받고 목소리 내지 못하는 약자들에게 눈길이 가기 시작했다. 사회부 차장·부장 시절 나의 주요 관심사가 아동학대, 비정규직 문제였다면 밴쿠버에서 돌아와 논설위원으로 복직한 후엔 성소수자, 장애인, 난민 등 소수자 이슈에 전보다 더 주목했다. 트랜스젠더 변희수 하사의 강제 전역 사건, 전국장애인차별철폐연대(전장연) 지하철 시위, 한국의 아프간 난민 수용 문제 등에 대해 인터뷰했고 칼럼을 썼다. 더 알고 싶었고 늘 할 말이 있었다. 2021년 국민의힘 전당대회 때 '이준석 돌풍'을 백래시에 편승한 위험한 혐오 정치라고 일찌감치 규정하고 비판한 것도 페미니즘에 대한 이해가 바탕에 있었다.

50년을 살고서야 소수자·약자의 권리에 관심을 기울이게 된 자로서, 간혹 망언을 뱉는 정치인들이 왜 그러는지 짐작 못 할 바는 아니다. 평생 기득권자, 주류, 다수로 살아온 그들은 성소수자가 동등한 시민으로 인정받기 위해 온갖 "거부할 권리"와 싸워왔다는 것을 꿈에도 모를 것이다. 불법과 합법을 넘나드는 무모한 시위 없이는 지금만큼의 장애인 권리조차 확보할 수 없었다는 것을 상상하지 못할 것이다. 때로는 망언의 당사자와 마주앉아 허심탄회하게 "나도 그런 허튼 생각을 한 적이 있었다오" 이야기하고픈 욕구가 치솟는다.

정치인도 사람인 이상 경험의 한계로 인한 편견과 차별적 인식을 가질 수 있다. 하지만 내가 용납하기 어려운 건 자기 생각이 틀렸다고 한 치도 의심하지 않는 오만이다. 다른 생각을 알아보려 한 톨의 땀조차 흘리지 않는 게으름이다. 오만과 나태를 딛고 선 비대한 확신을 참을 수가 없다. 책임과 권한이 큰 정치인, 공직자라면 절박한 요구와 시위가 왜 분출하는지 공부하고 고민하는 건 의무다. 자기 인생 경험이 정답일 수 없다는 겸허함을 가져야 한다. 알지도 못하면서, 알려고 하지 않는 그들은 정치를 할 자격이 없다. 기자도 마찬가지다.

없던 관점을 얻으면 부끄러워지는 시간을 감당해야 한다. 일-가정의 양립에 대해 무심한 채 장시간 노동을 했던 과거는 끔찍하다. 사회부장 시절 나는 주 6일 일하며 매일 자정이 가까운 시간에 집에 왔다. 아침부터 보고, 메모, 기사를 읽고 판단하고 고친 후 퇴근할 때면 글자가 눈에 들어오지 않았다. 방치된 아이들이 끼니를 대충 때우고 어질러 놓은 집을 보며 짜증을 냈다. 아침 신문에서 오자가 보이면 전날 야근자들에게 지적질을 해댔다. 부서원들의 장시간 노동을 당연시했다. 사회부야 원래 크고 작은 사건이 끊이지 않는 부서지만 세월호 참사, 국정농단 등 유독 대형 이슈가 많았다. 휴일을 못 챙기고 일하면서 좋은 기사 쓰는 게 보람이고 일하는 동기라고 나 혼자 믿었다. 후배 기자들에게 물어본 적도 설득한 적도 없다. 기자 업무의 특성상 칼퇴근은 지금도 어려운 과제지만, 삶의 균형을 그렇게까지 간과해선 안 됐다는 후회가 막심하다.

소수자의 입장을 봐야 한다고 이야기했지만 어설픈 면도 많다. 친한 선배들과 여행을 갔을 때 나는 엄격히 채식을 하는 한 선배에게 자꾸만 실수를 했다. 식당을 고를 때 배려하지도 않고는 메뉴 앞에서 고민하는 선배에게 "왜 먹는 즐거움을 포기하느냐"고 말하곤 했다. 입 밖에 내뱉고서야 아차 했고 그러고도 실수를 반복했다. 태도가 바뀌려면 연습이 필요하다.

때로 소신을 바꾸는 일이 비난을 받지만, 절대 생각을 바꾸지 않는 것이야말로 비극적인 일이다. 자기 성찰이 없는 이들은 성장할 수도, 시대에 적응할 수도 없다. 꼰대의 생물학은 근거가 있다. 나이가 들면 사고의 유연성은 떨어지고 고집은 강해진다. 이제 직장인이 된 큰딸은 어느 날 동네 호프에서 세대 간 편견에 대해 이야기하다가 "내 친구들 중엔 부모와 터놓고 말 못 하는 애들도 많은데, 엄마와 이런 이야기를 할 수 있어서 너무 좋아"라고 말했다. 생각을 바꿀 수 있다는 건 얼마나 감사한 일인가. 얼마나 다행한 일인가.

진실은 가까스로 밝혀진다 ─────────

《한국일보》가 통합진보당 내란음모와 관련된 RO(혁명조직) 회합 녹
취록을 단독 보도*했을 때 "《한국일보》가 중도 신문이어서 정보기
관이 자료를 줬다"고 말하는 이들이 여럿 있었다. '진보지들은 줘도
안 쓸 것이고 보수지는 진보당 죽이기 의도가 너무 부각될 것이라
중도지에 넘겼다'는 추정을 사실처럼 여긴 것이다. 이런 확신이 극
단으로 가면 핼러윈 축제 예고 기사조차 "좌파 언론 뒤에 대한민국
을 뒤엎으려는 기획자들"이 있어서 사고를 만들려고 보도했다는 이
진숙 방송통신위원장에게 닿는다. 이 정도까진 아니라 해도, 모든

---

* 「이석기 "전쟁 준비하자… 군사적 체계 잘 갖춰라"」 등 2013년 8월 30일자 1~6면
  에 실린 단독 기사들. 이석기 전 통합진보당 의원은 2015년 대법원에서 내란 음모
  무죄, 내란 선동·국가보안법 위반 유죄로 징역 9년형을 확정받았다. 통합진보당은
  2014년 헌법재판소 정당해산심판 결과 해산됐다.

기사를 정치적 의도로만 해석하는 편견은 상당하다.

이런 편견은 언론에 문제가 많다고 보는 나에게도 참 답답한 것이다. 정파적 언론사들이 교묘하게 치우친 기사를 생산할 때가 많지만, 언론이 사실을 아예 무시하고 정치적 목적으로 뉴스를 만든다는 비난은 온당치 않다. 사실 보도라는 저널리즘 핵심 가치는 여전히 유효하며, 기자들은 사실을 확인하기 위한 나름의 기준을 갖고 있다. 그래서 《조선일보》는 조민을 취재하지 않은 세브란스병원 인턴 지원 기사**를 삭제했고, 《한겨레》는 근거가 부족한 윤석열 별장 접대 의혹 기사***에 사과했던 것이다.

언론의 정치적 위치가 저널리즘 원칙을 대체할 수는 없다. '윤석열 정권의 폭압이 이렇게 심각한데 한가하게 균형 보도할 때냐'는 주장이나, '언론이 시민 편에 서야 한다'는 주장은 얼핏 그럴듯해 보이지만 위험한 시각이다. 누구에게 더 비판적이어야 하고 더 우호적이어야 할지 그 기준을 어디에 세울 것인가? 과연 시민의 편에 서면 언제나 진실을 담보하는가? 천만의 말씀이다. 진실은 생각만큼 자명하지 않다. 거저 주어지지도 않는다. 진실을 드러내기까지는 팩트를 하나씩 찾아가는 노력과 열정, 심지어 용기도 필요하다.

진실 규명이 얼마나 어렵고 위험한지를 보여준 대표적 사례가

** 박상현·황지윤, 「조민, 세브란스병원 피부과 일방적으로 찾아가 "조국 딸이다, 의사고시 후 여기서 인턴하고 싶다"」, 《조선일보》, 2020. 8. 28. (초판)

*** 하어영, 「"윤석열도 별장에서 수차례 접대" 검찰, '윤중천 진술' 덮었다」, 《한겨레》, 2019. 10. 11.

2005년 황우석 줄기세포 논문 조작 사태다. 내가 기자로서 취재했던 사건 중 가장 큰 사건이었고 언론에 대한 고민을 깊게 남긴 이슈였다. MBC 〈PD수첩〉은 세계 최초의 인간 복제배아 줄기세포 논문이 조작이라는 특종을 취재하고도 벼랑 끝에 몰렸었다. 황우석 전 서울대 교수는 지금까지도 비견할 이가 없는 국가 영웅이었다. 우상에게 제기된 의혹을 국민은 믿으려 하지 않았다. 오히려 MBC에 돌팔매질을 했다. 광고주 불매운동을 벌여 〈뉴스데스크〉 광고가 모두 떨어져 나갔다. 다른 언론들도 일방적으로 황우석을 두둔했다. 연구팀, 주변 과학자, 관료들은 〈PD수첩〉의 검증을 믿을 수 없다거나 제보자가 나쁜 의도로 허위 제보를 했다고 주장했고 언론은 그대로 보도했다.

〈PD수첩〉 제작진은 4개월의 취재 끝에 3부에 걸쳐 난자 사용의 윤리적 문제, 논문 진위 문제, 과학계 구조적 문제를 짚을 예정이었다. 그러나 1부가 방영된 직후부터 엄청난 비난과 항의에 사로잡혔다. 궁지에 몰린 MBC는 2부 방영 전 결정적 팩트를 〈뉴스데스크〉에서 공개했다. 〈PD수첩〉 제작진이 황우석 연구팀으로부터 5개 복제 배아줄기세포를 넘겨받아 DNA 검사를 한 결과 5개 중 3개는 DNA가 뭉개져 판독 불가였고 2개는 환자 체세포 DNA와 불일치, 즉 복제가 아니라는 내용이었다. 논란은 여기서 끝나야 마땅했다. 그러나 DNA 불일치라는 결정적 팩트는 세포를 파괴하는 시약(파라 포름알데히드)을 쓴 〈PD수첩〉 측의 실수 때문이라는 보도*로 힘을 잃

---

* 홍사훈, 「황우석 팀 '논문 조작' 파문, '검사시료 신뢰성' 논란」, 《KBS》, 2005. 12. 3.

었다. 이어 YTN이 미국 피츠버그대에 파견된 연구원들을 단독 인터뷰해 '〈PD수첩〉 제작진이 연구원들을 협박해 논문 문제를 인정하게 했다'(소위 '〈PD수첩〉 협박 취재')**고 보도함으로써 결정타를 날렸다. 〈PD수첩〉은 검증 능력도 없으면서 악의를 갖고 패악질을 한 언론이 돼 버렸다. MBC는 대국민 사과를 하고 〈PD수첩〉 방영을 취소했으며 아예 프로그램을 폐지하기로 했다. 논문 조작을 취재한 한학수 PD는 징계에 올랐고 가족 살해 협박에 시달렸다.

황우석을 믿고 싶었던 이들에게 DNA 불일치가 엉터리 시약 때문이라는 건 얼마나 안도할 뉴스인가. 공명심에 눈 먼 PD가 연구원을 협박해 이 소란을 만들었다는 인터뷰는 영웅을 얼마나 위대하게 만드나. 그러나 믿을 만한 것이 늘 진실은 아니다. 진실은 때로 가장 그럴 듯하지 않은 쪽에 가장 불편한 모습으로 존재한다. 울퉁불퉁한 진실을 찾아내려면 팩트 조각들을 찾아서 꿰맞춰야 한다. 과도한 신념이나 편견이 없어야 한다.

나는 DNA 불일치라는 팩트에서 출발했다. 처음엔 DNA 검사를 다시 해서 혼란을 끝내자고 썼는데, 하루이틀이면 되는 이 간단

** 「[단독] "PD수첩에서 논문이 취소되고 구속된다고 말했다"」「[단독] "논문 가짜라고 말한 적 없다"」「[단독] "황우석·강성근 끌어 앉히려 왔다"」등 YTN의 2005년 12월 4일 단독 보도들. 김진두 기자는 안규리 서울대 의대 교수와 함께 피츠버그대를 방문해 줄기세포 배양을 담당했던 김선종·박종혁 연구원을 인터뷰했다. 그러나 쟁점인 DNA 불일치, 사진 중복에 대해선 묻지 않고 한학수 PD의 취재 태도에 집중한 인터뷰였다. 이 단독 보도는 나중에 황우석 연구팀으로부터 취재 편의와 비용 일부를 지원받은 것으로 밝혀져 'YTN 청부 취재'라는 오명을 얻었다.

한 검사를 황우석 연구팀이 끝내 거부하는 걸 보고 의심을 품기 시작했다. 연구팀이 시약을 탓하는 걸 보고 나는 그들의 거짓말을 확신했다. 사실 시약 쟁점을 확인하는 건 쉽지 않았다. 전공자들 사이에서도 '파라포름알데히드는 DNA를 엉겨붙게 만든다' '파라포름알데히드로 실험한 논문이 많다'고 엇갈렸기 때문이다. 많은 매체가 KBS를 따라갔지만 나는 상충되는 사실을 해결하지 않고는 기사를 쓸 수가 없었다. 인터넷을 뒤지고 전화를 돌리다가 서울대병원 법의학교실의 한 교수(송구하게도 이름을 기억하지 못한다)와 통화해 온전히 납득했다. 그는 "파라포름알데히드가 DNA를 파괴할 수는 있다. 그러나 존재하지 않는 DNA 피크를 만들어낼 수는 없다"고 설명했다. 유레카! DNA 불일치는 시약 때문일 수 없다. 최소한 2개 줄기세포는 복제가 아니다. 황우석 연구팀은 거짓말을 하고 있다!

YTN의 '협박 취재' 보도는 앞뒤가 딱 맞아떨어져 보이지만 팩트에 발 딛고 보면 못 견디게 불편하다. PD가 연구원을 협박하면 DNA 결과가 바뀌기라도 한단 말인가? 온종일 반복된 YTN 보도를 보고 기사를 마감한 그날 저녁, 선배인 이희정 미디어 담당 기자(현 《미디어오늘》 대표)와 나는 퇴근하지 못하고 마주 앉았다. 우리는 사태 내내 각각 MBC와 과학계를 취재하면서 팩트를 교차 확인하고 긴밀히 상의했다. "YTN 보도 너무 이상하지 않아? 무슨 음모도 아니고...."(이희정) "너무 이상하죠. 협박을 했든 말든 DNA 결과는 말이 안 되니까."(김희원) "최승호 PD한테 전화 한번 해볼까? 분위기 봐서 만나자고 하든가."(이희정) "그러시죠!"(김희원) 〈PD수첩〉의 책임프로듀서이자 진행자였던 최승호는 한학수와 함께 여의도에 있었다. 우리는 택시를 탔다. 하루도 빠짐없이 야근하고 새벽에 이메일로 취재하며 사건에 몰두했던 당시엔 밤 9시를 향해가는 시간이 전혀 문제가 되지 않았다.

혼이 빠진 〈PD수첩〉 구성원들은 호프집에 모여있었다. 최승호는 한학수에게 "학수야, 네가 구속돼라"며 검찰 수사를 통해 진상을 밝히는 최후의 방법을 논의하던 중이었다. 벼랑 끝에 몰린 그들은 아직도 진실을 찾고 있는 기자들에게 중요한 정보를 공개했다. 그들이 피츠버그대에 가서 연구원으로부터 들은 '중대발언'은 '황우석 지시에 따라 사진을 중복 사용해 줄기세포 수를 부풀렸다'는 것이었고 실제 복제배아 줄기세포는 2개뿐이거나 없을 수 있다는 것이었다. 경악했다. 나는 가방에 넣고 다니던 《사이언스》 논문을 꺼내 그들이 검증한 내용을 체크했다. 비로소 팩트 조각들이 맞아떨어졌다. 믿을 수 없는 진실에 충격을 받았다. 배신감에 온몸이 떨렸다. 흥분해 목소리가 높아지고 눈물이 났다.

나도 이 엄청난 사기를 상상하지 못했다. 거짓말 같은 진실은 팩트를 좇고, 미심쩍은 팩트를 끝까지 파헤치며, 편견 없는 상식으로 해석했을 때 비로소 드러났다. 그것이 기자가 하는 일이다. 한학수를 만난 다음 날 아침 출근하자마자 국장단에 밤새 취재한 사실과 앞으로의 기사 계획에 대해 보고했다. 나는 새벽에 생물학정보연구센터(BRIC) 사이트에서 사진 중복 의혹*이 제기된 걸 봤고, 이를 중심으로

---

*　2005년 12월 5일 새벽 생물학정보연구센터(BRIC)에 「The show must go on…」이

기사를 쓰겠다고 했다. 나는 브릭의 사진 중복 의혹 기사도 쓰고, 파라포름알데히드 해석이 틀렸다는 기사도 썼다. 하지만 분위기는 쉽게 바뀌지 않았다. 치우친 대중은 과학적 팩트를 눈여겨보지 않았다. 나는 진실이 묻힐 수도 있다고 생각했다. 사표 낼 결심이 굳어져 갔다.

반전은 서울대 소장파 교수들이 정운찬 총장에게 줄기세포 논문 검증을 건의한 것에서 일어났다. 2005년 12월 8일 아침 일간지 1면에는 들것에 실려 서울대병원에 입원하는 초췌한 황우석의 사진이 일제히 실렸다. 《한국일보》는 그 사진 아래 톱기사로 「서울대 교수들, "논문 검증, 정 총장에게 건의"」를 단독 보도했다. 나는 전날 저녁 서울대 자연대와 의대 교수들이 움직인다는 풍문을 듣고 서울대, KAIST의 여러 교수를 취재해 기사를 썼다. 저녁에 기사를 송고하고서 고민했다. 오보일 것을 걱정하지는 않았지만 기사가 역풍을 불러와 검증을 막을까 봐 두려웠다. 내 기사의 파장을 그렇게 고민한 적이 없었다. 당시 데스크를 담당한 한기봉 부국장에게 "이걸 앞서서 보도하는 게 잘하는 일일까" 물었다. 그는 "우리가 기사의 파장을 예단할 수는 없다. 네 걱정과 반대로 검증 건의를 못 박는 셈이될 수도 있다. 어쨌거나 이건 이 사태에서 중요한 전기가 될 것이다.

라는 글이 익명으로 게시됐다. 《사이언스》 논문에서 같은 사진을 잘라 서로 다른 줄기세포 사진으로 중복 사용했음을 보인 글이었다. <PD수첩> 팀이 취재한 '중대 발언'을 뒷받침하는 근거였다. 이후 브릭에서는 중복 사용된 사진 찾기가 들불처럼 퍼져나갔고 전공자들 사이에선 논문 조작 의심이 급속히 확산됐다.

그러니 기사를 내는 게 맞다고 본다"고 기자다운 판단을 했다. 소장파 교수들은 건의를 실행했다. 폭주하던 여론이 찬물을 맞은 듯 멈췄다. 언론사들의 보도 톤이 달라졌다. 과학적 반박이 아니라 서울대의 권위가 그것을 가능케 했다.

서울대의 검증 결정은 공동연구자들의 균열로 이어졌다. 황우석은 공동연구자 노성일 미즈메디병원 이사장에게 '서울대의 복제배아 줄기세포가 DNA 검사를 해보니 미즈메디병원의 수정란줄기세포로 바뀌어 있다'고 털어놓았다. 노성일은 연구 실패의 책임을 떠안게 될지도 모를 상황에 먼저 폭탄선언을 했다. 2005년 12월 15일 기자회견에서 "환자맞춤형 줄기세포가 없다. 논문은 체세포만으로 조작했다"고 밝혔다. 사태가 이어진 두 달 사이 가장 극적인 대반전이었다. MBC는 이날 밤 '특집 〈PD수첩〉은 왜 재검증을 요구했는가'를 긴급 방영했다. 그제서야 논문 조작 의혹이 폭로됐다. 서울대 진상조사위원회는 《사이언스》 논문 두 편은 완전한 조작이었고 1번 줄기세포마저 복제가 아닌 처녀생식 줄기세포라는 놀라운 사실을 밝혀냈다.

황우석 사태는 과학의 실패이자 언론의 실패다. 당시 많은 언론학자들이 기자들의 전문성 부족, 사명감 부족, 보도 관행 등을 언론 참사의 원인으로 꼽았는데 내 눈에는 안이한 분석이었다. 황우석 옹호에 앞장선 쪽은 오히려 전문성 높은 과학·의학 전문기자들이었다. 단지 기자들이 게으르거나 무능해서가 아니다. MBC가 맞닥뜨린 거대한 분노의 쓰나미를 떠올려 보자. 황우석의 편에 서는 것이 합리적으로 보이지 않는가? YTN은 단독 보도가 '청부 취재'로 드러나기 전까지 '창사 이래 대특종'의 성공을 만끽했다. 보도국장이 피츠버그에서 돌아오는 기자를 공항으로 마중나갈 만큼 YTN은 인터뷰 성사에 환호했다.[*] 지상파 3사와 다음 날 조간이 일제히 YTN을 받아쓰고, YTN 순간 시청률이 4%까지 치솟은 초유의 성공이었다. YTN 홈페이지 페이지뷰는 전날 41만 5,000건에서 보도 당일 102만 4,800건으로 급증했고 시청자 의견란에는 "이제부터 뉴스는 YTN만 보겠다" "YTN을 국민방송으로 임명합니다" 등 갈채가 쏟아졌다.[**] 취재원과 거래해 얻은 특종이라 해도, 시청률이 몇 배 뛰고 YTN의 영향력을 만천하에 떨친 효과를 보면 할 만한 거래라고 생각하지 않았을까. 황우석을 절대적으로 사랑하는 뉴스이용자들은 그를 옹호하는 뉴스만 소비했고 오보일지언정 박수를 쳤다. 진실 보도에 화를 내고 언론사를 위협했다. 저널리즘적 실패가 언론사의 성공이 되는 시장에서 실패는 반복된다.

정파성은 똑같은 메커니즘으로 작동하는 언론의 마케팅 전략이다. 신문사는 뉴스이용자들의 정파적 기대에 부합하는 뉴스를 팔아 생존한다. 황우석은 국민 절대다수의 지지를 받았기에 대다수 언론이 그쪽으로 쏠렸고, 이념 시장은 보수지와 진보지가 분점하고 있다는 게 다를 뿐이다. 나는 언론의 정파성을 없애야 한다거나 없앨

[*]   특별취재팀, 「2005년 12월, YTN에선 무슨 일이 있었나」, 《오마이뉴스》, 2006. 1. 5.
[**]   「"<PD수첩> 취재윤리 위반" 특종보도」, 《YTN 사보》, 2005. 12. 7. (76호)

수 있다고 생각지 않는다. 전체 언론 생태계를 다양하게 만들어 뉴스이용자들 스스로 균형을 찾아가야 한다고 믿는다. 중요한 건, 정파성이 사실을 압도하는 뉴스는 없어야 한다는 점이다. 저널리즘 규범을 저버리면서까지 진실을 왜곡하는 뉴스가 진짜 나쁜 뉴스다. 언론의 최저 기준선은 정치적 위치가 아니라 사실을 존중하는 태도에 그어야 한다.

많은 사람들이 잊기 쉽지만 황우석 사태는 언론의 성공 사례다. 꿋꿋하게 어려움을 버티며 진실을 드러낸 MBC 〈PD수첩〉이 없었다면 우리나라는 사기꾼에게 연구비를 탕진하고 연구진실성 제도화에 늦었을 것이다. 서울대가 검증할 기회를 잃고 해외에서 먼저 터져 나와 국제적인 망신을 당했을 수 있다.

이토록 왜곡된 시장, 그늘진 언론계 현실을 알고 나면 오히려 사명감을 갖고 일하는 기자가 존재한다는 사실이 놀랍다. 한 조각 팩트를 확인하기 위해 몇 시간씩 문 앞에서 기다리고 휴지통을 뒤지는 기자, 혼자 마음에 꽂혀서 몇 달 몇 년씩 추적하는 기자, 두툼한 종이뭉치 자료를 일일이 엑셀에 입력해 유의미한 숫자를 찾으려는 기자, 이상하다는 생각을 버리지 못해 전화를 돌리는 기자가 있다. 그들이 있기에 세계적 논문이 가짜라는 게 밝혀지고, 국정농단의 결정적 증거가 나온다. 사채왕과 판사의 유착이 밝혀진다. 채수근 상병 사망 수사에 외압을 행사한 흔적이 드러난다. 진실은 이런 노력들이 쌓여 가까스로 밝혀진다.

이런 기자들이 있어 나도 버티고 있다. 심지어 고품질 저널리즘이

시장에서 성공할 수 있다는 희망을 아직 버리지 않았다. 열정적인 기자, 유능한 뉴스룸국장, 그리고 비전을 가진 경영진이 어쩌다 한 날 한자리에서 만날 때 거짓말처럼 그것이 가능할 것이다. 내가 아니라도,《한국일보》가 아니라도, 누구라도 이 희망을 구현하기를 바라고 있다.

제2부

왜 그렇게들 떳떳한가

윤석열, 자기 배반의 정치

2022년 대선 때 윤석열 후보는 내로남불 문재인 정권의 심판자였다. 2024년 '정권심판론' 대 '이재명·조국 심판론'의 총선이 왔을 때 심판받은 것은 윤석열 정권이었다. 정치 경험 없이 당선된 대통령에서 탄핵이 거론되는 대통령으로, 윤석열은 2년 만에 급전직하했다.

윤석열 대통령을 당선시킨 핵심 가치, 법치와 공정은 빛이 바랬다. 빛 바랜 정도가 아니라 '윤석열 내로남불'을 상징하는 단어가 됐다. 법치와 공정을 외치던 그는 검찰총장을 패싱한 인사를 단행해 배우자의 디올백 수수·도이치모터스 주가 조작 수사 지휘부를 갈아치웠다. 문재인 정부 당시 추미애 법무부 장관이 조국 사태·울산시장 선거 개입 수사 라인을 전격 물갈이하자 '총장 패싱 인사는 검찰청법 위반'이라 주장한 것은 윤석열 검찰총장이었다. "공직자가 권력에 굴복하면 정의가 죽고, 힘없는 국민은 위태로워진다"고 한 것은 윤석열 대통령 당선인이었다. 윤석열의 공정은 자신에겐 적용되지 않았다.

살아있는 권력을 수사해 핍박받던 검사는 자신에 대한 수사를 허용치 않는 권력이 되었다. 2013년 국정원 대선 댓글 사건 특별수사팀장이었던 윤석열은 국회 국정감사에서 조영곤 당시 서울중앙지검장을 겨냥해 수사 축소 압력이 있었다고 폭로했다. 윤석열은 댓글 수사 때 조영곤에게 보고 없이 국정원 직원을 체포했다가 징계를 받고 대구고검으로 밀려났다. 지금 채수근 상병 사망 수사 외압을 폭로하고 항명 혐의로 재판받고 있는 박정훈 대령이 과거의 윤석열이다. 현재의 윤석열은 자신의 혐의를 조사할 채수근 상병 특검법을 두 번이나 거부했다. 김건희 특검법의 세번째 발의를 앞두고선 위헌이라며 거부를 미리 못박았다. 어떤 대통령도 자기 가족 비위를 수사하는 특검법에 거부권을 행사할 만큼 뻔뻔하지 못했다. "떳떳하면 사정기관을 통해서 권력자도 조사받고 측근도 조사받고 하는 것이지, 특검을 왜 거부하나. 죄지었으니까 거부하는 것"이라고 했던 대선후보 윤석열의 말을 사람들은 되새김질한다. 윤석열은 윤석열에게 비판받고, 윤석열이 윤석열을 배신했다.

윤석열은 왜 이렇게 변했을까. 그의 법치와 공정은 어쩌다가 그의 내로남불이 되었을까. 냉정하게 따져보면, 윤석열은 달라지지 않았다. 그는 언제나 그대로였다. 윤석열의 정치 인생은 출발부터 법치, 공정과 거리가 멀었다. 법으로 보장된 검찰총장 임기를 저버리고, 검찰총장이 정치에 직행하지 않는다는 관행을 깨뜨림으로써, 그는 검찰의 중립성과 공정성을 심각하게 훼손했다. 그는 "진영과 상관없이 검찰은 늘 하던 대로 수사한다"고 말해왔지만 조국 일가 수사, 울산시장 선거 개입 의혹, 월성원전 사건 등 정권 관련 수사의 진의는 손쓸 수 없이 퇴색했다. 주목받을 수사를 정계 진출의 발판으로 삼아도 된다는 나쁜 선례를 남겼다. 원칙을 오염시킨 그에게 국민은 냉정하게 물어야 했다. 그동안 해온 수사는 무엇을 위한 것이었으며, 법치와 정의 실현은 누구를 위한 것이었냐고.

총장직을 사퇴하며 그는 "검수완박(검찰 수사권 완전 박탈)은 부패완판(부패가 완전히 판친다)"이라는 명분을 내세웠다. 그는 검찰총장이될 때 후보 중 가장 적극적으로 검찰개혁에 찬성했다고 알려졌다. 이 또한 그의 신념이 바뀐 게 아니다. 검찰총장이 되기 위해 검찰개혁에 동의했다고 봐야 할 것이다. 검사 시절 윤석열의 행보는 검찰개혁의 핵심인 검찰 수사권 통제, 피의자 인권 보호와 거리가 멀었다.

검사 윤석열은 유죄 실적을 위해 탈탈 털어 무리하게 엮는 특수부 검사의 극단이었다. 오랜 기간 법조를 출입했던 강철원《한국일보》기자는 이렇게 썼다. "'특수통' 검사들에게조차 그(윤석열)는 위험인물로 인식돼 있다. 그의 수사방식을 경험하고 공유했던 일부인사들은 핏대를 세울 정도다. (…) 윤석열 스타일을 열거하자면 끝이 없다. '그럴듯한 대의명분을 설정한 뒤 결론을 정해 놓고 수사한다', '원하는 결과가 나올 때까지 무지막지하게 수사한다', '목표에만 집착해 절차를 무시하고 인권을 등한시한다', '수사의 고수들이 깨닫는 절제의 미덕을 찾아볼 수 없다', '보스 기질이 넘쳐 자기 식구만 챙긴다', '언론 플레이의 대가이자 무죄 제조기다' 등이다."* 무지막지한 수사 스타일은 윤석열이 진두지휘한 조국 수사만 봐도 알 수 있다. 무죄 제조 사례는 거침없는 권력 수사에 가려지곤 했다. 국정원 댓글 수사팀장 때 기소한 김용판 전 경찰청장은 무죄가 확정됐고, 서울중앙지검장으로서 지휘했던 사법농단 수사는 대법원장까지 구속시키며 요란했으나 대다수 무죄(1심)로 이어졌다. 무죄가 나거나 구속영장이 기각되면 그는 판사를 탓하는 검사였다.

"사람에게 충성하지 않는다"**는 윤석열 신화는 정갑윤 전 의원 덕분에 만들어졌다. 실제의 윤석열은 자기 사람을 챙기고 자신에게 충성할 것을 요구하는 '형님 리더십'의 소유자라 봐야 할 것이다. 윤석열은 '의형제'로 불리는 특수부 검사 출신 윤대진 변호사의 형 윤우진 전 용산세무서장이 경찰 수사를 받게 되자, 윤대진을 겨냥한 경찰의 표적수사로 간주하며 윤우진에게 검사 출신 변호사를 소개했다. 검찰총장 취임 후 첫 인사에서 자기 식구, 즉 특수부를 중용해 검찰 내 반발을 샀다. 대통령이 되자 최측근 한동훈을 법무부 장관에 기용하고 검찰총장을 임명하지도 않은 채 검찰 인사를 실행한 것이

---

* 강철원, 「[편집국에서] 윤석열 스타일은 바뀌지 않는다」, 《한국일보》, 2020. 2. 24.
** 윤석열이 2013년 10월 국회 국정감사에서 국정원 댓글 수사 외압을 폭로하자 정갑윤 당시 새누리당 의원이 "증인은 사람(채동욱 전 검찰총장)에게 충성하는 것이냐"고 질문했다. 윤석열은 "저는 사람에게 충성하지 않기 때문에 오늘 이런 말씀을 드린 것"이라고 답했다.

이상하지 않다. 그렇게 해서 선택적 수사를 개의치 않고 불공정하게 비칠 것을 두려워하지 않는 검찰을 만들었다. 지금의 검찰은 오직 대통령으로부터 충성심을 의심받는 것만 두려워하는 것 같다.

윤석열의 법치는 그러니까, 통치자의 권력도 법에 의해 제한된다는 의미의 법치가 아니었다. 그의 법치는 오직 처벌을 위한 법치, 특히 약자에게만 과중한 형사처벌을 의미했다. 취임 직후 대우조선해양 하청노조 파업에 "노사를 불문하고 법치주의는 엄정하게 확립돼야 한다"고 선언한 이래 화물연대 파업, 건설노조 건폭(건설현장 폭력) 몰이, 의대 증원 갈등까지 "법과 원칙"을 강조하며 강경대응 깃발을 흔들었다. 그는 파업을 "핵 위협"이라 했고 노조 기득권이 "젊은 사람이 미래에 대한 희망을 포기하게 만드는 약탈 행위"라 했다. 노조와 의사집단에 대한 국민적 반감을 능숙하게 이용했다.

법치는 한동안 유용한 프로파간다였다. 취임 두 달여 만에 20%대로 떨어진 대통령 직무수행 긍정평가(이하 '한국갤럽')는 화물연대 강경대응 때 30%대를 회복했고 '건폭과의 전쟁'으로 37%까지 올랐다. 디올백 수수 여파로 다시 20%대로 주저앉은 지지율을 39%까지 끌어올린 건 의대 증원 강행이었다. 하지만 윤석열의 말과 달리 그의 법치는 노사를 불문하지 않았고 문제를 해결하지도 못했다. 안전운임제는 폐지됐고 건폭 특별단속은 건설노동자 4,829명 검찰 송치, 148명 구속, 수사 경찰 76명 특진의 일방적 '성과'를 남겼으며 필수의료 강화 등 의료계 난제는 논의조차 되지 않았다.

그가 본래의 의미와 다르게 사용하는 단어는 법치나 공정만이 아니다. 대통령 연설 때마다 자유를 외치지만 언론의 자유 억압은 군사정권 시절을 방불케 한다. 자유 시장을 종교처럼 읊조리지만 금리를 낮추라고 은행 팔을 비틀고 밀가루, 과자 값을 인하하라고 식품업계를 압박했다. 눈 하나 깜짝 않고 자기 말을 부정한 일도 많다. "대통령으로서 당무를 언급하는 게 적절치는 않다"고 하고선 당대표를 줄줄이 갈아치웠다. 대선 때 외교안보 공약으로 "미국에 핵 공유와 전술핵 배치를 요구하겠다"고 밝히고선 TV토론회에서 "핵 공유를 말한 적이 없다"고 잡아뗐다. 최저임금과 주52시간제가 비현실적이라며 "비현실적 제도는 철폐하겠다"고 했다가 "그런 이야기 한 적 없다"고 부인했다. 윤석열의 명명(命名)은 혼돈스럽다. 그의 어법은 모순적이다. 듣는 이들은 당혹스러우나 윤석열 자신에겐 문제라는 인식이 없을 것이다. 검찰 수사 외엔 자기 철학이 없는 인물이기 때문이다.

'살아있는 권력도 수사하는 강골 검사' '사람에 충성하지 않는 원칙주의자'는 윤석열이 훌륭하게 연기한 가면이었다. 그의 실체는 위험하게 수사하는 검사, 자기 사람을 챙기는 리더였다. 검찰의 독립성, 중립성을 오염시킨 검찰총장이었다. 적폐청산에 몰두한 문재인이 이를 간과했고, 문재인 정권 심판의 정념에 빠진 유권자들이 이를 몰라봤다. 이제 와서 국민들이 '역(逆) 내로남불'이라 분노하고 심판한 것은 너무 늦은 것이다.

철학이나 비전이 부족해도 윤석열이 열린 리더였다면 레임덕을 미룰 수 있었을 것이다. 내가 생각하는 총선 참패의 시발점은 윤석열이 이준석 대표를 내쫓고 당을 사당(私黨)화한 시점이다. 〈더탐사〉를 보면 윤석열은 2021년 7월 국민의힘에 입당하기 전부터 "이준석이 아무리 까불어 봤자 3개월짜리"라며 이준석을 내쫓고 당을 접수할 계획을 갖고 있었다. 대선 한 달 만에 이준석 대표 성 접대와 증거 인멸 의혹 징계가 개시됐고 1년 6개월 당원권 정지 처분으로 사실상 잘라냈다. 윤석열은 권성동 원내대표에게 체리따봉 이모티콘과 "내부 총질이나 하던 당대표가 바뀌니 (당이) 달라졌다"는 문자를 보내 자신이 배후임을 만천하에 드러냈다.

그나마 이준석 징계는 성 접대 증거 인멸이라는 명분이라도 있다. 김기현 대표는 대통령실이 진두지휘한 편법과 린치로 만들어졌다. 유승민 전 의원을 제치려 "(당원투표) 100%가 낫지 않냐"는 대통령의 말 그대로 당대표 선출 규정을 바꿨다. 나경원 저출산고령사회위원회 부위원장을 견제하려 안상훈 사회수석이 그의 대출 탕감 저출산 대책을 저격했고 초선 의원들이 연판장을 돌렸다. 다시 김기현을 몰아내고 한동훈 비대위원장을 '꽂을' 때는 소동조차 없었다. 이렇게 대통령 사당이 된 국민의힘은 의료계 파업에 지칠 대로 지친 국민들을 앞에 두고 51분 내내 '내가 옳다'고 주장하는 대통령 대국민담화를 속끓이며 지켜보기만 했다. 디올백 수수를 언급했다가 출마를 포기(김경율)하고 비대위원장 사퇴 압박(한동훈)을 받아야 했다. 이런 당이 민심과 동떨어지고 총선에 참패한 것은 당연한 일이다.

윤석열은 계파를 죽여 당을 장악할 이유가 없었다. 정치 경험 없는 대통령에게는 단점이 많지만 기존 정치세력에 빚이 없다는 것은 장점이다. 당내 다양한 세력이 경쟁하게 놔두고 그중 경청할 제언을 수용하면 될 일이다. 정치 초보 대통령이 성공할 수 있는 기회였다. 윤석열의 목표가 자기 사람을 국회에 심어 임기 후를 대비하는 것이었다 해도 충심이 아닌 민심을 잡아야 가능한 일이다. 3김 시대 이후 정당들이 '당총재 대통령'으로부터 독립하고 시스템 공천과 당내 민주주의를 강조해 온 이유가 이 때문이다. 국민의힘은 오히려 총재 시절로 돌아갔다.

슬프게도 윤석열은 일관되다. 총선 후에도 경청 없는 리더십, 검찰을 앞세운 정치는 바뀌지 않았다. 바꿀 생각이 없어 보인다. 이재명 더불어민주당 대표와 한번 만났지만 대화와 협치의 기미는 안 보인다. 임기 절반 동안 24개 법을 되물린 거부권 남용은 기록적이다. 차별금지법을 반대한 안창호 국가인권위원장, 언론 장악 전문가인 이진숙 방통위원장, 뉴라이트 역사관을 가진 김형석 독립기념관장, 노조를 부정하는 김문수 고용노동부 장관 등 논란 많은 인사는 보수진영에서도 혀를 찰 정도다. 하기야 윤석열은 2023년 강서구청장 보궐선거에 그 원인제공자인 김태우를 특별사면해 후보로 밀었다가 대패한 뒤에도 "국민은 늘 옳다"고 말만 하고는 달라진 게 없었다.*

---

* 검찰수사관 출신으로 강서구청장이 된 김태우는 문재인 청와대 특별감찰반원으로서 알게 된 비위 첩보를 언론에 폭로(공무상 비밀 누설)해 징역 1년 집행유예 2년을 확정받았다. 이 판결로 강서구청장직을 상실했고 10년 간 피선거권이 제한됐다. 그러나 대통령이 사면복권해 강서구청장 보궐선거에 다시 출마했고 17%P

나는 두 번째 대통령 탄핵을 보고 싶지 않다. 그러나 윤석열은 수사 외압에 대해, 어쩌면 공천개입에 대해서도 수사를 피할 수 없을 것이다. 대통령을 수사해야 하는 당위성 또한 과거의 윤석열이 말했다. "우리 헌법상 민주주의는 법치주의를 포함한 개념이다. 힘 있는 사람도 범죄를 저질렀다면 똑같이 처벌받고, 법이 공평하게 적용돼야 한다는 것이다. 이렇게 하지 않으면 민주주의라 할 수 없다."** 한국 현대사에는 권력자가 정치적 목적으로 검찰에 의존했다가 그 부메랑을 맞은 사례가 많다. 검찰개혁 의지가 가장 강했던 문재인조차 적폐청산 수사를 밀어붙이느라 윤석열을 키웠고 정권을 내주었다. 윤석열이 걷는 길이 다르리라고 장담할 수 없다. 윤석열의 자기 배반은 계속될 운명이다.

차로 대패했다.

** 이경원, 「윤석열 "진보 표방한 정권의 권력자·부패범죄 수사하면 보수인가?"」, 《국민일보》, 2022. 3. 2.

한동훈의 비겁함

한동훈 국민의힘 대표는 윤석열 대통령과 진짜 결별할 수 있을까. 물론 한동훈의 마이웨이는 전당대회에 출마해 당대표가 됐을 때부터 시작됐다. '김건희 여사 문자 읽씹'으로 총선 패배의 원흉으로 지목되고 다른 후보들이 배신자라며 십자포화를 쏘아 댔는데도 그는 63%의 압도적 득표로 당선됐다. 당원도, 지지자도 한동훈이 대안이라고 판단한 것이다. 하지만 한동훈의 선택은 여전히 불투명하다. 임기 절반이 남은 레임덕 대통령과 안 볼 것을 각오하고 싸울 것인가, 적당한 차별화로 줄타기 할 것인가. 그의 차별화는 앞으로 빈번해지고 수위가 높아질 테지만 끝장을 보지 못할 것 같다.

지금까지 한동훈이 보인 결별 시도는 제스처뿐이다. 당대표 선거에 나설 때만 해도 그는 "민심을 거스를 수 없다"며 대표가 되면 제3자가 추천하는 채수근 상병 특검법을 발의하겠다고 했었다. 하지만 당대표에 취임한 날 "법 발의는 제가 하는 게 아니다"로 순식간에 말을 바꿨다. 어디 그뿐인가. 그는 당대표 수락 연설에서 민심과 한 편이 돼 외연을 확장하겠다고 강조했지만 민심이 주시하는 디올백 수수에 검찰이 무혐의 처분을 내자 '팩트와 법리에 맞는 판단을 내렸을 것'이라는 하나 마나 한 반응을 보였다. 뉴라이트 독립기념관장, 차별금지법을 반대하는 인권위원장 등 말 많고 탈 많은 인사에 대해서도 말이 없었다. "폭풍이 되어 여러분을 이끌겠다"더니 폭풍은커녕 바람 한 점 없다.

당대표 경쟁자들은 한동훈을 배신자로 공격했지만 한동훈은 윤석열을 배신한 적이 없다. 내가 보기엔 배신할 준비조차 돼 있지 않다. 한동훈에게 책임을 묻는다면 배신에 대해서가 아니다. 배신하지 못하는 비겁함을 물어야 한다.

정권의 실세 법무부 장관으로서 야당과 싸움에 전념했을 때도, 여당 비대위원장으로서 '이재명·조국 심판'으로 총선을 치렀을 때도 한동훈은 비겁했다. 대통령의 최측근으로서 그는 대통령의 심기가 불편할 것을 감수하고라도 쓴소리를 해서 변화를 이끌어낼 막중한 임무가 있었다. 대통령과 선을 긋고 선거를 이끌어야 했다. 그렇게 해서 정권을 성공시키는 어려운 길을 걸어야 했다. 하지만 그는 위험을 무릅쓰지 않았다. 윤석열과의 갈등을 90도 폴더 인사로 봉합했다. 정권심판론을 뒤집을 만큼의 역량이나 결단력이 없었다.

거센 정권심판론이 단지 한동훈의 불운이었다고 할 수 없다. 심판의 바람에 그의 책임이 상당하기 때문이다. 정권심판론과 조국혁신당 돌풍의 핵심은 권력에 충성하는 검찰의 편향적 수사인데, 이를 공인하고 두둔해 민심을 악화시킨 것이 한동훈이었다. "대규모 비리의 정점" "잡범" "뇌물범죄 비호" 등 더불어민주당 대표와 의원들의 유죄를 단정하고 비하한 발언이 여러 차례였다. 수사 중인 사건을 거침없이 편드는 이례적인 법무부 장관을 보며 시민들은 '검찰 정권'을 생생하게 실감했다. 한동훈이 도이치모터스 수사팀을 교체하고 디올백 수수가 "몰카 공작이라는 건 맞지 않나"라고 대응할 때 국민들은 선택적 공정에 대한 분노를 키웠다.

윤석열 정권의 오만을 드러낸 불통 인사에도 한동훈의 책임은 크다. 정권 초 법무부가 인사검증을 맡아 사정(司正) 콘트롤타워가 되는 것 아니냐는 우려가 제기됐을 때 그는 "과거 정치권력의 내밀한 비밀 업무가 감시받는 통상 업무로 전환되는 의미 있는 진전"이라고 했었다. 하지만 '진전된' 검증 시스템은 구멍이 컸다. 낙마한 이균용 대법원장 후보자의 재산신고 누락도, 사퇴한 김행 여성가족부 장관 후보자의 주식 파킹 의혹도 포착하지 못했다. 언론에 보도되고 소송까지 간 정순신 전 국가수사본부장의 자녀 학교폭력도 걸러내지 못했다. 반복된 검증실패로 국회에서 질타받자 그는 "기계적으로 검증한 자료를 넘긴다" "대통령실 공직기강비서관실이 판단하는 구조"라며 대통령실에 책임을 떠넘겼다. 정권의 성공이 달린 인사에 '기계적 검증'이 최선이었다면 무능한 것이고, 윤심(尹心)을 받들어 검증을 방기했다면 비겁한 것이다. 인사 문제가 윤석열 정권의 아킬레스건이 됐을 때에도 그는 직언하거나 책임지는 대신 '심기를 거스르지 않는 측근'으로 남았다.

법을 잘 아는 공직자가 얼마나 편의적으로 법을 쓰는지도 몸소 보여주었다. 한동훈은 장관 자격으로 검찰 수사권을 제한한 검수완박(검찰 수사권 완전 박탈) 법이 위헌이라며 헌법재판소에 심판을 청구했다. 동시에 검수원복(검찰 수사권 원상 회복) 시행령 제정으로 법 개정을 무력화해 위법 논란을 일으켰다. 그러면서도 위헌심판과 시행령 사이에 전혀 모순이 없다고 주장했다. 그는 국회에서 "권한쟁의심판 청구서는 법의 위헌성을 설명하는 내용이고 시행령은 법이 시행됐을 때를 대응하기 위한 것이라 로직(logic, 논리)이 다르다"라고, 불편한 기색조차 없이 답했다. 상충하는 두 해석을 놓고 필요에 따라 골라 쓰면 된다는 놀라운 발상이다. 경우에 따라 법을 위헌으로 몰 수도, 시행령으로 뒤집을 수도 있는 게 한동훈의 능력이겠다. 나는 검수완박 입법을 줄곧 비판했지만 검수원복 시행령을 옹호하고 싶지는 않다. 이렇게 자의적으로 법을 무너뜨린다면 또 어떤 목적으로 법을 우회할지 두렵다. 뒤집어진 법치와 공정, 오만함까지 한동훈은 윤석열 정부의 상징이고 징후였다.

한동훈은 짧은 경력이나마 정치인으로서 역량도 입증하지 못했다. "운동권 특권정치 청산" 같은 선동적 구호 말고 여당이 밀고 나갈 비전과 정책을 제시한 것이 없다. 시민을 설득하고 갈등을 조정하는 데에 성공한 사례가 없다. 그가 인정받은 것은 순발력 있게 비아냥대는 말싸움 능력, '틱톡 화법'이었다. 이것이 정치 자산이 될 수는 없다. 상대에게 무안을 주는 한동훈의 화법은 그를 "조각 같다"고 보는 지지자들에게나 통쾌함을 줄 뿐이나. '국민의 대표에게도 저렇게 오만한데 국민은 어떻게 여길까' 걱정하는 이들에겐 반감을 불러일으킨다. 그가 아무리 목놓아 '동료 시민'을 불러도 그를 동료라고 여기는 시민은 많지 않다.

윤석열의 입지가 한 뼘으로 줄어든 마당에 한동훈은 스스로 앞날을 개척해야 한다. 그러나 온갖 홀대를 받으며 윤석열을 만난 뒤 "앞으로 더 직접적으로 말하겠다"고 벼르는 건 아무 소용이 없다. 대통령 일정에 불참하는 신경전을 벌이는 것은 무의미하다.

한동훈이 헤어질 결심을 했다면 그것은 중대한 결심이어야 한다. 유권자들이 윤석열 정부를 심판한 이유에서 자기 몫을 직시해야 한다. 윤석열의 법치, 공정, 상식이 거대한 분노와 심판을 맞닥뜨린 지금 한동훈의 정치는 진짜 법치, 공정, 상식이어야 한다. 그는 대통령과 영부인도 법 앞의 평등 원칙에 예외가 아님을 증명해야 한다. 선택적 수사에 바탕한 검찰 정치를 포기해야 한다. 야당을 범죄자 취급하지 않고 대화 상대로 여겨 타협을 끌어내야 한다. 더 있다. 한동훈의 연루가 의심되는 고발사주 혐의를 벗어야 한다. 24자리 아이폰 비밀번호 뒤에 숨어 수사를 피해서는 '나의 법치와 공정은 다르다'고 말할 수 없다. 딸의 부정 스펙 의혹을 반성하지 않고서는 내로남불 비판을 벗어날 수 없다. 상대를 조롱하고 비판하는 능력이 아닌 자신의 역량과 비전을 검증받아야 한다. 윤석열과의 결별은 한동훈 자신과의 결별이어야 한다.

과연 그럴 수 있을까. 한동훈은 윤석열과 오래 한 배를 타고 여기까지 함께 왔다. 두 사람은 검찰에서 사법농단, 국정농단, 론스타 등 대형 수사마다 손발을 맞춰 일했다. 윤석열 정권 출범 이래 핵심은 언제나 한동훈이었다. 김건희는 문자에서 그를 "함께 지금껏 생사를 가르는 여정을 겪어온 동지"라고 표현했다. 동지들의 결별은 아름답지 않다. 배신이 남긴 상처는 적과의 싸움보다 깊을 수 있다. '문자 읽씹'이 알려지고, 〈서울의소리〉를 통해 한동훈의 여론조사 당비 횡령 의혹이 제기된 것은 작디 작은 일부일 것이다. 그들은 서로를 너무 잘 알고, 너무 많은 카톡을 주고받았다. 앞으로 얼마나 유혈이 낭자할지 모른다. 한동훈에게 과연 배신이 가능할까.

이재명의 진짜 문제

2024년 총선 승리로 이재명 더불어민주당 대표는 대선 재도전의 기반을 다졌다. 당 장악력과 국회 발언권이 커졌고 경쟁자를 제거했다. 하지만 나는 이것을 그의 정치적 승리라 부를 수 없다. 그는 민주당을 장악했지만 당의 확장성을 떨어뜨렸다. 생존하는 데에 성공했지만 한국 정치를 후퇴시켰다. 정치 지도자로서 이재명의 자격에는 의문이 더 커졌다.

대선 패배 후 이재명은 칩거나 자숙 없이 국회의원 보궐선거, 당대표 선거에 출마했다. 그때부터 공직을 방탄으로 사용(私用)한다는 의심을 불러일으켰다. 의심을 확신으로 만든 것이 그 자신이다. 대장동 개발 등 혐의로 체포동의안이 국회에 회부되자 그는 불과 석 달 전 "불체포특권을 포기하겠다"고 국민과 약속한 것을 내동댕이치고 부결을 호소했다. 방탄용 출마라는 비난은 사실이 됐고, '못 믿을 정치인'이란 불신은 정점을 찍었다. 다음 대선 때까지 당대표직을 유지할 것이라는 예상은 이례적인 연임으로 현실이 됐다. 법원 판결 전 대선을 치르려 대통령 탄핵을 불사할 것이란 세간의 말조차 이제는 신빙성 없게 들리지 않는다.

대선 경쟁자이자 제1야당 대표에 대한 검찰의 전방위적 수사는 분명 과하다. 그러나 이재명의 사법리스크는 의혹이나 억울함 수준을 한참 넘어섰다. 두 번의 체포동의안 표결 때 그는 "권력을 사적으로 남용" "정적 제거" "부당한 정치 수사"라고 윤석열 정권을 비난하며 자신을 정치보복의 희생자로 포장했다. 그렇게 결백하면 '자발적으로 영장심사를 받으라'는 당내 요구는 왜 받아들이지 않았던 것인가. 그가 최종 결재한 대장동·백현동·불법송금 사건 관계자들이 줄줄이 구속기소된 것에 대해 그는 해명하지 못했다. 서울중앙지법 유창훈 영장전담 부장판사는 증거 인멸 우려가 없어 이재명 구속영장을 기각하면서도 위증교사 혐의를 인정했고 백현동 사업에도 "관여가 있었다고 볼 만한 상당한 의심"이 든다고 했다. 눈을 크게 뜨고 냉정하게 보자. 언제 법원이 유죄 판결을 내릴지 모르는 이를 대통령 후보로 삼아도 되는 것인가. 대선 전에 유죄 확정만 나지 않으면, 대통령만 되면, 그냥 넘어가도 다 괜찮은 일인가.

이재명에겐 사법리스크보다 더 큰 위기가 있다. 그가 아무리 훌륭한 정책을 내놓아도, 어떤 말을 해도 선뜻 믿지 못하는 신뢰리스크다. 반복된 거짓말과 말 바꾸기가 스스로 신뢰를 파먹은 결과다. 그는 첫 국회 교섭단체 대표 연설에서 "국민의 기본적 삶이 보장되는" 기본사회론을 주장했고, 이를 민주당 강령·당헌에 담았다. 의미 있는 정책이지만 파장이 없다. 없는 게 당연하다. 지난 대선 때 그는 자신의 트레이드 마크라 할 기본소득을 두고 "1호 공약 아니다" "당연히 한다" "국민이 동의하지 않으면 안 한다는 뜻"이라고 오락가락하며 발을 뺐다. 부정적 여론을 감지하고는 기본소득을 구겨버린 그가 다시 기본사회를 들고 나왔으니 누가 진심이라고 믿겠나. 또 그는 "제3·4의 선택이 가능한 정치구조를 만들려는 건 (…) 이재명이 평생 가진 꿈이었다"며 다당제를 위한 개혁, 비례대표제 확대, 위성정당 금지 등을 대선 공약으로 내걸었다. 하지만 총선을 앞두고 "(준연동형 약속을 지켜서) 멋있게 지면 무슨 소용이 있냐"며 정반대로 가는 병립형 비례대표제를 추진하려 했다. 이런 식이니 이재명이 누구를 위해, 어떤 정치를 하겠다는 것인지 종잡을 수가 없다. 정책 뒤집기만이 아니다. 그는 "존경하는 박근혜 대통령이라 했더니 정말 존경하는 줄 안다"고 말해 논란을 불러일으켰다. 함께 해외 출장을 가고 사진까지 찍은 고(故) 김문기 성남도시개발공사 개발1처장을 "시장 재직 때는 몰랐다"니 상습적 거짓말이 의심스럽다. 이 발언으로 그는 허위사실 공표 혐의(공직선거법 위반)로 기소됐다. 그가 재판받고 있는 또 다른 혐의는 자신이 무죄를 받으려 수행비서에게 위증하라고 교사한 것이다.

이재명은 핵심 지지층 앞에서는 발언 수위를 높이고 비판이 따르면 수습하다가 신뢰를 잃었다. 이견이 큰 사안에는 모호함을 유지하다가 불신을 키웠다. 약속을 버리고 말을 뒤집었다. 장점으로 여겨졌던 정책 역량과 추진력이 빛을 보지 못한 게 당연하다. 그에겐 조롱하는 객기가 있을 뿐 설득해서 실행하는 결기가 없다. 말에 무게가 실리지 않는 정치인이 자신을 대통령으로 뽑아달라고 설득할 수 있을까. 열성 지지자를 넘어 지지층을 확장하기 어렵다. 정치인 이재명에게 신뢰리스크는 사법리스크보다 더 근본적인 위기다.

당대표로서 이재명은 국민과 약자를 대변하는 헌신, 당을 통합시키는 리더십, 타협을 끌어내는 정치력을 보인 적이 없다. 그는 생존에는 탁월했다. 경쟁자를 제거하고 반대파를 축출하는 데에 가차없었다. 당대표 자리를 두고 경쟁했던 박용진 전 의원의 '연쇄 낙마 사건'을 보라. 2024년 총선 때 박용진은 하위 평가 감점으로, 이상한 룰 적용으로, 친명 꽂아 넣기로 세 번에 걸쳐 공천 탈락했다. 전당대회 때 "박용진 후보도 공천 걱정하지 않는 당을 확실하게 만들겠다" 던 이재명의 공언은 간데없고 경쟁자는 싹부터 자른다는 의지만 철철 흘러넘쳤다. 앞서 체포동의안 가결로 민주당 내분이 격화했을 때도 박광온 원내대표 등 비명 지도부가 축출됐다. 한때 이재명은 총선 전 적절한 시점에 대표직에서 물러나겠다고 주변에 말했지만 실행하지 않았다. 애초에 물러날 생각이 없었을 것이다.

관점을 바꿔 보면 이재명은 기가 막히게 성공적이다. 그는 난관에 부딪힐 때마다 살아남아 더 높이 날았다. 변호사 시절 파크뷰 특혜 분양을 고발하려다 검사 사칭 혐의로 벌금형을 받고 두번째 구속 위기를 맞았을 때 시장 출마를 결심해 당선됐다. '친형 정신병원 강제입원' 관련 선거법 위반 혐의가 대법원에서 극적으로 무죄가 돼 대선에 도전했다. 실로 "바닥까지 내려가 박차고 올라오기의 연속"(『이재명은 합니다』)인 정치 인생이었다. 그의 생존력은 초등학교를 졸업하고 소년공으로 일하다 장애를 얻고 살아남기 위해 공부를 해야 했던 삶에서부터 단단하게 다져졌을 것이다. 책에서 그는 "살아가면서 어지간한 일에는 눈도 깜빡하지 않는다. 날 때부터 강심장이어서가 아니라 인생의 밑바닥에서부터 기어 올라왔기 때문"이라고 했다. 말을 바꾸거나, 거친 욕설을 하거나, 원칙을 어겼다고 비난 좀 듣는 것쯤 그에겐 대수로운 일이 아닐 것이다. 그의 인생역정은 지지자들이 그에게 공감하는 이유이기도 하다.

하지만 민주당을 쪼그라뜨린 건 어쩔 것인가. 이재명이 당대표로 있는 동안 민주당은 도덕성이 후퇴하고 민주주의가 손상됐다. 전당대회 돈봉투 의혹을 "조사할 권한이나 상황이 안 된다"며 경찰에 떠넘긴 일부터 2024년 총선 때 막말 이력의 양문석, 김준혁 후보를 아무렇지 않게 공천한 일, 코인 투자 논란으로 탈당한 김남국 의원을 복당시킨 일까지, 이쯤 되면 민주당은 자정능력이 없는 당이다. 공직 자격의 기준도 없다. 아예 당헌당규를 개정해 도덕적 책임을 안 지겠다고 공언하기까지 했다. 부정부패로 기소되면 당직을 자동 정지하는 규정, 민주당 귀책 사유로 재·보궐선거가 발생했을 때 공천하지 않는다는 규정을 모두 삭제했다. 총선에서 압승하고 대통령 지지율이 20%대에 머무는데도 민주당 지지율이 국민의힘을 압도하지 못하는 이유가 이런 것이다. 다양성과 민주주의가 실종되고 원칙과 도덕 기준이 혼탁해진 이 당은 국민에게 선뜻 대안으로 여겨지지 않는다. 이재명은 자신을 구하고 당을 망쳤다.

이재명은 대선이라는 호랑이 등에서 내릴 수 없는 상황이다. 살아 남기 위해 어쩔 수가 없다. 호랑이 등에서 내려와 다음을 도모할 시간은 없고, 계속 달리자니 자기 기반인 민주당을 점점 망가뜨리게 된다. 그의 폭주를 멈춰주기를 고대한다. 사법부가 결정하기 전에, 민주당이 그의 운명을 결정해야 한다. 국민들에게 나쁜 선택을 강요하지 않기를 바랄 뿐이다.

조국의 반성할 용기 ─────────

"저는 떳떳하고 부끄럽지 않게 살았다. 그래서 결심했다. 이제 조국의 딸이 아니라 조민으로 당당하게 숨지 않고 살고 싶다." 조국 조국혁신당 대표의 딸 조민이 2023년 2월 처음으로 대중에 얼굴을 공개하고 인터뷰한 〈김어준의 겸손은 힘들다 뉴스공장〉 방송은 인플루언서의 삶을 살겠다는 선언과도 같았다. 한일병원 인턴이었던 그는 이제 구독자 40여만 명의 유튜버가 됐다. "의사 조민이 아니어도 행복할 자신이 있다"는 말에는 나도 응원을 보내고 싶다. 하지만 인생 독립의 출발점이 "떳떳하다"라는 건 착잡하다.

"아버지가 장관직을 하지 않았다면 일어나지 않았을 일"이라는 조민의 말에 공감한다. 조국이 청와대 민정수석으로 남았다면, 검찰이 그토록 가혹하게 털지 않았다면, 그의 가족은 안온한 일상과 명예를 유지했을 것이다. 아버지 조국은 자녀 입시비리와 감찰 무마 혐의로 2심 징역 2년을 선고받았고 어머니 정경심 전 동양대 교수는 징역 4년형을 받고 가석방 출소했다. 자신은 부산대 의학전문대학원과 고려대 입학이 취소됐고 의사면허가 박탈됐다. 검찰 수사를 "가족 전체의 도륙"이라 했던 조국의 말이 틀리지 않다.

그러나 고통으로써 무고함을 주장할 수는 없다. 조민의 허위 스펙은 부모와 자신의 재판에서 모두 확인됐다. 조민은 위조 표창장이 입시에 결정적이지 않았다고 주장하지만 누군가의 기회를 부정하게 가로채려 했다는 것 자체가 반성할 일이다.

우리 사회엔 조국 사태 이후 강화되고 있는 악습이 있다. 염치의 상실이다. 조국이 법무부 장관 지명 후 불거진 의혹들에 "불법은 아니다"로 대응한 이후 고위 공직자들은 당연하다는 듯 '법대로'를 외친다. 김남국 민주당 의원은 국회 회의 중 코인 거래를 하고도 "어떠한 불법성도 없이 떳떳"하다고 했다. 보건복지부 장관 후보로 지명됐던 정호영은 경북대병원 부원장-병원장 재직 당시 딸-아들의 의심스러운 편입에 대해 "법적으로 문제없다"며 당당했다. 한동훈 국민의힘 대표가 법무부 장관 인사청문회 당시 딸의 부정 스펙에 대해 "입시에 사용하지도 않았다"며 큰소리친 것 역시 부끄러움을 모르는 일이다. 범죄가 완성되지 않았으니 논문 표절이건, 약탈적 학술지 게재건 떳떳하다는 말인가. 큰 불법만 아니면 공직자로서 도덕성 따위는 무시해도 괜찮은가. 몰염치한 엘리트 권력층, 정치인에 국민은 환멸이 깊어진다.

부도덕에도 당당한 공직자의 원형이 조국이었다. 그는 "15차례 이상 대국민 사과를 했다"고 밝혔지만 진정으로 사과한 적이 없다. 그의 사과는 '잘못은 없지만 미안하다'는 사과였다. "법과 제도를 따랐다고 하더라도 그 제도에 접근할 수 없었던 많은 국민과 청년에게 마음의 상처를 주고 말았다"고 사과했다. "합법이라 해도 혜택을 입은 점을 반성한다"고 했다. 불법이 아니라고 했고, 사모펀드 관련 혐의는 기소되지도 않았다고 했다. 검찰이 칼을 찌르고 비튼다고 했고, 가족의 피를 펜에 찍어 책을 썼다고 했다. 왜 이것이 진정한 반성이 아닌지 2심 재판부가 밝혔다. "범죄사실을 인정한다는 전제 없이 하는 유감 표명이 양형기준상의 '진지한 반성'이라고 평가하기 어렵다." 조국은 아직 사과와 반성을 국민에 빚지고 있다. 조민은 뒤늦게나마 "처음엔 억울한 마음도 들었지만, 시간이 지나면서 제 잘못과 과오가 있음을 깨달았다"고 했지만 조국은 그만큼도 사과하지 않았다.

조국이 그토록 무결을 고집하지 않았어도 윤석열이 대통령이 될 수 있었을지 의문이다. 물론 그의 책임만은 아니다. 문재인 전 대통령이 조국 임명을 철회하지 않은 게 문제였다. 조국 딸이 누린 '아빠 찬스'와 사모펀드 투자는 불법 여부를 따질 필요가 없는 공직 결격 사유였다. 한국 사회는 국민 분열이라는 대가를 헛되이 치렀다. 문재인은 검찰개혁의 기세가 꺾일 것을 우려했을 법하나(이해찬 민주당 고문 등이 그렇게 조언했다고 하나), 꼭 조국이어야 검찰개혁이 가능한 건 아니다. 최소한 추미애 법무부 장관-윤석열 검찰총장 갈등이 혼전을 거듭할 때라도 문재인은 정면돌파를 해야 했다. 불신임을 표해

둘 다 물러나게 하고 국민들에게 사과와 검찰개혁 의지를 함께 밝혔다면 논란을 잠재우고 정권을 지켰을 것이다. 입을 꾹 다물고 있던 문재인이 한참 뒤에야 "마음의 빚이 있다"며 국민 아닌 조국에게 미안함을 표한 순간 조국은 희생자가 되었고, 그에 대한 비판은 부당한 공격이 되었으며, "불법은 아니다"는 그의 궤변은 정당해졌다. 그렇게 문재인 정권은 내로남불 정권이 되어 갔고 중도층은 민주당으로부터 멀어졌다.

심해지고 있는 또 다른 악습이 있다. 검찰권 행사의 자의성이다. 검찰 또한 직업적 양심과 염치를 내팽개쳤다. 곽상도 전 국민의힘 의원 아들이 받은 화천대유 퇴직금 50억 원을 법원은 퇴직금으로 보지 않았다. 재판부는 "곽상도가 영향력을 행사해 줄 것을 내심 기대"했을 것이라며 뇌물성을 인정했다. 하지만 뇌물죄는 아들의 독립생계를 이유로 적용하지 않았고 알선수재죄는 검찰의 입증이 부족해 무죄를 판결했다. 검찰이 검사 20명을 동원해 70번을 압수수색한 조국 가족 수사만큼 곽상도 부자를 뒤졌어도 과연 무죄로 끝났을까. 경기도 법인카드로 밥값 10만 4,000원을 결제한 김혜경(이재명 더불어민주당 대표 부인)을 공직선거법 위반으로 기소한 검찰은 영부인의 주가 조작 혐의에는 4년 넘게 시간을 끌다가 무혐의 처분했다. 특혜성 출장 조사로 단 한 번 김건희 여사를 조사했고 압수수색은 하지도 않았다. 디올백을 건넨 최재영 목사가 처벌받겠다는데도 검찰이 죄가 안 된다고 주장하는 진풍경도 연출했다. 윤석열 대통령은 검찰총장 시절 "국민이 원하는 진짜 검찰개혁"이 "살아있는 권력의 비리를 눈치보지 않고 공정하게 수사하며 사회적 약자를 보호하는 것"이라 했다. 지금의 검찰은 철저히 살아있는 권력 눈치를 보고 선택적으로 수사하며 사회적 약자에게만 법치를 강요하는 듯하다. 검찰이 정치적이지 않은 적은 없었으나, 지금처럼 '공정한 척'조차 하지 않기는 드물다.

편파적, 선택적 검찰 수사에 대한 분노는 결국 조국에게 정치 생명을 불어넣었다. 하지만 이것은 조국의 시한부 부활이다. 조건부 명예회복이다. 조국이 처절하게 반성해 더 나은 정치인이 된 결과라면 좋았겠다. 윤석열의 내로남불이 더 나빠서 받은 응원, 살아있는 권력이 그만큼 털리지 않아서 받은 용서다. 더 억울한 정치인이 아니라 더 당당한 정치인이 "검찰독재정권 종식"을 내세워 신당 창당에 성공했다면 축하했겠다. 창당이라는 공적 활동에 개인적 복수가 엿보이고, 유권자들이 그걸 알면서도 응원하는 이 정념이 나를 슬프게 한다. 주권 행사를 심판으로 소모하는 우리 정치의 비극적 현실이다. 중대재해처벌법 개정이나 근로시간 개편, 감세 등의 여파를 고민해야 했던 선거는 오직 심판의 욕구를 충족시키는 시간이 됐다. 누가 더 무거운 심판을 받아야 하는지를 놓고 싸웠다.

힘 있는 자에게 더 큰 비난이 쏠리는 건 세상 이치다. 그러나 조국도 아직 대가를 치르지 않았다. 많은 이들이 잠시 잊고 있는 듯하나 그의 정치 생명이 온전하지 않다는 사실은 대법원 판결이 내려지는 순간 분명해질 것이다. 징역 2년의 원심 선고가 뒤집히지 않는 한 조국의 정치는 휴면에 들어간다. 조국 없는 조국혁신당의 운명 또한 밝지 않다. 자기정당성 없는 정치의 한계다.

한국 사회는 조국 일가의 위선이 문제냐, 검찰의 수사권 남용이 문제냐를 놓고 물러섬 없는 싸움을 벌여왔다. 진영을 가르는 기준이었고 정권의 향배를 결정한 변수였다. 우리는 양면 모두 자명한 현실임을 직시해야 한다. 한쪽의 잘못으로 다른 쪽 문제를 지울 수 없고 남의 과오를 내 정당성의 알리바이로 삼을 수 없다. 잘못을 그 자체로 잘못임을 인정하는 염치는 엘리트 권력자들이 갖춰야 할 덕목이며 권력을 감시할 기준점이다. 시민들은 권력자들이 책임과 의무를 다하도록 이렇게 촉구해야 한다. 조국은 검찰 독재를 비판하기 전에 진지한 반성부터 하라. 검찰은 직업적 양심과 자존심이 남아있다면 살아있는 권력 수사에 사활을 걸라. 윤석열은 대통령 거부권을 거둬들이고 자신과 배우자의 혐의를 겸손하게 정의의 저울에 올려라. 권력이 떳떳함을 주장하려면 이쯤은 돼야 한다.

유시민에게 진실이란 무엇인가 ──────────

조국 사태의 발단인 정경심 전 동양대 교수의 입시비리와 사모펀드 관련 혐의가 유죄로 판결 난 후에도 '두 개의 진실'로서의 조국 사태는 끝나지 않았다. 징역 4년이 선고된 1심 판결 뒤 40만 명 넘는 시민들은 '정경심 재판부 탄핵' 국민청원에 동의했다. "고작 표창장 위조에 징역 4년이 말이 되냐" "강남에서 다 하던 입시관행을 기소한 검찰이 더 문제"라는 반응도 흔하다. 처음부터 "불법 아니다"로 대응한 조국 부부는 판결에 따라 책임을 지겠지만 나라를 두 동강 낸 분열과 회복되지 않고 있는 진실은 어떻게 할 것인가.

공직 부적격자를 진영의 순교자로 만든 과정에 많은 정치 선동가가 역할을 했지만 그중에서도 유시민 작가의 책임이 작지 않다. 그는 2017년 문재인 정부 출범과 함께 어용 지식인을 자처했다. "(정부가) 잘한 건 '친정부' '어용' 소리 들을까 봐 조명 안 해주고 못한 것만 두들겨 패면 균형 있는 언론이 아니다"라며 "그런 소리 듣는 것을 두려워하지 않고 실사구시(實事求是), 있는 그대로 얘기하겠다"고 했다. 2019년엔 유튜브 채널 〈알릴레오〉를 열어 100만 명 넘는 구독자를 보유했다.

하지만 영향력이 엄청난 그의 '언론'은 사실 왜곡이 심했다. 정경심이 동양대에서 쓰던 PC를 압수수색 직전 집으로 반출한 것을 "증거 인멸이 아니라 검찰이 장난칠 경우를 대비한 증거 보존"이라고 한 것은 조국 사태 와중에 나온 가장 황당한 주장이라고 할 만하다. 또 자신이 노무현재단 이사장을 맡고 있던 2019년 12월 "검찰이 노무현재단 계좌를 들여다봤다"고 주장해 불법 사찰 의혹을 제기했다. 2020년 7월에는 계좌를 들여다본 검사로 한동훈을 지목해 '총선을 앞두고 채널A 기자와 한동훈이 공모해 유시민의 신라젠 주가 조작 연루 의혹을 제기하려 했다'는 KBS의 검언유착 보도가 신빙성이 있는 것처럼 주장했다. 정작 KBS는 보도 다음 날 대화 녹취록을 확인해 오보를 사과했는데도 유시민은 다른 진실을 주장했다.

정경심은 표창장 위조로만 징역 4년을 받지 않았다. 미공개 정보를 이용해 주식을 사 2억여 원 수익을 얻고, 공직자윤리법상 재산등록과 백지신탁 의무를 피하려 차명계좌를 만들어 수익을 숨긴 게 더 무거운 죄다. 정경심이 1심에서 증거은닉 교사에 무죄를 받은 것은 그가 PC 반출을 남에게 시키지(교사) 않고 본인이 함께 했기(공동정범) 때문이며, 형법은 범죄자가 자기 유죄의 증거를 숨기는 것을 처벌하지 않기 때문이다.* 자신의 조국 옹호가 틀렸음을 확인한 이 판결을 보고 유시민은 어떤 생각을 할 것인가.

* 2021년 8월 2심에서는 증거은닉 공동정범이 아닌 교사범으로 인정돼 유죄로 뒤집혔다.

유시민이 자기가 했던 주장을 모두 사실로 믿지는 않았을 것이라고 나는 생각한다. 그러기엔 그는 너무 똑똑한 사람이다. 그는 알면서도 지지층을 결집시키려 무리수를 두었을 것이다. 그렇게 해서 문재인 대통령을 지켰다고 생각할지 모르지만 내가 보기에 그가 지킨 것은 문재인이 아닌 지지자들이다. 그가 조국을 검찰 거악에 맞서 싸우는 사도로 옹호할 때 지지자들은 검찰 개혁의 십자군이 됐다. 그러는 사이 문재인을 폭넓게 지지했던 중도층은 이탈했고 서로 다른 진실의 세상이 만들어졌다. 결국 그의 역할은 어용도 지식인도 아닌 선동가였던 것이다.

정치인 유시민은 '싸가지 없는 진보'의 대명사였지만 정치와 거리를 둔 지식인으로서 그는 대중에게 사랑받는 작가, 평론가, 방송인이었다. 나는 이제 그가 지식인으로 돌아오기를 희망한다. 재판을 통해 확인된 사실을 인정하고, 잘못된 주장은 바로잡고 사과하는 용기를 내주기를 바란다. 그에겐 궤변으로 빠져나갈 능력이 있겠지만 그 재주를 쓰지 않았으면 좋겠다. 그의 용기는 보상받을 것이다. 유시민은 사랑받는 지식인으로 복귀할 것이며, 우리 사회는 하나의 진실을 공유하는 세상으로 한걸음 진전할 수 있다.

¶   ¶   ¶

2021년 1월 1일자 《한국일보》에 위의 글 「[김희원 칼럼] 유시민의 사과할 용기」를 쓴 후 20여 일 만인 1월 22일 유시민은 노무현재단 홈페이지를 통해 사과했다. 그는 "제가 했던 모든 말과 행동을 돌아보았다. (…) 대립하는 상대방을 '악마화'했고 공직자인 검사들의 말을 전적으로 불신했다. 과도한 정서적 적대감에 사로잡혔고 논리적 확증편향에 빠졌다"며 "누구와도 책임을 나눌 수 없고 어떤 변명도 할 수 없다"고 밝혔다. 그의 사과는 진솔했다. 궤변을 동원하지 않았고 자신의 책임과 잘못의 원인까지 모두 인정했다. 앞으로 정치비평을 하지 않겠다고도 했다.

나는 이 사과가 화해를 도모하고 진실을 회복하며 유시민을 선동가의 길에서 내려오게 할 것을 기대했다. 칼럼의 취지가 그것이었고 사과문을 환영했다. 내가 순진했다. 피해자였던 한동훈이 전혀 사과를 받아들이지 않는 것에 우선 놀랐다. 그는 "늦게라도 사과한 것은 다행이지만, 부득이 이미 발생한 피해에 대하여 필요한 조치를 검토할 것"이라고 말했다. 사실이 밝혀지고 사과했으니 고소 취하로 봉합할 수도 있었으련만 한동훈은 관행이나 정서 따위 아랑곳없이 유시민을 상대로 5억 원의 손해배상 민사 소송을 제기했다. 정권교체 후 복수혈전은 본격화했다. 그는 유시민뿐만 아니라 검언유착 의혹을 보도한 KBS 기자와 간부들, KBS의 취재에 허위 근거를 제공한 제보자를 모두 명예훼손으로 형사 고소하고, KBS 기자에게 5억 원의 손해배상 민사 소송을 걸었다. KBS가 보도 다음날 오보를 사과한 것을 참작하거나 언론의 권력감시 기능을 인정하지 않았다.

유시민도 법정 다툼이 이어지면서 점차 사과의 톤을 바꿨다. 그는 대법원에서 벌금 500만 원 확정 판결을 받았다. 그가 2020년 7월 한동훈을 특정해 사찰 의혹을 제기한 것이, 허위임을 알고도 비방 목적으로 발언한 명예훼손으로 인정됐다. 1심 판결 후 유시민은 "저도 그렇고 한동훈씨도 그렇고, 오류를 저질렀을 때는 부끄러워하는 마음이 있어야 한다"며 "(한동훈이) 전 채널A 기자의 비윤리적 취재 행위를 방조하는 듯한 행동을 한 것에 저한테 먼저 인간적으로 사과해야 한다"고 뼈 있는 소리를 남겼다. 2심 판결 때는 "표현의 자유는 어디서 지켜주냐"며 판결에 유감스럽다고 했다. 오롯이 자기 잘못을 인정했던 그의 사과는 1년 반 만에 없었던 일인 듯 퇴색하고 말았다. 유시민은 내가 소망했던 성찰적 지식인이 아니라, 진영을 대변하는 정치평론가로 돌아갔다.

2024년 총선 직전 MBC 〈100분 토론〉에서 유시민은 "(윤석열 대통령이 지지율이 낮은 이유에 대해) 고민이 한 개도 없다. 좌파들의 선동에, 24시간 정부를 공격하기만 하는 언론의 공격에 시민들이 선동당해서 그렇다고 생각한다"며 "젊었을 때부터 잘못된 이념으로 선전 선동하는 놈이라고 나를 잡아다 감옥에도 보내고 했는데, 그때부터 어떻게 생각했느냐. 진실을 알리는 것이 선전이다. 용기를 감염시키는 것이 선동이다. 나는 선전 선동을 그렇게 이해한다"고 말했다. 그는 선동가로 불리는 것을 부당하게 여기면서 자신이 하는 선전 선동은 나쁜 것이 아니라고 주장한다.

여기에 유시민의 문제가 있다. 그는 진실을 알리는 것이 선전이라했지만 무엇이 진실인지에 관심이 없다. 그에게는 윤석열 정권에 반대하고 진보 정당이 집권하는 것만이 '대의'이고 '정의'다. 자신의 정의에 부합하는 사실은 사실이라 말하지만, 부합하지 않는 사실은 무시하거나 왜곡하기를 서슴지 않는다. 중요한 사건에서 그의 발언이 종종 흑역사로 남은 것은 그래서다. 조국을 옹호하는 것이 중요했기에 PC 반출이 증기 보존이라는 궤변을 남발했을 것이다. 검찰에 상처를 입히기 위해 허위사실인 계좌추적을 무모하게 주장했을 것이다. 정당 내 성추행 사건을 문제제기하자 "해일이 몰려오는데 조개나 줍고 있다"고 한 발언에는 정치 권력을 잡는 것 외엔 어떤 가치도 부차적이라는 인식이 투영돼 있다. 황우석 사태 때도 사실을 확인하지 않은 채 "〈PD수첩〉팀이 황 교수 연구를 검증하겠다는 것은 터무니없는 것이다"라고 비난했다. "〈PD수첩〉 프로듀서가 검증하겠다는 것은 내가 가서 검증하는 것과 똑같다. 기자나 나나 생명공학에 대해 모르는 것은 마찬가지다. 그래도 나는 (국회) 보건복지위원을 2년이나 했기 때문에 좀 안다"고 비아냥거렸고, "언론의 자유가 만발했다. 너무 만발해서 냄새가 날 정도"라고 공격했다.

언론이 사실을 보도하지 않는다고 비판할 때도 유시민이 가리키는 사실은 객관적 사실이 아니다. 그는 책 『그의 운명에 대한 아주 개인적인 생각』, 유튜브 〈알릴레오 북스〉, MBC 〈손석희의 질문들〉에서 줄곧 언론의 역할을 부정했다. 언론이 사실을 존중하지 않고, 윤석열 정권과 기득권에 우호적으로 기울어져 있으며, 무도한 검찰 정권을 비판해 세상의 균형을 잡아야 하는데도 여야를 다 비판하는 자기만의 균형에 머물러 있다고 비판했다. 대표적 사례로 2024년 총선 때 김어준의 '여론조사 꽃'이 가장 정확했는데도 언론이 인용 보도하지 않은 것을 들었다. 2월 중순 이후 민주당 지지율은 다수 여론조사에서 국민의힘에 뒤졌는데 '여론조사 꽃'과 MBC 패널조사만 민주당 우위를 유지했었다. 유시민은 '여론조사 꽃'이 정확하다는 전제 아래, 다른 여론조사에서 국민의힘 지지율이 높게 나온 것은 당시 국민의힘이 예비후보 적합도 여론조사를 실시했기 때문에 지지층이 열성적으로 응답하는 통계적 소음이 반영된 것이라고 추정했다. 이를 해석하지 못한 언론인은 무능하고 엘리트가 아니라고 비판했다.

하지만 '여론조사 꽃'이 정확했다는 유시민의 주장엔 근거가 없다. 4월 총선에서 민주당이 압승했다고 해서 2월에도 지지율이 높았다고 할 수는 없지 않은가. 통계적 소음 가설은 허약한 추정이다. 몇몇 지역구에서 500명씩 조사하는 국민의힘 적합도 조사가 실시됐다고 해서 전국적 정당 지지율에 수 %씩 영향을 미치기는 어렵다. 여론조사 전문가가 내게 한 말이다. 패널조사는 지지율 변동성이 낮다는 특성이 있고, 자발적 참여라는 편향 때문에 선거여론조사로는 많이 쓰지 않는다는 문제도 있다. 또 '여론조사 꽃'은 김어준의 업체라는 것이 알려져 있어 민주당 지지자 응답률을 끌어올리는 하우스 이펙트가 있을 수 있다. 2024년 부산 금정구청장 재보궐선거 5일 전 '여론조사 꽃'은 민주당이 국민의힘을 3.2%P차로 이기는 조사결과를 발표했지만 결과는 국민의힘의 22%P차 승리였다. 이런데도 과연 '여론조사 꽃'만 정확했다고 봐야 할까. '여론조사 꽃'만 부정확해 보이지는 않나. '여론조사 꽃'만 차이가 난 진짜 이유는 검증해 봐야 안다. 기사를 쓰지 않는 결정도 기자들이 취재한 결과라는 것을 유시민은 정말 모르는 것 같다. '여론조사 꽃'은 언론이 사실을 무시한 사례가 아니라 유시민이 얼마나 교묘히 추정과 의견을 섞어 사실을 왜곡하는지를 보여주는 궤변의 사례인 것이다.

유시민이 언론을 비판하는 진짜 이유는 사실을 보도하지 않아서가 아니다. 진보 진영을 편드는 보도를 하지 않아서다. 그가 때로 언론이 저널리즘 규범(사실 보도)을 무시한다고 비판하다가 때로 저널리즘 규범(기계적 균형)에 얽매여서 문제라고 오락가락하는 것은 그래서다. 민주당에 유리한 여론조사는 무시하지 말고, 불리한 '비명횡사' 공천까지 보도하는 균형은 버리라는 것이다. 그는 훨씬 편파적인 유튜브 〈김어준의 겸손은 힘들다 뉴스공장〉을 언론의 대안으로 여긴다. 그는 〈손석희의 질문들〉에서 윤석열 정권이 검찰권을 사유화해 야당 대표를 수사하는 것을 반헌법적 행위라 규정하고는 "언론이 입장을 분명히 해야 한다"며 〈김어준…〉은 이를 "허용하지 않는다, 투쟁한다(는 입장을) 딱 앞세우고 있다"고 말했다. 〈알릴레오 북스〉에서 "《한겨레》의 경우 정통적인 저널리즘 규범을 지키려고 노력하는 문화가 있다. 그러면 안 된다는 거다"라고 주장했다. 이것은 언론의 기능이 아니다. 정치 활동이고 선거 캠페인이다. 정치시사 유튜브가 운동이자 예능으로서 기능하는 것은 자유이나, 그것으로 언론을 대체할 수는 없다.

언론사들도 정파성을 띠지만 사실을 확보하기 위한 나름의 규범을 갖고 있다. 취재원 다양성, 반론 보장, 실명 보도 등 공정성과 투명성 원칙을 보도준칙에 정해둔다. 비록 다 지키지 못하고 정파적 기사를 없애지 못하지만 그래도 이런 기준이 있어 마구잡이 의혹 제기와 오보를 막는다. 사실을 검증하려 노력한다면 유튜브를 언론으로 인정하지 않을 이유는 없다. 검증된 사실에 근거해 비평하고 지적한다면 유시민이나 김어준을 저널리스트로 부르지 않을 이유가 없다. 하지만 당파성은 진실을 보장하지 않는다. 정치적 신념이 언론의 역할을 대신할 수는 없다.

정치적 신념에 사실을 굴절시키는 한 유시민의 사실, 균형, 정의는 상대주의의 함정에서 빠져나올 길이 없다. 그는 언론이 24시간 정부를 공격하는 게 대통령의 가상현실이라고 주장했는데, "(언론이) 국힘당이 승리하기를, 민주당이 망하기를 바라는 마음에서"(『그의 운명에 대한 아주 개인적인 생각』) 민주당에 불리한 여론조사만 보도했다고 보는 건 그의 가상현실이다. 유시민뿐만 아니라 진영 논리에 갇힌 정치인과 지지자 다수가 그렇지만, 민주당을 비판하면 무조건 국민의힘 편이라 비난하는 것을 나는 이해할 수가 없다. 민주당의 비민주적 공천을 비판해서 개선하게 만들면 그것이 공익이자 민주당의 이익이 아닌가? 그는 앞의 책에서 권력자를 비판하지 않고 권력자를 비판하는 개인과 집단을 공격하는 것이 기관지의 특징이라고 했다. 그 논리대로라면 '친명횡재 비명횡사' 공천을 비판한 언론을 친윤 언론이라고 공격한 그 자신이 바로 기관지다.

유시민의 궤변은 진실을 흔들어 공론장을 혼탁하게 하고 토론을 방해한다. 이중 잣대를 휘두르며 나만의 정의를 주장한다. 유시민

같은 선동가들이 결국 진영에 따라 다른 진실과 도덕을 만든다. 그는 또 언론의 가치를 부정하고 시민이 기자를 적대시하도록 부추긴다. 유시민이 막대한 영향력을 끼치는 민주당 지지층은 진보지 독자층과 겹치기 때문에 그의 언론 비판은 보수지보다 진보지에 실질적 위협이 된다. 그가 '놈현 관장사'라는 표현(이 표현은 분명 부적절했으나)에 분개해《한겨레》절독 운동의 불을 지핀 이래《한겨레》는 문재인 지지자들이《한겨레21》표지 사진이 마음에 안 든다고, 김정숙 여사가 아닌 김정숙 씨라고 썼다고 항의할 때마다 절독 위협에 전전긍긍했다.

　유시민이 사과하는 용기를 보였지만 지식인으로 돌아오지 않은 것이 나는 아쉽다. 대중이 원하는 것을 포착하는 감각, 복잡한 내용을 알기 쉽게 정리하는 능력, 귀에 쏙쏙 들어오는 말솜씨 등 그는 뛰어난 재능을 갖고 있다. 그것을 더 좋게 쓰지 않는 게 안타깝다. 언론 생태계를 건강하게 하고 정치를 생산적으로 만드는 데에 그 큰 영향력을 행사한다면 정말 좋겠다. 자신만의 '정의'로 진실을 오염시키고 언론을 희생시키는 한 그는 선동가의 꼬리표를 뗄 수 없다. 유시민의 궤변은 언제건 또 흑역사를 남길 것이다.

음모공동체, 김어준과 민경욱

보수 유튜버들이 이념적 대척점에 있는 유튜버 김어준과 통하리라고 상상이나 했겠나. 현실이다. 선거 무효소송을 위해 '20억 원 모금' 깃발을 들고 2020년 총선 사전투표 조작 의혹 제기에 앞장선 〈가로세로연구소〉는 김어준이 제작한 영화 〈더 플랜〉을 "소름 끼치는" 근거로 내민다. 영화가 주장하는 2012년 대선의 개표 조작 근거들이 2020년 총선 부정을 뒷받침한다는 것이다.

선거부정론은 2020년 4·15 총선에서 미래통합당(현 국민의힘)과 위성정당 미래한국당이 103석으로 대패한 충격의 그림자다. 보수 참패에 실망한 이들의 현실 부정, 이 심리를 노린 유튜버들의 펀딩 사기라 생각하고 넘어갈 수도 있겠다. 그러나 권위를 인정받는 물리학자와 통계학자, 선거 부정을 전문적으로 찾아내는 미국 대학 교수까지 가세해 혼란을 키웠다. 이들의 오류는 대체로 단순한 조건의 오류에서 비롯된다. 물리학자인 박영아 명지대 교수는 서울 424개 동(洞) 사전투표에서 민주당 득표율이 모두 높게 나올 확률이 '2의 424승분의 1'이라며 조작을 확신했다. 어마어마한 숫자에 압도당하기 쉽지만, 사전투표자의 투표 성향이 본투표 당일 투표자와 같다는 잘못된 전제에서 나온 틀린 결론일 뿐이다. 보수 지지자들이 사전투표를 회피하는 경향이 크다는 사실을 간과한 결과다.

유튜버들에게 속아 모금에 동참한 이들의 피해는 스스로 감수할 일이라 치자. 낙선한 민경욱 전 의원이 4·15 총선 인천 연수을 선거 무효소송을 내서 국가 자원을 소모시킨 건 누가 책임질 건가. 소송은 대법원까지 가서 중앙선관위 서버 현장검증, 재검표, 투표지 QR 코드 분석을 모두 거친 끝에, 조작이나 부정투표는 없었다는 지당한 결론을 얻었다. 126건의 20대 총선 무효소송 중 법원이 선거부정을 인정한 사건은 단 한 건도 없다. 황교안 당시 당대표는 지금도 "부정선거가 없었다면 4·15 총선 때도 과반 이상을 얻을 수가 있었다"고 말하고 있으니 국민의힘이 총선 패배의 진짜 원인을 탐색하고 쇄신할 수 없었던 것이 당연하다.

음모론이 유발한 사회적 비용은 여기에 그치지 않는다. 국민의힘이 부정선거 의혹을 지속적으로 제기하고 압박한 결과 중앙선관위는 2024년 총선부터 수개표를 도입했다. 자동분류기로 투표용지를 분류한 후 사람이 손으로 세는 확인 과정을 추가했다. 개표 시간, 인력, 비용이 모두 늘었다. 수검표에 동원되는 공무원들은 노동착취라 반발했다. 선관위가 수개표를 도입한 후에도 한동훈 국민의힘 대표는 보수 지지자들을 의식해 인쇄 날인 용지를 쓰는 사전투표를 계속 문제 삼았다.

별 문제없던 개표 방식을 굳이 비용이 더 들고 효율은 떨어지는 방식으로 개악한 데에는 언론도 기여했다. 몇몇 언론사가 대만 총선 현장을 찾아 투표지를 하나씩 꺼내 바를 정(正)자를 써서 집계하는 개표 방식을 모범사례라고 보도했다. 이 비효율적인 아날로그 수개표를 따라 하자는 뉴스를 보면서 왜 부끄러움은 나의 몫인가, 생각했다.

이 시점에서 한 가지 질문을 던져야 한다. 민경욱과 보수 유튜버를 비웃는 것만큼 쉽게, 그 영감의 원천인 〈더 플랜〉을 반성할 수 있느냐는 점이다. 108만 표 차로 박근혜 대통령 당선을 확정한 것이 부정선거라고 열렬히 주장했던 진보 진영의 일부는 스스로 오판을 인정하고 있을까. 혹시 그때는 맞고 지금은 틀리다고 주장하는 것일까.

〈더 플랜〉은 자동분류기를 조작해 박근혜 후보를 찍은 투표지로 바꿔치기했다는 개표 조작 음모론의 원조다. 조작의 근거로 든 것은 자동개표기에서 분류된 표의 후보들 득표율과 미분류된 표의 후보들 득표율이 상이하다(이른바 k값이 1이 아니다)는 사실이었다. 이 또한 분류 표와 미분류 표의 후보 지지 성향이 같아야 한다는 잘못된 전제에서 출발한 틀린 결론일 뿐이다. 고연령층의 투표지가 미분류될 가능성이 높다는 것을 무시한 오류다. 총선 부정선거론의 불쏘시개가 된 것을 보면 해악이 작지 않다. 그런데도 김어준은 〈더 플랜〉의 오류를 인정하거나 사과한 적이 없다. 총선 부정선거를 주장한 보수 유튜버들에 대해서 "본인들이 무슨 주장을 하는지 스스로 이해 못 하고 있다. (개표 과정에 대해) 잘 모르면 말하지 마라"고 무시하기만 했다.

선동의 효과가 소수 팟캐스트·유튜브 구독자에 머물지 않고 다수 국민을 사로잡을 경우 결과는 끔찍하다. 나치즘이 너무 심한 예라면 세월호 참사 유가족에게 상처만 남긴 다이빙벨 선동은 어떤가. '물살이 세서 무용지물'이라는 전문가 반대에도 불구하고 이상호 전 MBC 기자와 업체는 다이빙벨이 대안인 양 주장해 수색작업에 투입됐다. 다이빙벨은 한 구의 시신도 찾지 못하고 철수했다. 그러고도 이상호가 만든 영화 〈다이빙벨〉은 해경의 반대로 실패했다고 주장했다. 5·18 광주민주화운동에 북한군이 개입했다는 군사전문가 지만원의 허튼 주장은 국민의힘과 그 지지층을 파고들어 오래도록 광주 시민들을 괴롭혔다. 전 세계를 뒤집어 놓은 황우석 사태 때도 김어준은 각종 음모론을 제기하며 일방적으로 황우석을 옹호했었다. 황우석 지지자들은 불매운동, 항의 시위, 살해 협박 등으로 MBC를 위협했고 복제배아 줄기세포가 존재하지 않는다는 서울대 진상조사 발표 후에는 서울대 연구처장 등을 폭행하기에 이르렀다. 우상과 선동가들이 키운 맹신의 힘은 무시무시하다.

누군가를 좋아하거나 지지하는 것은 자유지만 각자의 신념을 존중받으려면 객관적 사실은 그 자체로 인정할 줄 알아야 한다. 그러니 이제 가슴에 손을 얹고 각자의 위치를 되짚어 볼 때다. 반복되는 선동과 맹신의 역사에서 나는 어느 편에 서 있었는지. 과학적 사실을 따져보지도 않고 황우석을 지지한 쪽이었는지, 〈더 플랜〉을 비판

적으로 검증한《뉴스타파》에 비난 댓글을 달았던 이들 중 하나였는
지, 2012년 대선과 2020년 총선의 부정선거 의혹을 같은 잣대로 판
단하는지.

인간의 이성은 취약하기 짝이 없다. 모든 사실을 하나씩 판단하
느라 막대한 에너지를 소모하는 대신 자기 경험, 기존 신념, 믿을 만
한 지인을 인지적 지름길로 사용하도록 진화했다. 믿음에 부합하는
정보만 수용하는 확증편향에 빠지면, 반박 정보들이 넘쳐나도 보지
못하고 확신을 교정하지 못한다. 고학력자나 전문가라 해도 편견과
편향에서 자유롭지 않다. 현실에 대한 불만과 자신에 대한 좌절 때
문에 스스로 맹종으로 걸어 들어가는 이들도 많다.

나만의 세상에 빠져 현실에서 유리되지 않으려면 끊임없는 성찰
이 필요하다. 나 자신이 내가 조롱했던 그 사람이 되고 있는 게 아닌
지 의심해야 한다. 내가 믿는 그분도 틀릴 수 있다고 마음을 열어야
한다. 나의 신념이 반박당할 때 화 내기 전에 깊이 숨을 들이마셔야
한다. 내 믿음과 상충하는 뉴스를 보도한 기자에게 욕설을 뱉어내
는 쉬운 배설보다, 다양한 정보를 비교하고 판단하는 어려운 연습
이 필요하다. 김어준과 민경욱이 음모론자로서 상통한다는 걸, 내가
믿었던 셀럽과 유튜버의 말이 궤변이란 걸 발견하게 될 때 내 삶의
지주가 뽑히는 공허함에 빠질지도 모른다. 대신 보상이 있다. 선동
가에 속지 않는 당신의 주체적 삶이 열린다. 얼마나 많이 배웠는지
와는 상관없는, 지성의 삶이 시작된다.

가세연의 피 묻은 돈

유튜브 〈가로세로연구소〉의 수익 모델은 N번방이라 해도 되겠다. 정치인·연예인·스포츠인 등 조금이라도 이름난 이들의 명성을 약점 삼아 불륜, 성폭행, 폭행 등 선정적 의혹을 폭로하면 관음 욕구를 가진 이들이 몰려와 돈벌이가 된다. 다수의 시청자는 광고 수입을 올려주고, 적극 동조자들은 슈퍼챗으로 폭로를 부추긴다. 엿보기와 욕설의 대상으로 소모된 이들의 고통은 안중에 없다. '그럴 만했겠지' '그래도 싸다'는 한 조각 확신 위에 조롱과 비난을 뱉어낸다. 성착취 동영상을 채팅방에 공유하면 익명의 다수가 돈을 내고 채팅방에 들어와 소비하는 N번방과 본질적으로 다르지 않다.

가세연 전 소장 강용석 변호사가 조동연 서경대 교수의 혼외자를 폭로한 것이, 시작은 더불어민주당 대선 선대위원장 검증이었다 치자. 하지만 아이의 실명과 생년월일을 공개하고(나중에 삭제) 얼굴 사진까지 방송에서 노출한 것은 명백한 폭력이다. 가정사를 파헤쳐 구경거리를 만들고 아무 잘못 없는 아이를 먹잇감으로 내던졌다. 발가벗겨진 한 가족의 상처는 가늠조차 안 된다. 조동연이 선대위원장 사퇴를 밝힌 후에도 김세의 가세연 대표는 "다시 피해자 코스프레를 한다면 곧바로 조동연 시리즈를 가동하겠다"고 협박하다시피 했다. 조동연이 혼외자 출산이 성폭행으로 인한 것이었다고 공개한 뒤엔 "강간범을 밝히는 데 일생을 바치겠다"(강용석)고 비아냥거렸고 피해자가 원치 않는 고발장을 제출하기까지 했다. 성폭행 피해를 '증명하라'고 요구할 권리는 누구에게도 없다. 선대위원장에 임명됐든 사퇴했든 그들에겐 애초에 중요한 문제가 아니었을 것이다. 어그로를 끌 타깃을 발견한 이상 끝까지 물고 늘어질 뿐이다. 검증과는 무관한 괴롭힘이다. 한 사람의 인격을 무참히 짓밟으며 관음과 배설의 욕구를 충족시키는 혐오 방송이다.

가세연은 먹방 유튜버 쯔양이 전 남자친구의 폭행, 성폭행에 시달렸던 사실을 공개하겠다는 협박을 받아 돈을 뜯긴 사실도 폭로했다. 가세연은 협박을 고발한다는 명분을 내세웠지만 뻔한 클리셰다. 결국 소비된 건 쯔양이 돈을 주고서라도 덮어두고 싶었던 자신의 고통, 내밀한 사생활이었다. 심지어 가세연은 쯔양의 해명이 거짓말이라며 피해자에게 돌을 던졌다. 쯔양은 피해 사실을 추가로 공개하며 아픔을 입증해야 했고 그 말초적인 현실 엿보기에 더 많은 사람들이 몰려들었다. 피해자의 상처에 소금을 뿌리고 비명소리를 키워 호객을 한 것이 가세연이 한 일이다. 몰려든 구경꾼으로부터 돈을 벌기 위해서였다.

산 사람을 죽도록 괴롭히고 죽은 사람을 조롱하는 가세연의 패륜은 셀 수가 없다. 가세연은 세 명의 진행자 강용석·김세의·김용호가 박원순 전 서울시장이 사망한 장소를 찾아가 "에르메스 넥타이"를 언급하며 웃었던 끔찍한 방송이다. 흉기 피습 여배우의 실명과 거주지를 밝히고, 배우 이선균의 사망 전날 사적인 통화녹음 전체를 공개한 악질적 가해 유튜브다. 조국 조국혁신당 대표의 딸 조민이 일하던 병원에 무작정 찾아가 무단 촬영하고 외모를 평가한 스토커다. 근거 없는 폭로로 법적 분쟁에 휘말린 것이 한두 건이 아니다.

그런데도 가세연이 존속하는 이유는 자명하다. 관음과 혐오를 소비하는 거대한 시장이 존재하기 때문이다. 슈퍼챗과 별풍선을 쏘며 막장 콘텐츠를 독려하는 소비자가 있기 때문이다. 이 추악한 시장에서 가세연이 뽑아내는 수익은 그간 선고받은 명예훼손 손해배상액 500만~1,000만 원을 가볍게 능가한다. 2020년 한국 유튜브 채널 중 가장 많은(전 세계 5번째) 7억 8,000여만 원의 슈퍼챗을 기록했고 2021년엔 두 번째로 많은 6억 8,000여만 원을 거둬들였다. 조동연 가족을 난도질한 주에 슈퍼챗은 1,600여만 원으로 뛰었고, 경찰 긴급체포에 대치한 상황을 생중계했던 주에는 5,000만 원을 넘게 벌었다. 동영상 조회수에 따른 광고 수익은 별개다. 누군가의 일상을 뒤집어놓고, 명예와 사생활을 범하고, 유가족의 상처를 헤집고, 정신적 고통과 우울에 빠뜨리고, 부당한 비난과 법적 대응에 소진케 한 대가로 벌어들인, 피 묻은 돈이다.

선정성으로 영위하는 개인 미디어는 성향과 진영을 막론하고 많다. 돈이 될 만한 자극적 이슈라면 가리지 않고 달려드는 사이버 레커, 이런 유튜브 방송을 퍼나르기에 급급한 주류 언론 모두 문제다. 그렇더라도, 이런 이유로 가세연의 책임을 물타기하고 싶지 않다. 가세연의 해악은 그 누구와도 비교하기 어렵다. 사람을 궁지에 몰아 이익을 취하고 혐오의 주장을 세상에 확산시키는 것은 사회악이다.

그 해악을 법원이 너무 가볍게 보는 것이 유감이다. 조민이 포르셰를 탄다는 가세연의 거짓 방송에 대해 재판부는 "자칫 명예훼손이 될 수 있었다" "조심하라"고 경고하면서도 무죄 판결을 내렸다. 몇몇 사건에서 유죄 판결이 내려졌지만 벌금형에 그쳤다. 김용호가 명예훼손으로 징역형을 선고받았으나 2심 판결을 앞두고 사망해 형을 치르지는 않았다. 이들은 괴롭힘 범죄에 걸맞은 처벌을 받아야 한다. 그 방조자라 할 유튜브에 대해서도 규제가 있어야 한다.

공범은 또 있다. 진실을 파헤치는 언론인 양, 탄압받는 보수의 보루인 양 포장하는 가세연에 부응해 슈퍼챗으로 응원하고 소비하는 시청자들이다. 김세의가 '쯔양의 탈세 혐의는 철저한 검증이 필요하니 시청자 여러분이 국세청에 신고해 달라'고 말하고 쯔양에게 거짓말을 사과하라고 요구했을 때 실제로 쯔양과 대리인 김태연 변호사를 무고 등으로 고발한 가세연 팬클럽 회장이 있었다. 가세연이 조동연에게 '거짓 해명' '악마' 낙인을 찍었을 때 시청자들은 조동연을 의심하고 비난하는 댓글을 가차없이 쏟아냈다. 이 지옥이 현실이라니 믿을 수가 없다.

우리 편이라는 이유로 가세연에 출연해 온 국민의힘 정치인들 책임도 무겁다. 박형준 부산시장은 21대 총선에서 국민의힘이 대패한 뒤 "보수 유튜버에 너무 둘러싸여 있는 건 아닌지에 대한 자각이 항상 필요하다"고 경계하고선 몇 달 뒤 가세연 라이브 방송에서 부산시장 보궐선거 출마를 선언했다. 나경원 의원과 이혜훈 전 의원도 2021년 서울시장 보궐선거 출마를 앞두고 보수 지지층 눈도장을 찍으려 가세연에 출연했다. 가세연 진행자들이 조국 등 명예훼손 혐의로 긴급체포 됐을 때 국민의힘 대선 경선 후보였던 박진 전 의원은 "정권에 대한 비판을 입막음하기 위해 언론의 자유를 말살하는 독재를 중단하라!"는 SNS 글로 가세연을 두둔했다. 정치인들은 이토록 패륜적인 유튜브를 통해 표를 구걸해서는 안 된다. 가세연에 얼굴을 비치고 언론으로 대우하며 힘을 실어준 그들 또한 공범이다.

가세연이 언제까지나 합당한 책임을 피할 수는 없을 것이라 믿는다. 진행자들이 사망하고 결별하며 내부의 균열이 시작됐지만 그보다는 무거운 공적 처벌로 본보기를 삼아야 한다. 같은 편이라며 가세연에 출연해 온 보수 정치인들, 대의 명분이라도 있다는 듯 응원해 온 열성 지지자들은 명심하길 바란다. 가세연이 누군가의 인권을 짓밟고 고통을 안겨준 일에 자신도 동참했다는 것을, 함께 죄책감을 느껴야 한다는 것을.

홍준표의 유머에 웃어도 될까

홍준표 대구시장의 유머가 매력 포인트라는 걸 인정한다. 적대적인 상대마저 웃게 만드는 능청이 그에겐 있다. 나는 우리나라 정치에 유머가 필요하다고 자주 말한다. 정치인들이 죽자사자 싸우는 중에도 어떤 때는 유머로 웃어넘기고 대화하는 걸 보고 싶다. 하지만 홍준표의 유머에 웃어도 될지, 불안하고 불편하다. 그가 만드는 웃음이 대화의 윤활유가 아니기 때문이다. 그의 유머는 쟁점의 싱크홀이고, 잘못을 덮는 방패다.

이런 식이다. 20대 대선 후보 경선 때 국민의힘이 실시한 국민면접에서 패널 김준일은 "(여성 지지가 낮은 이유가) 여성 비하, 막말 발언, 자서전의 돼지발정제,* 이런 것들이 굉장히 안 좋은 이미지로 남아

---

* 홍준표가 대학 1학년 때 하숙집 친구가 여학생을 성폭행하려 돼지발정제를 구

서 차마 홍준표는 못 찍겠다는 것 아니냐"고 까칠하게 물었다. 홍준표는 숨도 쉬지 않고 "그렇습니다"라고 인정해 좌중을 폭소케 했다. 긴장을 풀고 나서 청년시절 과오에 대한 반성, 앞으로 바뀌겠다는 다짐으로 이어졌다면 얼마나 훈훈한 웃음이었으랴. 하지만 그는 류여해 전 국민의힘 최고위원을 겨냥한 '주막집 주모' 표현, 전당대회에 출마했던 나경원 후보를 향한 "거울 보고 분칠이나 하는 후보는 안 된다" 발언 등에 대해 끝끝내 "막말이라면 수용하겠는데 성적 희롱은 아니다"라고 잡아뗐다. 자신이 성희롱 한 적이 없다는 입장을 고수했다. 이럴 거면서 좀 전에 같이 화기애애하게 웃었다고?

경선 토론회에서 원희룡 후보가 "매년 3%씩 성장해도 임기 내 국민소득 5만 달러는 불가능하다"고 홍준표 공약의 허점을 짚었을 때도 홍준표는 "계산 안 해 봤다"며 웃음으로 뭉갰다. 원희룡이 그냥 넘어가지 않고 "정부별 평균 경제성장률이 1%P씩 하락해 지금 2%인데 어떻게 3%로 올리느냐" "일감 없이 고용주도성장이 가능한가"라고 캐묻자 홍준표는 "원 후보는 그렇게 해서 제주도 경제가 좋아졌냐"는 반격으로 코너에서 빠져나왔다. 공약을 검증하고 비판하는 토론 시간을, 홍준표는 유머로 눙치고 되묻기로 반격해 예능으로 만든다. 재미나고 인간적이라는 인상은 남기지만 토론은 도통 불가능하다. 엉터리 답변을 해도 이미지로 표를 얻을 수 있다는 성

해 먹인 일에 모의 가담한 사건. 2005년 자서전 『나 돌아가고 싶다』에 쓴 내용이 2017년 대선 때 논란이 됐다.

공 사례를 도널드 트럼프 미국 대통령 당선인이 보여주었지만, 나라면 결코 그런 이에게 공직을 내주고 싶지 않다. 이처럼 판단하는 유권자가 나 말고도 있을 것이다.

홍준표는 유머로, 동문서답으로, 쟁점을 회피한다. 잘못을 해명하지 않고 역공으로 덮는다. 근거로 반박하는 게 아니라 맥락을 허문다. 머리 회전이 빠르고 순발력이 뛰어난 사람이다. 좋은 비전, 품성과 결합됐다면 훨씬 큰 정치인이 됐을 것이다.

하지만 웃음을 걷어내고 진면목을 드러내면 홍준표는 구시대적일 뿐만 아니라 반민주적이다. 국민면접에서 진주의료원을 폐쇄한 데 대한 우려, 코로나 시기 더 중요해진 공공의료에 대해 질문을 받았을 때 홍준표는 "그런 말씀하실 분들은 절대 저는 안 찍는다"며 웃고 넘겼다. 질문이 계속되자 그는 "(진주의료원 폐쇄를 비판하는) 사람들한테 대꾸하지 않는다. 말 같지 않다" "일방적이고 편향된 시각으로 질문하니까 받아들일 수 없다. 소수 좌파, 극좌파의 생각이다"라고 반격했다. 국민의 선택을 받겠다고 검증대에 오른 정치인이, 생각이 다른 이들을 극좌파로 몰아세워 대화하지 않겠다는 태도는 용납하기 어렵다. 대통령이 되면 긴급재정경제명령을 발동해 민주노총을 해체하겠다는 공약은 더 문제적이다. 노조를 적대시하는 인식, 내란·외환·천재·지변 등 위기 시에만 쓰도록 돼 있는 긴급재정경제명령을 동원하겠다는 절차 모두 무리수다. 국회 동의가 필요하지 않느냐는 질문에 홍준표는 "국회 동의를 받아야 하는 시점이 정해져 있느냐"고 했다. 법의 취지를 묵살하고 우회해서라도 민주노총을 해체하겠다는 주장에 소름이 끼친다. 대통령 거부권을 남용하고 시행령 정치를 한다고 비판받는 윤석열 대통령보다 더할 사람이다. 이를 웃어넘길 수는 없다.

2017년 대선 때 나는 공직 자격의 최저선을 홍준표보다는 위에 그어야 한다고 생각했다. 그의 마초적·분열적 언사는 이미 악영향이 컸다. "강성노조 때문에 기업이 망한다" "전교조를 때려잡겠다"는 주장은 분열을 조장했다. "부모님 상도 3년이 지나면 탈상을 하는데 아직도 세월호 배지를 달고 억울한 죽음을 대선에 이용하는 사람들의 작태를 보고 이 나라를 참으로 우습게 보고 있구나"라는 페이스북 글엔 비극을 당한 국민에 대한 배려라곤 없다. 허위 정보와 잘못된 통계 등 사실이 아닌 근거를 들이미는 데에도 용감했다. "남자의 일이 있고 여자의 일이 있다. 하늘이 정해놨는데" 등 봉건적 성차별 발언은 농담으로 받아넘길 수준을 한참 지나쳤다. 돼지 발정제 논란이 더해지며 그의 비호감도는 정점을 찍었다. 그는 강경한 발언으로 골수 보수층의 표를 얻었지만 대통령 탄핵 이후 보수가 쇄신할 수 있는 기회는 사라졌다.

그랬던 그가 2022년 대선에서 20대 남성이 선호하는 후보로 떠오르고 호감도가 상승한 것은 씁쓸한 일이다. 홍준표가 나아진 게아니다. 세상이 후퇴했다. 이준석 당시 국민의힘 대표가 혐오 정치를 전면화하면서 홍준표의 막말은 예사가 됐고 이대남에게 통쾌함을 안기는 포인트가 됐다. 문재인 정권의 내로남불에 질린 유권자눈에는 되레 홍준표가 솔직발랄한 정치인으로 비쳤다. 윤석열·최재형 후보처럼 정치감각도 콘텐츠도 없는 초보 정치인과 비교하면 내 눈에도 홍준표가 나아 보일 지경이었다. 정치 지형이 퇴행하면서 홍준표가 전진한 것처럼 보인 것이다.

검사 출신 홍준표는 거물 수사로 이름을 알려 정치인이 된, 윤석열의 선구자다. 슬롯머신 수사 때 박철언 전 의원 등 실세 정치인과 선배 검사들까지 기소해 검찰에서 못 버티고 정치를 시작했다. 검사로서, 의원으로서 비주류였고 '독고다이'라는 별명을 자랑으로 여겼다. 정치를 시작할 때만 해도 그에겐 권력에 주눅들지 않고 서민적이라는 이미지가 있었다. 그러나 당대표로, 대선 후보로, 주류에 가까워질수록 그는 기회주의자의 모습을 드러냈다. 유불리에 따라 왔다갔다하고 권력 앞에 엎드리고 경쟁자에겐 무자비하다.

대구에 둥지를 틀고 차기를 노리는 홍준표는 지금 기회주의자의 모습을 가장 선명하게 드러내고 있다. 권력의 비위를 맞추고 납작 엎드린다. 검사 후배 대통령에게 테이블에 코 박으며 인사한 '코박홍'이 조롱거리가 돼도 개의치 않는 듯하다. 윤석열이 김건희 특검법 거부 의사를 밝히자 "자기 여자 하나 보호 못 하는 사람이 5,000만 국민의 생명과 재산을 지킬 수 있겠나"라고 상남자론으로 옹호한 센스엔 혀를 내두를 만하다. 비속어 논란 때 홍준표는 찰나 동안 '독고다이'처럼 행동했었다. '바이든' 아닌 '날리면'이라는 대통령실의 이상한 해명에 홍준표는 "정면돌파를 해야지 곤란한 순간을 모면하기 위해 거짓말을 하면 일이 커진다"고 일갈했다. 유승민 전 의원도 "윤석열 대통령님 정신 차리시라. 정말 쪽팔린 건 국민들" "막말보다 더 나쁜 게 거짓말"이라고 직격했다. 며칠 안 가 홍준표는 "대통령이 어려움에 처했을 때는 침묵하는 게 도와주는 거 아니냐"고 입장을 선회하더니 뜬금없이 유승민을 향해 "박근혜 탄핵 전야 같다" "틈만 나면 연탄가스 정치"라고 포화를 퍼부었다. 급변침한 이유를 대지도 않았다. 슬그머니 대통령 비판에서 발을 빼고 유승민을 저격해 TK 표심을 가져오겠다는 잔꾀다. 이런 식이니 그를 큰 정치할 사람으로 인정할 수가 없다.

홍준표의 말 바꾸기는 한두 번이 아니다. 2022년 대선 후보 경선 때 헝가리식 대출 탕감 저출산 대책이 필요하다고 했던 그는 나중에 당대표 유력 후보인 나경원이 같은 정책을 발표하자 "좌파 포퓰리즘"이라고 맹비난하고 "대통령실의 경고를 새겨들어야 한다"고 대통령 편에 섰다. 박근혜 전 대통령 탄핵 때는 "춘향이인줄 알고 뽑았더니 향단이었다"고 비난했다가, 2017년 대선 때는 "박근혜 출당은 도리가 아니다"고 TK 표단속에 나서더니, 선거 후 출당을 밀어붙였다. 2012년 총선에서 떨어지고 경남도지사 보궐선거에 나설 때도 기존 입장을 바꿔 무상급식 전면 확대를 약속하고선, 도지사가 되니 중단했다. 그는 유불리에 따라 입장 바꾸는 걸 별 문제로 여기지 않는다.

요즘 홍준표가 화력을 집중하는 타깃은 한동훈 국민의힘 대표다. 2024년 총선 패배 후 "철부지 정치 초년생 하나가 셀카나 찍으면서 나 홀로 대권 놀이나 한 것" "문재인 믿고 그 사냥개가 돼 우리를 그렇게 모질게 짓밟던 사람"이라고 맹비난했다. 당대표 선거 때는 "국정농단 실무팀장으로 문 대통령 시절에 화양연화 구가하면서 온갖 사냥개 노릇 다 해놓고 이제 와서 윤통을 끌어들이는 몰염치에 어찌 이 정권의 당대표를 맡길 수 있겠나?" "한동훈은 지금 유승민의 길로 가고 있다"라며 배신자로 몰아갔다. 맑고도 투명한 홍준표의 속내에 웃음이 난다. 총선 패배의 결정적 요인이 대통령 부부라는 걸 모르는 이가 없고, 국정농단 수사로 치면 윤석열이야말로 원수라 할 텐데 한동훈에게만 무자비한 속내 말이다. 그만큼 한동훈을 강력한 경쟁자로 여긴다는 뜻일 터다. 일찌감치 경쟁자를 제거해 나중을 도모하겠다는 의도일 것이다.

홍준표는 스스로 성장하지 않고 호시절을 틈타는 것으로 대권을 잡을 수 없다. 기가 막히게 때를 잘 만나 성공한 사례가 앞에 있지만 그래서 더더욱 그에겐 기회가 없을 것이다. 윤석열과 함께 온 퇴행적 정치 환경이 홍준표에게 잠시 공간을 열어줬으나 윤석열에 대한 반감이 고조되며 분위기가 바뀌고 있기 때문이다. 그의 직설화법이 20대에 먹힌다 해도, 순발력으로 SNS에서 재미를 보고 있다 해도, 그의 유머가 약점을 가려준다 해도, 이들은 작은 정치를 위한 기술일 뿐이다. 환경이 바뀌면 한순간에 연기처럼 날아갈 재능이다. 홍준표가 기회주의자의 정체를 숨기는 데에는 한계가 있다. 그의 유머에 더 이상 사람들이 웃지 않을 때가 온다.

3선 의원, 두 번의 제주도지사, 국토교통부 장관을 지낸 원희룡이 막다른 길에 다다랐다. 한동훈 당대표를 선출한 국민의힘 전당대회는 윤석열 대통령의 패배였고 또한 원희룡 후보의 패배였다. 원희룡(18.8%)은 한동훈(62.8%)과 비교가 안 되는 득표율로 차가운 당심을 확인했다. 김건희 문자 유출 작전은 처참히 실패했다. 비열한 이미지 말고는 손에 남은 게 없으니 상처가 크다. 그가 재기할 기회가 있을지 불확실하다.

원희룡은 실망스러웠다. 영부인이 디올백 수수에 대해 사과하겠다고 밝힌 문자를 한동훈이 읽고도 무시했다는 '문자 읽씹'으로 총선 패배 책임을 씌우려는 발상은 단순했다. "고의로 (총선을) 패배로 이끌려 한 것은 아닌지"라는 비난은 허황됐다. 대구에서 "(박근혜 전 대통령 탄핵이) 누군가에겐 인생의 화양연화였는지 몰라도 우리 모두 지옥을 겪었다. 다시는 탄핵은 절대로 안 된다. (…) 적과 화해를 주선하는 자가 있다면 바로 그가 배신자"라고 배신자론을 편 것은 홍준표 따라하기에 가까웠다.

객관적으로 '문자 읽씹'은 한동훈에게 책임을 물을 수 있는 일이었다. 하지만 이준석 대표를 쫓아내고, 김기현 대표를 억지로 만들고, 한동훈 비대위원장을 꽂아 넣고 또 흔든 '윤석열의 손'이 다시 등장한 순간 민심은 한동훈에게 기울었다. 총선에서 심판받고도 변한 게 없는 대통령, 극우 유튜브에서나 먹힐 '한동훈 좌파'* 프레임을 퍼뜨리는 친윤은 더 이상 영향력이 없다. 원희룡은 그런 구태 친윤의 화신이 돼 버렸다. 윤석열에 줄서기만 하면 당원과 지지층의 마음을 얻을 것이라고 생각했다면 원희룡이 민심을 몰라도 너무 모른 것이다.

원희룡이 망가진 건 '윤석열 효과' 때문만은 아니다. 그는 대선 후보 경선에서 지고 윤석열 캠프에 합류했을 때부터 비열한 정치를 해왔다. 대통령에게 코드를 맞춰 입장을 바꾸고 무리하게 밀어붙이고 저열한 언어를 썼다. 국토교통부 장관 시절의 서울-양평 고속도로 백지화는 누가 봐도 '오버 액션'이었다. 예비타당성조사를 통과한 노선이 윤석열 정부 들어 영부인 일가 땅 가까운 곳으로 변경된 것에 의심을 품는 건 이상한 일이 아니다. 만약 더불어민주당의 의

---

* 친윤 이철규 의원은 한동훈이 김경율 전 국민의힘 비대위원장, 진중권 광운대 특임교수, 신지호 전 의원 등을 좌파 자문그룹으로 두고 곧 출마선언을 한다는 《매일경제》 기사를 퍼뜨리며 '한동훈 좌파론'을 부추겼다. 《매일경제》는 해당 기사를 몇 시간 만에 삭제했다.

혹 제기가 근거 없는 것이라면 국토부 장관이 해명하고 합리적 노선을 채택하면 될 일이다. "민주당의 날파리 선동이 끊이지 않을 것이기 때문에 그 원인을 제거하겠다"니, 1조 8,000억 원 규모 국책사업이 장관 마음대로 처분해도 되는 개인사업인가. 유승민 전 의원의 지적대로 "있을 수 없는 직권남용이자 월권"이다. 원희룡과 국민의힘은 민주당이 사과하면 사업을 재추진하겠다며 수습에 나섰는데 국민 인질극이 따로 없다. 정쟁의 피해를 왜 양평군민들이 감수해야 한단 말인가.

화물연대 파업 때도 원희룡은 업무개시명령이라는 유례없는 강경 대응으로 대통령의 '법과 원칙' 기조에 부응했다. 노조를 향해 "조폭" "떼법" "법에 의한 심판으로 처단" 등 장관이 해서는 안 될 막말을 던져 극우 지지층에 어필했다. 파업의 근본 원인이었던 안전운임제 이슈는 온데간데없고 논란을 만들어 '어그로'를 끌었다. 그러다 양평고속도로 문제가 터지자 크게 베팅할 때라고 판단한 모양이다. 그는 고속도로를 묻고 정치생명을 걸어 거대한 도박판을 벌였다. 김건희 일가 땅의 존재를 사전에 알았거나 압력을 받았다면 "장관직을 걸 뿐만 아니라 정치생명을 걸겠다"고 했다. 이재명 민주당 대표에겐 "민주당 간판 걸고 붙자"고 했다. 판을 키운 이유를 짐작할 만하다. 대통령을 향해 충성심을 내보이고 자기 존재감을 야당 대표급으로 끌어올리려는 계산이었을 것이다. 이어서 그는 총선에서 인천 계양을에 출마해 이재명과 맞붙었다. 다음 수순으로 당권을 잡고 차기 대권 주자로 발돋움하겠다는 생각이었으리라.

그러나 도박이 원래 그러하듯이 그는 얻은 것보다 더 많이 잃었다. 권력을 향해 한 걸음 나아가는 동안 도덕적으로 타락했다. 몰랐다던 김건희 일가 땅의 존재를 수 개월 전 국정감사 때 인지했다는 보도가 나와 사퇴 요구가 분출한 건 차라리 사소하다.《조선일보》가 사실 확인 없이 보도한 건설노조원 분신 방조설에 부응해 "동료의 죽음을 투쟁의 동력으로 이용하려 했던 게 아닌지 의문이 들지 않을 수 없다"고 의혹을 제기한 것은 훨씬 심각하다. 경찰 조사에서 분신 방조가 사실이 아니라는 진술이 나온 뒤에도 그는 의혹을 거두거나 사과를 표명하지 않았다. 오죽하면 심상정 전 정의당 의원이 국회 대정부 질문에서 "정치인 이전에 인간이 돼라"고 일갈했겠나.

한동안 잊혀진 정치인이었던 원희룡은 이렇게라도 덩치를 키우려 했을 것이다. 그러나 국민 마음속에 정치인 원희룡의 이미지가 어떻게 형성돼 가는지 상상할 필요가 있었다. 이런 모습이 아닐까. 국민으로부터 위임받은 권력을 국책사업을 무산시키는 데에 거리낌 없이 휘두르는 각료. 자기 정치를 중시하느라 국민의 삶은 안중에 없는 정치인. 문자 유출 공작으로 경쟁자를 밟으려는 권모가. 학력고사 1등, 사법고시 수석 등으로 입증된 저 명석함을 권력을 쥐기 위한 계산에 쓰는 인물. 이것이 원희룡의 본질로 각인되는 사이 그는 큰 정치인으로 성장할 기회를 잃었다. 자신은 몸값을 키웠다고 착각하겠지만 상처는 치명적이었다.

국민의힘 대선 후보 경선에서 뛸 때만 해도 나는 원희룡에게 기대가 있었다. 중앙 정치에서 동떨어져 있던 그는 대장동 개발의혹을 정리한 유튜브 영상을 통해 '대장동 1타 강사'로 급부상했다. 하지만 내가 주목한 계기는 따로 있다. "이준석류의 능력주의는 지적 게으름 또는 지적 몰양심의 결과"라며 자기 철학을 밝힌 CBS 〈한판승부〉 인터뷰는 의미심장한 원희룡의 재발견이었다. 그는 자신의 공부머리를 "특정 기능만 뛰어난 것"이라면서 "능력이란 다른 사람을 이해하는 공감능력, 내가 손해를 보더라도 많은 사람들에게 동기를 부여하는 리더십, 또는 아이 키우는 것처럼 사람을 있는 그대로 사랑하고 믿어주는 애착능력이다. 이런 게 세상을 만들고 바꿔나가는 힘"이라고 말했다. 이준석의 능력 개념 정의가 게으르고 틀렸다는 말이다. 지적 몰양심을 설명한 다음 발언은 더 울림이 크다. "사람은 능력이 있어야만 사람이 아니다. 사람인 것 자체로 존엄하게 대접받을 천부적 인권이 있는 것이다. 나도 언제든 능력 상실에 노출될 수 있다. 능력이 없거나 격차 있는 사람을 존중할 수 있어야, 나와 내 아이들과 내가 사랑하는 사람이 그런 입장이 됐을 때도 공정하고 인간적으로 대우받기를 기대할 수 있는 것이다."

이렇게 아름다운 인터뷰라니. 이렇게 명쾌한 능력주의 비판이라니. 젊은 시절 쇄신파 의원 원희룡이 다시 보였다. 합리적이고 할 말하는 개혁 보수가 돌아온 줄 알았다. 검찰과 감사원의 독립성이 흔들리고, 여성가족부 폐지가 공약으로 대두되고, 무속 논란이 휩쓸던 보수 정당 경선에서 그는 제대로 된 정책을 곧잘 제시했다. 소중하고 감동적이기까지 했다.

짧은 시간 반짝였던 원희룡은 이제 없다. 윤석열 선대위에 참여하면서부터 그는 표변했고 나는 그것이 섬뜩했다. 능력주의의 문제를 정확히 짚고 약자를 존중해야 한다고 말했던 원희룡이, 가덕도 신공항에 대한 입장을 바꾸고 노조를 탄압하고 막말과 조롱을 불사하는 것을 씁쓸하게 지켜봤다. 공직자의 사명을 잊은 채 논란을 일으키고 술수를 동원하는 모습에 배신감을 느꼈다. 소문난 명석함을 권력을 좇는 데에 소진해 버린 게 아쉽다.

전당대회에서 상처를 입고 황야를 헤매는 원희룡은 이제 자신의 타락을 발견할 수 있을까. 대선 후보 경선에서 보여준 합리성과 공동체적 시각을 회복할 수 있을까. 내가 보기에 그는 너무 멀리 온 것 같다.

윤희숙의 이상한 '책임정치'

20대 대선 후보 경선 중 국민의힘 의원 윤희숙은 부친의 불법 부동산 거래 혐의가 드러나 의원직을 버리고 경선에서 사퇴했다. 많은 이들이 '책임지는 정치인'이라며 박수를 보냈다. 그는 기자회견에서 아버지의 농지 매입은 자신과는 무관하지만 정권 교체를 위해, 빌미를 주지 않기 위해 사퇴한다고 밝혔다. 이를 "염치와 상식의 정치" "내가 책임지는 방식"이라고 했다. 그러면서 '26년 전 호적을 분리하고 독립 가계가 된 친정아버지를 무리하게 엮은' 국민권익위원회 조사는 의도가 의심스럽다고 비난했다. 의원직을 지푸라기처럼 내던진 것은 신선한 충격이나, 지지하는 마음을 덜어내고 보면 윤희숙의 대응은 이상하다.

권익위는 2021년 3월 한국토지주택공사(LH) 직원들이 공사 사업과 관련된 지역에 집단적으로 투기한 의혹이 폭로된 후 더불어민주당, 국민의힘, 비교섭단체 5개 정당 국회의원 전수조사를 벌였다. 제 명의로 부동산 투기를 하는 공직자는 없으니 가족까지 조사하는 건 기본이다. 윤희숙 스스로 가족정보제공 동의서를 제출해 놓고 '엮였다'는 건 말이 안 된다. 결혼할 때 호적을 분리하고 독립 가계가 되는 것도 보통 당연한 일이다. 그러나 돈은 호적을 가리지 않는지라 무관함을 확인하려면 부친이 자기 돈으로 농지를 구입했는지, 윤희숙의 돈이 흘러 들어갔는지 자금 출처를 수사해 봐야 알 일이다.

애초에 문제가 된 것은 그의 아버지가 농업경영 계획서를 제출하고 세종시에 농지 3,300평(1만 871㎡)을 사고선 농사를 지은 적이 없고 몇 달간 주소지만 대리 경작한 주민의 집으로 옮겨놓은 사실이다. 농지법·주민등록법 위반에 해당한다. 이 혐의를 눈앞에 두고 수사를 의뢰하지 않는다면 오히려 권익위의 직무유기가 될 것이다. 더욱이 부친이 2016년 매입한 이 땅은 하필이면 부동산 시장이 뜨거운 세종시, 하필이면 산업단지들 인근이다. 일각에선 윤희숙이 일했던 한국개발원(KDI)이 국가산업단지 예비타당성조사 기관인 점을 들어 내부 정보를 이용한 거래가 아닌지 의심했다.

권익위의 조사만으로는 윤희숙이 불법 부동산 거래에 연루됐다고 단언할 수 없다. 같은 당 의원이었던 김웅은 페이스북에 "내 친구 희숙이가 '나는 임차인이다' 연설을 하지 않았다면(이 연설로 대선주자급으로 주목받지 않았다면) 이런 무리한 조사 결과 발표가 있었을까"라며 "권력의 간악함을 뼈저리게 느낀다"고 적었는데 이 또한 근거가 없다. 그저 윤희숙 부친의 불법 농지 매매 혐의가 뚜렷하니 윤희숙도 연루됐는지는 수사 의뢰해 확인하면 되는 일이다.

윤희숙이 "내 잘못은 아니지만 아버지의 불법 혐의는 송구하다"고 했다면 그의 '염치와 상식'을 높이 샀겠다. 그러나 그는 "공무원 장남을 항상 걱정하고 조심해 온 아버지의 평소 삶을 볼 때 위법한 일을 하지 않았을 것"이라며 권익위 조사 자체를 부정했다. "아버지를 엮은 (권익위의) 무리수가 야당 의원 평판 흠집 내기 의도가 아니면 무엇인가"라고 조사의 공정성과 객관성에 의구심을 제기했다. 그의 부친이 농지를 사놓고 직접 농사를 짓지 않은 것은 드러난 사실인데, 이에 대한 사과는 건너뛰고 조사기관을 비난하는 것이 염치 있는 행동인가.

의원직을 사퇴한 것은 더 이해가 안 된다. 결백하다면서 무엇을 책임지려는 사퇴인가. 그의 주장대로라면 권익위가 실체도 없는 의혹을, 자신의 평판을 흠집 내려 발표했다는 것인데, 그게 왜 "정권교체 명분을 희화화"하고 "대선 전투의 중요한 축을 허물어뜨릴 수 있다"는 것인지 납득하기 어렵다. 윤희숙을 뽑아준 서울 서초구 유권자들이 가장 황당할 것이다.

상식적인 대응은 수사를 통해 결백을 입증하는 것이었다. 순전히 아버지의 잘못이라면 사과하면 될 일이고 윤희숙이 불법에 관여한 것으로 나타난다면 그때 사퇴하고 처벌받으면 되었다. 윤희숙은 결국 무혐의 처분됐다. 도대체 무엇을 위해 의원직을 버렸던 것인지 의아하다. 이러니 판을 키운 의도가 의심받은 것이다. 윤희숙이 세간의 이목을 집중시키고 남다른 정치인으로 포장해 향후 서울시장 같은 자리를 노린 쇼가 아니냐는 시각은 여기서 비롯됐다.

윤희숙은 사퇴 기자회견 후 이틀만에 두번째 기자회견을 열어 입장을 바꿨다. 아버지가 농지를 구매하고 농사를 짓지 않은 것 등 불법 쟁점에 대해 "모든 얘기를 잘 모른다" "26년 전에 호적을 파서 나왔고, 한동안 매우 소원한 부녀관계였다"면서도 "농지법과 주민등록법 위반 의혹이 있으며, 투기의혹으로 비칠 여지가 있다는 점을 변명하지 않는다"고 그제서야 부친의 혐의를 인정했다. 그런데 "(아버지의 불법 혐의가) 수사에서 사실로 밝혀지면"이라고 말한 뒤의 발언이 나를 놀라게 했다. 나는 그가 "국민과 권익위에 사과하겠다"고 말할 줄 알았는데 그는 "아버지 곁을 지키겠다"고 말했다. 공직의 자리는 가볍고 딸의 자리가 더 중요하다는 말이다. 한동안 소원했던 아버지가 불법을 저지르자 그를 위로하려 유권자의 뜻을 걷어차겠다는 것이다.

공직보다 가족을 우선시하겠다는 게 윤희숙의 선택이라면 어쩌랴. 개인의 선택을 존중할 수밖에. 하지만 그가 이날의 선택에 아무 해명도 사과도 없이 다시 공직에 출마한 건 존중할 수가 없다. 아버지의 곁을 지키겠다고 의원직을 던지고서는 2년 5개월 만에 아무 일도 없었다는 듯 서울 중·성동갑 국회의원 선거에 출마해서는 안 되는 것이다. 윤희숙은 비슷한 상황이 닥치면 또 의원직을 버릴 것인지 먼저 유권자에게 밝혀야 했다. 윤희숙이 시험대에 오를 기회는 없었다. 그는 자신이 비난했던 권익위원장 출신 전현희 민주당

의원에게 패했다.

윤희숙은 상식과 염치를 언급하며 여느 정치인과는 다르다는 차별화를 꾀했다. 얼핏 그렇게 보였고 그래서 박수 받았다. 하지만 윤희숙은 잘못을 인정하고 사과하는 문화, 법과 제도를 존중하는 가치 회복에 기여하지 않았다. 그는 아버지의 불법 혐의를 부인했고 나중에 인정했지만 분명하게 사과하지는 않았다. 정치적 편향을 의심하며 조사기관을 흔들었다. 자신을 희생양으로 부각시켜 정권 교체의 깃발을 높이 들었다. 이 같은 윤희숙의 행보가, 그 착한 사람이 불법을 저지를 리 없다던, 검찰과 법원이 정치적이어서 문제라고 비난하던, 반성은 않고 나를 밟고 가라고 순교자 행세를 하던 내로남불 정치인들과 다른 것인가. 의원직을 내던진 제스처는 남달랐지만 껍데기뿐이었다. 윤희숙의 '책임정치'가 공허하게 들리는 이유다.

이준석, 여성혐오라는 새 정치 ────────

이준석 개혁신당 의원은 보수 혁신의 아이콘인가, 혐오 정치의 화신인가. 2021년 6월 국민의힘 전당대회에서 36세 당대표에 오른 '이준석 돌풍'은 대단했다. 바람을 키운 건 보수 혁신에 달뜬 보수층의 열망이었으나 그 시작은 소위 이대남, 즉 반(反)페미니즘, 능력주의, 약자 혐오의 정서로 뭉친 젊은 남성층의 결집이었다. 인터넷 문화나 젠더 이슈가 낯선 전통 보수층은 '이준석 정치'가 뿌리를 둔 여성혐오·안티페미니즘의 해악을 간과하는 경향이 있다. 그러나 2000년대부터 인터넷에서 성장한 혐오 문화가 정당 정치로 진출한 이 현상은 결코 사소하지 않다.

이준석은 자신이 여성혐오 발언을 하거나 여성에 불이익을 주자고 한 적이 없다고 강변한다. 그가 페이스북에서 여자 장관들만 콕 집어서 능력이 없는데 할당제로 임명됐다고 주장하는 것이 전형적 여성혐오다. 소설 『82년생 김지영』의 작가 조남주가 여성이 안전하지 않은 환경을 우려한 것에 대해 "망상에 가까운 피해의식"이라고 말한 것은 국가인권위의 교안 『혐오차별 대응하기』에 혐오 표현의 사례로 명시됐다. 이준석의 발언은 '김 여사' '된장녀' '김치녀' 등 유구한 역사의 여성혐오 표현과 다를 게 없다. 이 단어들은 운전도 못하면서 나다니는 여자, 남자의 경제력에 의존하면서 명품만 밝히는 여자라는 뜻으로 한국 여자를 통칭한다. 이것이 왜 여성혐오일까. 여자가 남자보다 열등하고, 중요한 일은 남자가 하고, 그러니 여자는 사회생활을 하거나 사치하지 말고 집에서 살림만 하라는 비하와 차별을 집약하고 또 강화하기 때문이다.

'Misogyny'를 번역한 여성혐오는 여성집단에 대한 비하, 배제, 차별의 개념이다. 증오하는 감정이 아니다. 이준석은 여성혐오를 여자를 싫어하는 것으로 알았는지 《중앙일보》 기고에서 "이준석은 여성 좋아한다"고 반박했다. 여자 앞에서 웃음이 넘쳐나는 남자라도 성적 대상으로만 좋아하고 남자와 똑같은 주체로 인정하지 않으면 그것이 여성혐오다. 여자 좋아해서 여성혐오가 아니라는 이준석의 논리라면 "딸 같아서" 골프 캐디의 몸을 만진 박희태 전 국회의장도 친여성주의자겠다. 성범죄 가해자들은 종종 "좋아해서 그랬다"고 변명하는데 그처럼 일방적 감정을 강요하는 게 폭력이다. 여자를 동등한 주체로 존중하지 않으니 문제인 것이다. '여자' 장관이라서 무능하다는 주장은 '여성집단'을 열등하게 보는 가장 흔한 여성혐오이며, 여자의 감정을 묵살하고 내 욕구와 감정을 받아들이라는 성폭력·스토킹·교제폭력·이별보복은 여성혐오의 극단적 표출이다.

페미니즘을 공격하고 페미니스트를 위협하는 일에도 이준석은 앞장섰다. GS25의 캠핑이벤트 포스터에 집게손이 그려진 것을 '남성 혐오'로 몰아 "회사가 왜 이 사건에 있어서는 책임자에 대해서 어떻게 하겠다는 것인지 밝히지 못하는 걸까"라고 압박했고, 끝내 GS25의 포스터 수정과 사과, 직원 징계를 받아냈다. 작은 남자 성기를 의미하는 집게손 모양이 메갈리아의 상징인 것은 사실이나, 메갈리아 조직원들이 남자를 비하하기 위해 세상 곳곳에 집게손 그림·사진을 끼워넣는다는 생각은 남초 커뮤니티에 퍼진 '괴담'에 가깝다.* 실제로 디자이너를 '색출'하고 보면 메갈리아를 알지도 못하는 남성이거나 외국 자료를 갖다 쓴 경우가 많았다.

하지만 '메갈리아 사냥'이 페미니즘에 반감이 큰 젊은 남성들을 결집시키는 효과가 상당하다는 게 문제다. 수년 전부터 게임업체들은 남성 유저들의 항의를 견디지 못하고 메갈리아 펀딩 티셔츠를 입은 성우, 성평등 주장을 리트윗하거나 '좋아요'를 누른 일러스트레이터를 계약해지했다. 이준석이라는 정치인이 구심점이 돼 GS25의 사과를 끌어내자 효능감이 치솟은 남초 커뮤니티는 곳곳에서 집게손을 찾아냈고 경찰청, 행정안전부 등 공공기관까지 줄줄이 사과하거나 해명문을 올리며 굴복했다. 페미니스트로 지목되면 직장인

---

* 2015년 만들어진 인터넷 커뮤니티 메갈리아는 여성혐오 표현을 남성을 대상으로 바꿔 쓰는 미러링, 불법촬영 근절 운동, 소라넷 폐지 운동 등을 벌이다가 2017년 문을 닫았다.

이든 아이돌이든 생계가 끊길 위험에 처했다. 인터넷에서나 돌던 음모론을 정치로 끌고 와 '메갈=페미니즘=나쁜 것'으로 공인하고 페미니스트로 찍히면 위험하다는 공포를 실현한 게 바로 이준석이 해낸 일이다.

이준석은 2021년 4·7 서울시장 보궐선거에서 20대 남성의 72.5%(KBS 출구조사)가 오세훈 국민의힘 후보에게 투표한 것을 자신의 공적으로 내세우고, 연이어 GS25 사건 등을 터뜨려 20대 남성의 정치효능감을 자극했다. 그렇게 이대남 정치세력화에 성공했다. 전당대회 돌풍의 시작이었다. 이준석이 이대남에 공을 들인 것은 좀더 오랜 일이다. 2019년 1월 그는 하태경 당시 바른미래당 의원과 함께 워마드(메갈리아에서 갈라져 나온 커뮤니티) 해체를 위한 토론회를 열었고 이는 그해 5월 워마드 폐쇄 법안 발의로 이어졌다. 2021년 1월 남성 아이돌을 소재로 한 팬픽션인 알페스의 창작·유포자를 고발한 것도 이들이었다. 메갈리아 출범에서 불붙은 남초 커뮤니티와 여초 커뮤니티 간 문화 전쟁을 전혀 모르는 이들이라면 이게 전부 뭔 소린가 싶을 것이다. 메갈리아, 워마드, 알페스 등은 남초 커뮤니티에서 '남성 혐오'의 원흉으로 꼽히는, 결국 페미니즘이 문제라는 주장으로 이어지는 키워드다. '남성 혐오'라는 주장이 얼마나 타당한지와는 상관없이 이준석의 이대남 공략은 2021년 당대표 당선으로 창대한 결실을 맺었다.

이준석은 지지층에 충성했다. 페미니즘 공격을 비롯해 약자집단에 대한 혐오를 놓은 적이 없다. 국민의힘에서 찍혀 나가며 전통 보수층을 잃은 지금은 더더욱 남은 지지기반인 이대남을 배신하지 못할 것이다. 딥페이크 성범죄 피해가 전국 곳곳의 중고교, 대학교에서 속출하고 22만 명이나 텔레그램 방을 이용했다는 사실에 공분이 커지는 상황에서, 그는 국회에서 국내 이용자는 726명으로 추정된다며 "위협이 과대평가되고 있다" "과잉규제가 나타날 수 있는 가능성이 있어 보인다"는 망언을 했다. 피해자보다 가해자 보호가 우선인 참 대단한 국회의원이다. 그는 개혁신당 총선 공약으로 군 복무를 한 여성만 경찰·소방관·교정공무원에 지원할 수 있게 하는 '여성 신규 공무원 병역 의무화'도 내놓았다. 노인 도시철도 무임승차 폐지 정책을 발표하며 무임승차가 가장 많은 역이 경마장역이라고 지목해 은근슬쩍 노인 집단을 비난했다. 국민의힘 대표였을 때는 윤석열 대선 후보의 1호 공약이 여성가족부 폐지였다. 전국장애인차별철폐연대(전장연)의 이동권 시위에 "반문명" "독선" "수백만 서울 시민의 아침을 볼모로 잡는 부조리"라 비난하며 장애인과 시민을 가르고 혐오를 조장하고 장애인 권리 확보를 방해했다.

분명하지 않은가. 이준석 정치는 약자집단을 공동체 나머지와 갈라치고 분노를 그들에게 집중시켜 정치 원동력으로 삼는 트럼피즘의 한국 버전이다. 도널드 트럼프가 이민자, 소수인종, 정치적 올바름(PC)에 대한 공격과 혐오를 통해 불만 많은 백인 블루칼라 노동자 계층을 흡수해 대통령에 당선됐다면, 이준석은 여성과 페미니즘을 혐오의 제1타깃으로 삼아 정치에 무관심했던 청년 남성층을 동원했다.

트럼프가 그랬듯 이준석이 부상한 데에는 배경이 있다. 앞에서도 언급했듯 '남자 약자' 정서와 안티페미니즘을 공유하는 불만 집단, 이대남의 존재다.* 과거보다 여자들이 경제사회적으로 약진하고 20대에 한해 여성 취업률이 남성 취업률보다 높은 현실에서 젊은 남자들은 취약하다는 느낌을 가질 수 있다. 군복무는 젊은 남성들에게 보상 없는 징벌로 여겨진다. 한 자녀 시대에 아들이라고 해서 가정에서든 학교에서든 우대받은 경험이 없는데 군복무 가산점 폐지나 할당제는 억울한 제도처럼 느껴진다. 이런 불만을 페미니즘과 여성가족부에 쏟아내고 여성혐오로 해소하는 일이 2000년대부터 인터넷에서 성행했다. 일베, 에펨코리아, 엠엘비파크 같은 남초 커뮤니티는 여성혐오를 학습하고 재생산하는 온상이다.

하지만 고개를 들고 좌우를 둘러보면 이런 인식은 현실과 거리가 멀다. 취업은 물론 승진, 임금, 가사분담 등에서 한국의 여성 차별은 어느 선진국보다 공고하다. 《이코노미스트》가 고등교육 수준, 노동 참여율, 성별 임금격차, 기업 이사회 여성 비율, 여성 국회의원 비율 등을 조사해 발표하는 유리천장지수에서 한국은 2023년 기준 경제협력개발기구(OECD) 29개국 중 12년째 부동의 꼴찌다. 한국 여자들

---

* 남자가 약자라는 인식(마이너리티 정체성)과 안티페미니즘을 20대 남자의 고유한 특징으로 규정한 것은 2019년 4월 《시사IN》이 604~606호에 걸쳐 '20대 남자 현상'을 해부한 기획에서다. '한국리서치'와 공동으로 성인 1,000명을 조사, 분석한 내용이다. 나 또한 청년 남성 중 이런 정체성이 두드러진 집단을 가리켜 '이대남'으로 쓰고 있다.

은 남자 임금의 68.8%(29개국 평균 88.1%)를 받고 일하며 국회 의석의 19.1%(평균 33.9%)만을 차지한다. 여성 취업률이 20대만 남성보다 높을 뿐, 결혼·출산으로 30대에 경력이 단절됐다가 중년에 다시 오르는 M자형을 보이는 것도 한국뿐이다.

이준석은 20대 남자가 받는 불이익을 강조하고 구조적 성차별은 없다고 주장함으로써 엄연한 불평등의 현실을 은폐한다. 확연한 경향성을 반례로써 부정하려 든다. 그는 대통령이 된 여자, 교육받고 성공한 여자, 남자를 살해한 여자를 사례로 든다. 하지만 왜 저런 성차별 경향이 공고한지 답하지 못한다. 구조적 원인을 부정하며 모든 차이를 개인 능력 탓으로 돌린다. 그래서 할당제(적극적 우대조치) 등 기울어진 운동장을 바로잡기 위한 조치에 반대하는 결론으로 치닫는다.

'이준석 스타일'의 정치적 효능을 나는 안다. 대선 주자급인 안철수 의원, 심지어 윤석열 대통령에게도 수위를 조절하지 않는 그의 독설과 조롱은 인터넷 커뮤니티 문화에 익숙한 젊은 세대엔 '권위에 대한 저항' '통념의 전복'이라는 통쾌함을 안긴다. 논점을 이탈하든, 궤변을 동원하든, 내용과 무관하게 상대를 '발라' 이긴 것처럼 보이는 그의 토론 방식에도 이들은 열광한다. 구태에 찌든 윤핵관보다 나은 면도 있다. 5·18 북한군 개입설이나 부정선거론 같은 음모론에 선을 그을 줄 안다. 분명 그는 기성 정치인과 다르다. 그 차별화가 나쁜 차별화여서 문제다.

이준석 정치는 가치가 아니라 스타일이다. 이기는 것이 본질이고 그러니 공공성이 없다. 그는 선거전술로 세대포위론을 주장했는데, 허리 세대인 4050을 적으로 삼아서 뭘 얻어내겠다는 건지 알 수가 없다. 세대포위론의 바탕에 깔린 인식은 4050이 기득권을 독점해서 2030에게 기회가 돌아가지 않는다는 것일 텐데 이것이 사실이라고 논증한 적이 없다. 공직후보자 능력을 시험으로 평가해서, 그 능력으로 무슨 가치를 추구하겠다는 것인지 밝히지 않았다. 그가 유일하게 가치 비슷하게 내세운 것이 능력주의였다. 그런데 기울어진 운동장을 고려치 않고 무한경쟁을 하자는 말이니 사실상 '능력자들끼리의 줄 세우기'다. 상위 1%를 욕망하는 상위 20%의 이데올로기다. 그것이 정치인이 추구해야 할 공동체의 가치가 될 수는 없다.

이준석 정치의 사회적 해악은 심각하다. 처음 이준석 바람이 불 때부터 내가 강하게 비판했던 이유, 유력 정치인의 갈라치기와 혐오 메시지가 우리 사회에 혐오를 들불처럼 퍼뜨릴 것이라는 우려는 현실이 돼 버렸다. 도쿄올림픽 양궁 금메달리스트 안산 선수가 "쇼트커트라 페미니스트" "금메달 박탈" 등 억지 악플에 시달려 외신에까지 보도된 일은 가장 가벼운 소동일 것이다. 2023년 11월 진주에서 한 20대 남성은 '머리가 짧은 것을 보니 페미니스트'라며 편의점 여자 점원을 폭행했다. 2023년 7월 의왕 아파트에서 여성을 성폭행하려 폭행한 20대 남성은 재판에서 '군대 안 가는 여성에 대한 불만'을 토로하며 심신 미약을 주장했다.

심지어 경찰은 2024년 8월 넥슨 게임 애니메이터가 명예훼손, 모욕, 성폭력에 해당하는 글을 SNS에 올린 네티즌들을 고소한 사건을

각하하며 "고소인이 이전에 페미니스트에 동조하는 듯한 내용의 글을 게시한 사실이 있어 피의자들이 고소인을 대상으로 비판하는 것은 그 논리적 귀결이 인정된다"고 했다. 페미니스트와 군면제가 폭력의 이유가 되고, 경찰이 그것을 공인해 주는, 이런 끔찍한 세상이 21세기 한국이다. 이것이 "범죄 특성상 성범죄 피해자는 여자가 대다수인 게 당연하다"고 주장하고 '여자라서 죽었다는 주장은 페미니즘 선동'이라 치부하는 이준석과 과연 무관한가. 이 폭력과 공격을 보고도 여자들에게 피해 준 적이 없다고 할 텐가.

비슷한 여파가 다수 약자들에게 번졌다. 지하철 시위를 벌이는 장애인에게 승객들이 면전에서 욕하고 위협하는 일이 빈번해졌다. 홍준표 대구시장은 퀴어축제를 막기 위해 공무원들을 동원했고, 오세훈 서울시장은 최저임금도 주지 않는 외국인 가사도우미를 제안했다. 이 모든 일의 직접적 책임자는 아니라 해도 공공연히 약자 배제와 차별을 말할 수 있게 빗장을 푼 것은 분명 이준석 효과다. 그는 인터넷 커뮤니티에서만 은밀하게 공유되던 뒤틀린 욕망에 정당성을 부여해 당당한 약자 혐오가 현실에 터져 나오게 했다. 트럼프 재임 기간에 미국에서 백인우월주의 단체 설립과 증오범죄 발생이 크게 늘어난 것과 다르지 않다. 권력자, 정치인의 메시지가 어떤 위력을 갖는지는 이준석 자신이 CBS 〈김현정의 뉴스쇼〉에서 쉽게 설명했다. 윤석열 대통령이 '이 새끼, 저 새끼'라 욕한 것은 "쟤(이준석) 때려도 되겠다"는 "지령 비슷한 역할"이라고.

이준석 개인의 정치적 입지와 별개로 이준석 정치는 성장했다. 일베에서 성장한 약자 혐오 문화가 공공 정치에 진입한 것은 되돌리기 어렵다. 이준석 국민의힘 대표 시절 '나는 국대다' 토론 배틀을 통해 유입된 '이준석 키즈'들은 일베로 지목되거나(박민영 대통령실 청년 대변인), '안산 선수 논란의 핵심은 남성 혐오 용어 사용'이라는 왜곡된 논평을 내거나(양준우 전 국민의힘 대변인), 여성안심귀갓길 예산을 전액 삭감(최민호 관악구의원)하는 등 논란 속에서 세를 불리고 있다. 장예찬 전 국민의힘 최고위원처럼 이준석계가 아닌 이준석의 후예들도 있다. 그는 방송에서 여성가족부를 "남성혐오부"라 부르거나 "지나친 PC주의"가 문제라 주장하고, 이준석계를 향해선 "여의도 2시 청년"(직업도 없이 오후 2시 정치행사에나 참여하는 청년들)이라는 조롱을 서슴지 않는, 가장 이준석스러운 정치인이다. 그는 22대 총선 공천을 받아 의원이 될 뻔했다. 이대남으로 대표되는 퇴행적 대안 우파가 정치 세력화하는 흐름이 거세지고 있는 것이다.

김병욱 전 국민의힘 의원은 이준석을 "먼저 온 미래"라 했다. 정녕 그가 미래라면 암울하고 캄캄한 미래다. 5·18 망언을 하고 부정선거를 주장하는 보수 정치인들이 상식 이하라 해서 공공연한 약자 혐오가 대안이 되어도 되는가. 586 정치인들의 내로남불이 역겹다 해서 '젊은 일베들'이 차세대 정치세력이 되어도 괜찮은가. 정치인이 소수자·약자를 포용하는 공동체를 말하지 않고 각자의 능력으로 도생하는 게 공정이라고 말한다면 우리의 미래는 어두울 뿐이다. 청년층 정서를 제대로 알아채지 못하는 기성 정치인들이 이준석 정치 따라가기에 급급해서는 안 된다. 20대의 불안과 불만에 진짜 해법을 내는 정치로 나쁜 정치를 구축(驅逐)해야 한다. 나는 더 많은 청년들이 정치에 참여하기를 희망한다. 그들이 더 나은 대안을 실천할 것을 믿는다. 이준석 정치가 우리의 미래여서는 안 된다.

제3부

차별이라는 폭력

차별 국가에서 아이 낳으면 뭐 하나

필리핀 가사관리사 시범사업은 저출생 해결의 비책이 될 수 없다. 이것이 '차별 국가'의 문을 열지 않기만을 나는 바란다. 시범사업은 조정훈 국민의힘 의원이 21대 국회 때 '100만 원 가사도우미법'(가사근로자의 고용개선 등에 관한 법률 개정안)을 발의해 공론화한 것에 오세훈 서울시장이 호응하면서 시작됐다.

외국인을 임금차별 하는 이 법은 국제노동기구(ILO)의 차별금지협약을 걷어차고 헌법의 평등권마저 무시하는 것이었다. 법이 개정되지는 않아 지금은 최저임금을 보장하지만 그래도 부작용이 나타났다. 100명의 가사관리사들이 입국한 지 며칠 지나지 않아 두 명이 무단이탈했다. 그들은 숙박업소에서 일하다 잡혔다. 법이 발의됐을 때부터 저임금은 노동자를 고임금 일자리로 이탈하게 만들 것이라는 예상이 나왔는데 그렇게 됐다.

더 놀라운 건 이탈 사건 후 가사관리사들이 토로한 현실이었다. 이동 중 끼니를 해결하며 여러 집에서 일하는 노동조건도 열악했지만 저녁 10시 통금, 외박 금지 같은 인권침해적 규제가 있었다. 저임금 외국인 가사도우미는 "현대판 노예제"라는 정의당의 비판이 떠오른다. 조정훈은 여전히 최저임금 이하 임금이 필요하다며 "대한민국은 이런 변화를 두려워해서는 안 된다"[*]는데, 노예를 부리는 나라로의 변화를 두려워하지 말라는 말인가.

노예제 표현은 다소 과격하지만, 국적과 민족에 따라 동등한 인간의 권리를 박탈한다는 개념은 노예제와 다를 게 없다. 외국인 인력을 착취해 한국의 성장률과 출생률을 높이겠다는 제국주의 선언이다. 외국인 가사도우미 제도의 원산국인 싱가포르, 홍콩에서도 노동자 차별은 문제였다. 인도네시아, 필리핀 등에서 온 가사도우미들이 거실이나 목욕탕에서 자면서 장시간 노동하고 학대당하는 일들이 빈번히 알려졌다. 국제앰네스티, 유엔인권위원회가 보고서를 내고 외신이 보도할 정도였다. 우리나라라고 이런 일이 없으리라 확신할 수 없다. 지금도 외국인 노동자들이 난방 안 되는 비닐하우스에서 살다가 사망하고, 무슬림 유학생들이 사원을 짓는 동네에서 그들이 금기시하는 돼지고기 파티가 열리는 나라다. 이미 외국인 차별이 적잖은데 법으로 공인한다면 그 파장이 걱정스럽다.

[*]   조정훈, 「외국인 가사도우미, 최저임금의 벽 넘어야 성공한다」, 《중앙일보》, 2024. 9. 25.

임금차별을 법제화하자는 이들은 한국의 저출생이 얼마나 심각한지를 강조한다. 조정훈은 《중앙일보》 기고에서 "인구 절벽이라는 암초가 눈앞에 보이지만, 방향을 틀 수 있는 시간은 얼마 남지 않았다. 외국인 가사도우미 도입 정책은 그 암초를 피하기 위한 '구명보트'이다"라고 절실함을 표현했다. 같은 제안을 했었던 오세훈은 "과거라면 주저했을 모든 파격적인 방안을 열린 마음으로 받아들여야 하는 상황"이라고 했다. 《조선일보》는 사설에서 "이 절박한 상황에서 과감하고 다양한 육아 대책을 시도조차 해보지 않는다면 그보다 더한 무책임이 없을 것"이라고 했다.

그렇게 절박하면, 도대체 왜 '파격적으로' 노동시간을 단축하지 않는 건가. 왜 '과감하게' 부모(엄마가 아니라) 육아휴직을 의무화하지 않는 것인가. 부모가 직접 자기 아이를 돌보게끔 시간과 돈을 주는 원천적 해법을 정책입안자 그들이 '열린 마음으로 받아들여야' 한다. 2023년 0.72라는 '자멸의 출산율'은 우리나라가 장시간 노동, 남녀 가사 분담률, 성별 임금 격차 등에서 경제협력개발기구(OECD) 꼴찌 수준을 굳건히 지켜온 당연한 결과다. '맘충'과 '노키즈존'으로 상징되는, 명시적으로 출산과 육아에 비우호적인 우리 문화가 치르는 대가다. 여성가족부 폐지 등 정치권의 반페미니즘적 정책이 젊은 여성들에게 출산은 물론 결혼할 생각조차 말려버린 귀결점이다.

진짜 과감한 해법은 이 오랜 인습을 깨뜨리는 것이다. 직장에 올인하는 관습을 버리고 가정에 할애하는 시간을 늘려 부모가 제 아이를 키울 수 있게 해야 한다. 남성은 육아에 보조자가 아닌 책임자로 동참해야 한다. 국회와 정부는 강력한 제도로 뒷받침해야 한다. 기업은 근로자의 출산과 육아를 비용이 아닌 투자로 여겨야 한다. 누군가에겐 달갑지 않을 변화이기에 파격적이고, 오랜 가치관과 생활방식을 바꾸는 것이기에 근본적이다. 남자는 야근하고 여자는 집 안을 돌보는 성역할 분담은 작동하지 않은 지 오래다. 아직 오지 않은 일-가정 양립과 성평등을 앞당겨야 한다.

그에 비하면 저임금 외국인 가사도우미는 단순한 해법이다. 파격적이거나 새롭지 않다. 한국 여성들이 공짜로, 또 조부모에 기대 떠맡았던 돌봄노동을 떼어내 외국인 여성에게 맡기자는 것이다. 슈퍼우먼 이데올로기도, 조부모의 희생도 더 이상 유효하지 않자 외국인 노동자를 값싸게 수입해 해결하려는 대책이다. 하지만 돌봄노동을 저렴하게 쓰려는 것 자체가 문제가 아닌지 생각해야 한다. 그렇게 낮은 임금으로는 국내에서 사람을 구할 수 없고, 외국인 노동자조차 강력하게 통제해야만 시킬 수 있는 것이다.

설사 출생률을 높이는 데 도움이 된다 하더라도, 외국인을 차별하는 나라에서 아이를 낳는 것이 무슨 의미가 있는지 우리는 물어야 한다. 임금차별은 필리핀 노동자 100명의 문제로 끝나지 않을 것이다. 도미노처럼 차별을 열어젖힐 것이다. 이미 조짐이 있다. 윤석열 대통령은 "국내 거주 중인 16만 3,000명의 외국인 유학생들과 3만 9,000명의 결혼이민자 가족분들이 가사와 육아 분야에 취업할 수 있도록 허용하는 게 효과적"이라며 법무부와 노동부에 대책 수립을 지시했다. 최저임금위원회는 사문화된 제도였던 업종별 최저임금

차등화를 실행하기 위해 논의를 본격화했다. 강원연구원은 '강원도형 최저임금제'를 제안했고, 서울시의회는 65세 이상 노인을 최저임금 적용대상에서 제외하자는 건의문을 발의했다. 말 그대로 생존의 최저선을 보장하는 임금이라는 개념에 금이 가기 시작했다. 공부하러 왔든 결혼해 살든 외국인이면 최저임금 이하로 부려도 된다는 인식이 짙어지고 있다. 이 흐름은 결코 선진 국가로 가는 길이 아니다. 외국인을 하인처럼 부리는 나라에서 자란 아이들이 세계 시민으로서의 보편 가치를 배울 수 없다.

나는 육아를 내팽개치고 24시간 직장을 중심으로 살던 삶을 자녀 세대에게 결코 물려주고 싶지 않다. 아니, 내가 물려주고 말고를 떠나 물려받을 이들이 없다. 미래 세대가 중시하는 가치, 라이프 스타일은 이미 기성 세대와 다르다. 선진국들이 워라밸, 성평등, 소수자 차별 철폐, 다양성과 포용, 보편 인권 중시의 길을 앞서 걸었을 때 그들은 삶의 균형이 행복의 요체임을 깨달았다. 이것이 우리가 가야 할 길이다. 아이를 낳고 싶은 나라다. 행복한 나라를 만들어야 아이를 낳을 것이다. '차별을 공인하며 아이 낳는 나라'는 우리의 선택이 될 수 없다.

의원님, 교회가 두렵습니까? ─────

21대 국회는 차별금지법이 제정될 수 있는 최적기였다. 시민의 염원이 뜨거웠고, 더불어민주당은 180석 의석으로 출발했다. 국회 임기가 시작된 지 한 달 만인 2020년 6월 29일 일찌감치 정의당 의원 6명 전원과 민주당, 열린민주당, 기본소득당 의원 4명이 손잡고 법안을 발의했다. 국가인권위원회는 그다음 날 평등 및 차별금지에 관한 법률 시안을 제안하며 국회에 법 제정을 권고했다.

2021년 5월에는 동아제약 성차별 면접 피해자인 20대 여성이 국회 국민동의청원에 차별금지법 제정 청원을 올려 22일 만에 10만 명 동의를 채운 끝에 국회 법제사법위원회에 회부했다. 2020년에도 청원이 있었지만 30일간 2만 5,000명 동의로 끝나 국회 회부에 실패한 것에 비하면 빛의 속도였다. 청원 후 6~8월 민주당 의원들의 법안 발의가 잇따랐다. 활동가들은 '연내 제정'을 위해 행진했고 '올봄 제정'을 걸고 단식했다.

이 모든 간절함을 비웃듯 국회 법사위는 법안을 한차례도 심의하지 않았다. 2007년 이후 발의됐다가 논의 없이 폐기(5개) 또는 철회(2개) 된 법안들처럼 21대 국회에 발의된 4개 법안은 임기 만료로 자동 폐기됐다. 21대 국회가 한 일이라곤 2022년 여야가 바뀐 후 법사위 법안심사소위가 민주당 중심으로 반쪽 공청회를 열고 법안 상정에 실패한 게 전부다. 국민동의청원도, 거듭된 인권위 권고도 무시한 낯두꺼운 국민의 대변자다. 차별금지법 제정 청원서에서 "사회적 합의라는 핑계로 (입법을) 외면"하는 것은 국회의 직무유기이며 "국회가 국민의 인식을 따라오지 '않는' 것"이라고 지적한 그대로다. 나는 차별금지법이 국회 본의회를 통과하면 축하의 후원금을 내려고 첫 법안을 발의한 10명 의원 명단을 책상 앞 벽에 붙여두고 있었다. 하지만 21대 국회가 임기를 마칠 때까지 명단은 제 소용을 못 했다.

차별금지법 앞에서 의원들은 비겁했다. 2020년 5월 미국에서 백인 경찰의 제압에 목이 눌려 숨진 흑인 조지 플로이드 사건 이후 항의의 제스처로 무릎 꿇기가 확산하자 막 배지를 단 미래통합당(현 국민의힘) 초선 의원 9명이 국회 로텐더홀에서 무릎 꿇기 퍼포먼스를 했다. 하지만 그들은 차별금지법 입법 활동을 할 것인지 물은 《한국일보》에 그럴 계획이 없다고 밝혔다.* 이들이 들었던 피켓 문구는 '모

---

* 이혜미, 「'모든 차별 반대' 침묵시위 하고선…성소수자엔 표정 바꾼 통합당」, 《한국일보》, 2020. 6. 12.

든 차별에 반대한다'였는데 한국에 없는 차별만 반대하는가 보다.

 민주당 의원들 역시 거대 1당답지 않게 당론 논의를 외면했고 끝 내 당론 채택을 하지 않았다. 법안 발의가 이어진 1년여 동안 나는 인터뷰나 토론회에서 만난 정치인들에게 차별금지법 제정에 대한 입장을 질문했다. 대선 주자, 서울시장 후보, 당대표 출마자인 그들 은 "차별에 반대한다. 하지만 차별금지법에는 찬성하지 않을 것이 다" "사회적 합의가 먼저 있어야 한다" "기권할 것 같다"고 했다. 의 원들은 입장을 밝히는 것조차 주저했다. 2020년 6월 KBS의 국회의 원 전수 조사는 익명이었는데도 300명 중 69명이 찬성하고 25명이 반대했으며 나머지 200여 명이 답변을 거부했다. 2021년 11월 《한 겨레》가 법사위원 18명을 실명으로 조사했을 때는 민주당 의원 3 명만 찬성·유보 입장을 밝혔다.

 물론 몸을 사리게 만드는 조직적 반대 세력이 있다. 차별금지법을 동성애·동성혼 합법화라고 간주하며 입법 반대에 목숨 건 근본주의 개신교계다. 이들의 '낙선 위협'에 떨리는 손으로 법안을 회수했던 선배들의 잔혹사를 의원들도 익히 아는 것이다. 21대 국회에서도 전쟁은 재연됐다. 첫 법안을 발의한 10명의 의원들에게 대형 교회 들이 교인을 동원해 항의 전화·문자·팩스 폭탄을 투하했다. 의원실 에 전화를 걸어 "게이냐" "동성애 옹호법 만드냐"며 입에 담을 수 없 는 욕설과 혐오 발언을 쏟아내 업무를 마비시켰다. 차별금지법 제 정 반대 청원이 2020년 7월 동의 10만 명을 넘겨 21대 국회 첫 국민 동의청원으로 기록됐다. 십수 년째 차별금지법 제정이 공전하는 이유다.

대형 교회들이 차별금지법 반대, 동성애 혐오에 이토록 애쓰는 배경이 있다. 종교적 신념이 아니다. 그보다 교회 세력을 유지·강화하기 위해 적(敵)그리스도를 불러온 것이라 볼 수 있다. 2000년대 이후 교인 수가 크게 줄고 교회 세습과 호화 증축에 대한 비난이 쇄도하는 등 보수 개신교의 위기가 고조됐을 때 반(反)동성애 활동은 "공포와 혐오를 통해 세력을 넓히는"데에 효과적이었다고 한채윤 인권운동가는 분석한다(『양성평등에 반대한다』). 긴 역사를 보면 동성애 혐오는 반공의 효력이 떨어지면서 보수 개신교가 새로 발굴한 2000년대의 전술이다. "차별금지법이 동성애를 조장한다" "동성애가 죄라고 설교하면 처벌한다" "종교의 자유를 막는다" 등 법을 반대하는 근거들이 교인들 사이에 돌지만 이게 사실인지 따져보지는 않는 것 같다. 굳이 덧붙이자면 물론 사실이 아니다. 차별금지법은 종교, 장애, 인종, 출신국가, 외모, 나이, 임신 또는 출산, 성적 지향, 성별정체성 등을 이유로 직장, 교육, 상품이나 서비스 구매 등에서 차별해서는 안 된다는 선언이며 웬만한 선진국은 다 가진 기본법이다. 법안에는 처벌조항조차 없다. 동성혼 합법화와도 거리가 멀다.

근본주의 개신교계는 과대 대표되어 있다. 나는 예수의 길을 따라 약자와 소수자를 품는 종교인을 많이 봤다. 한국기독교장로회총회 교회와사회위원회의 차별금지법 입법 촉구 성명서에서 최형묵 목사는 "복음의 참뜻은 서로 다른 사람들이 서로를 용납하고 환대하며 사랑을 이루는 데 있다"고 했다. 법 제정을 촉구하며 서울부터 부산까지 평등길 행진을 했던 이들 중에도 목사와 기독교인들이 있었다. 차별금지법 반대가 개신교 신자 대다수의 입장이라는 생각 자체가 오해다. 한국기독교사회문제연구원이 2021년 개신교인 1,000명을 대상으로 한 조사에서 차별금지법 찬성 의견은 42.4%로 반대 31.5%보다 많았다. 전체 국민 조사에선 찬성이 과반 다수가 된 지 오래다. 인권위의 조사는 88.5%(2020년 6월), 67%(2022년 4월)의 압도적 찬성률을 보였고, '한국갤럽' 조사에서도 찬성이 57%로 반대 29%(2022년 5월)를 훌쩍 넘겼다. 정치인들이 어떤 여론을 받들어야 맞는 것인가.

윤석열 정부 들어 차별금지법 제정은 어려워졌다. 법부무와 국민의힘 법사위원들은 2022년 12월 민주당 법사위원들이 법안심사소위에 법안을 상정하려 하자 퇴장해 버렸다. 인권위는 대통령·여당 몫 김용원·이충상 상임위원의 반인권적 행보로 파행을 겪고 있고, 2024년 4월 유엔에 제출하는 여성차별철폐협약 이행 상황 보고서에 계속 포함해 왔던 차별금지법 제정 촉구 내용을 빼버렸다. 진보 정당을 자처하던 거대 여당 민주당이 2020~2021년 입법의 호기를 무산시키고 시민들의 염원을 날려버린 것에는 어떤 문책도 부족하다.

이제 22대 국회에 묻는다. 당신들이 두려워해야 할 것은 누구인가. 지금까지는 조직화된 집단이 무서웠을 것이다. 성소수자 등 차별금지법이 보호할 소수자는 무시해도 그만이라고 생각했을지 모른다. 하지만 세상은 빠르게 변한다. 세상 바뀐 줄 모르는 많은 정치인들이 낙선했다. 시민들의 의식은 시대 변화를 읽지 못하는 기득권 엘리트층을 앞서고 있다. 막무가내의 혐오와 차별에 지친 다수의 시민이 교회보다 더 위협적인 세력으로 돌변할 순간이 올 것이다. 차별금지법은 가장 기초적인 시민의 인권 보장법이다. 국회는 입법의 의무를 다하라.

차별할 권리란 없다

'민식이법'(개정 도로교통법과 특정범죄가중처벌법)이 국회를 통과했을 때 시
끄럽게 논쟁이 되는 걸 보고 놀랐다. 학교 앞 횡단보도를 건너다 교
통사고로 사망한 9세 소년의 이름을 딴 이 법은 어린이보호구역 사
고 시 처벌을 강화한 것이다. 운전자 상당수가 이에 불만을 토로하
며 '역차별'이라고 주장했다. 아이들이 차 앞으로 뛰쳐나오는 '민식
이법 놀이'가 유행하고 있다는 괴담이 유튜브, 언론, 정부 홍보 블로
그까지 퍼지기도 했다. 민식이 부모는 상상 이상의 악담과 거짓 비
난에 시달렸다. 한 유튜버는 법을 재개정할 것을 주장하며 민식이
부모에 대해 7억 원 요구설, 불륜설 등 인신공격을 퍼부었고 네티즌
들은 '민식이를 팔아먹었다'며 호응했다.

  아이 잃은 부모를 대놓고 공격하는 행태만으로도 불편했지만, 어
린이의 목숨과 운전자 처벌을 나란히 비교하는 것이 상식적으로 이

해되지 않았다. 시속 몇 km로 운전하느냐에 따라 차에 치인 아이의 생과 사가 갈리는데 여기서 아이가 절대 약자가 아니라는 건가. 아이의 생명을 걸고서라도 운전자 권리를 보호하는 게 더 중요하다는 건가. 과실이 없는데도 처벌하는 그런 법은 없다. 아이가 합의금을 노리고 차 앞으로 뛰어든다는 주장도 황당하다. 어린아이들이 예고 없이 차도로 뛰어드는 건, 그런 게 아이들이기 때문이다.

약자 보호나 소수자 존중을 역차별이라고 몰아세우는 건 민식이법 논쟁에만 있는 게 아니다. 여성전용 주차장이나 여성안심귀갓길 정책이 남성 차별이라는 반발, 노키즈존을 소비자의 권리라고 요구하는 문화, 성심당 빵집의 임산부 프리패스 서비스가 불공정이라는 항의, 이슬람사원 앞에서 돼지고기 먹을 자유를 요구하는 주민…. 이런 논리는 마치 중립인 척 소수자·약자 차별을 감춘다. 준법, 공정, 종교의 자유, 소비자운동이라는 허울을 씌워 기울어진 운동장을 부정한다. 미국에서 백인 경찰이 흑인을 죽인 조지 플로이드 사건 이후 '흑인 생명은 소중하다(Black Lives Matter)' 캠페인에 맞서 '백인 생명은 소중하다(White Lives Matter)' '모든 생명이 소중하다(Lives Matter)'는 맞구호가 나온 게 그런 것이다. 맥락에서 떼어 놓고 보면 맞는 말이지만, 흑인과 백인이 똑같이 생명의 위협을 받는 양 말하는 것은 흑인 차별의 현실을 왜곡하는 것이다. 실제로 인종차별주의자들은 이 구호를 조롱으로 사용했다.

2021년 서울시장 보궐선거 때 서울 도심에서 서울퀴어문화축제를 개최하는 것을 반대한 안철수 후보 또한 "개인들의 인권은 존중

돼야 마땅하다"면서 "(퀴어축제를) 거부할 수 있는 권리도 존중받아야 한다"고 말했다. 그의 '거부할 권리'는 오세훈 서울시장 취임 후 실현됐다. 2015년부터 매해 서울시청 앞 서울광장에서 열려온 서울퀴어문화축제는 열린광장운영시민위의 개최 불허 결정으로 2023년 장소를 옮겼다. 소수자들이 권리를 지켜내지 않으면 언제든 일어나는 일이다. 프라이드 퍼레이드(퀴어축제)는 1969년 미국 뉴욕의 게이바 '스톤월 인'에 들이닥친 경찰에 맞서 성소수자와 시민들이 며칠간 대치했던 스톤월 항쟁을 기념해 시작된 행사다. 만약 스톤월 인에서 한 레즈비언이 격렬히 단속에 저항하지 않았다면 어땠을까. 성소수자들이 거리에서 온몸으로 존재를 드러내지 않았다면, 아직도 동성애는 불법으로 단속되고 있을 것이다. 흑인 여성 로자 파크스가 1955년 버스에서 백인에게 자리를 양보하라는 요구를 거부하지 않았다면, 그의 체포에 항의해 버스 보이콧과 흑인 민권운동이 들불처럼 번지지 않았다면, 미국은 아직도 흑백 분리 상태로 살고 있을 것이다. 퀴어축제를 보지 않을 권리란 흑인을 분리할 권리 같은 것이다. 허락한 한도 내에서 감사하며 요구하지 말고, 드러나지 말고 살라는 것이다. 이것이 바로 차별의 논리다.

약자를 배려 대상으로 보지 않는 한국 사회의 정서는 힙합에 정확히 반영돼 있다. 미국에서 흑인 차별을 비판하는 사회적 장르로 통하는 힙합은 한국에서 혐오 장르가 됐다. 래퍼 블랙넛이 강간과 살인을 표현하고 여성 래퍼를 특정해 성희롱을 반복하거나 "안 되면 때려서라도 내 걸로 만들래"((블레스유))라는 가사를 쓴 것은 약자 혐오 랩의 극히 일부다. 래퍼 산이는 "탈코르셋 말리진 않아 (…) 그럼 뭐 깨어있는 진보적 여성 같애?"(《페미니스트》)라고 페미니즘을 저격했고, 공연장에서 야유하는 관객에게 "워마드는 독 페미니스트 노 개념 정신병"(《6.9㎝》)이라고 공격했다. 여성·장애인·노인에 대한 래퍼들의 혐오는 빈번하고 논란이 잦았다. 악뮤 이찬혁이 Mnet 힙합 오디션 〈쇼 미 더 머니〉에서 "어느 새부터 힙합은 안 멋져"라고 노래한 이유 중 하나일 것이다. 한국의 힙합은 강자를 디스하던 통쾌함은 사라지고 약자를 디스하는 찌질함만 남았다. 〈쇼 미 더 머니〉가 한때의 인기를 잃고, '입틀막 경호' '한동훈 화법' 등 권력을 풍자한 코미디 〈SNL 코리아〉가 급부상한 건 그래서다.

혹자는 언더도그마가 문제라고 한다. 서울교통공사는 전국장애인차별철폐연대의 지하철 시위 대응 문건에서 "약자는 무조건 선하고 강자는 무조건 악하다는 '언더도그마'가 지배 논리로 자리 잡은 이슈"라고 정리했다. 진심으로 궁금하다. 한국 사회에 '약자가 선하다'는 도그마가 어디 있나. 정치인과 지자체장부터 장애인 시위를 비난하고 합법적 퀴어축제를 해산하려 드는 게 한국의 현주소다. 소수자가 권리를 요구하거나 약자를 보호하자고 주장하기만 해도 비난을 받는다. 차별을 금지하는 제도와 법규는 여전히 허약하고 구멍투성이다.

2024 파리 올림픽 개막식이 나는 눈물 나게 부러웠다. 모든 금기를 깨뜨려 정상-비정상의 구분을 허물어버린 극단의 포용력이 놀라웠다. 전세계 수천만 명이 지켜볼 생중계에 가장 도발적으로 자

유, 평등, 박애의 메시지를 타전한 그들의 자신감에 경탄했다. 파리는 여기에 오기까지 바리케이드를 치고 돌을 던지고 피를 흘렸다. 종교의 자유을 얻고 시민의 권리를 쟁취하고 그렇게 얻어낸 자유와 평등을 더 많은 이들에게 넓혀왔다.

지금 우리가 당연하게 누리는 어떤 권리도 그냥 주어지지 않았다. 우리도 구호와 행진을 거쳐 군사독재정권을 종식시키고 시민의 기본권을 넓혔다. 개인이 시민으로서 권리를 요구했을 때 입 다물고 엎드려 살라고 한 것은 왕의 태도, 독재자의 태도였다. 천부인권이라는 개념 자체가 쟁취된 것이다. 그리고 확장된 것이다. 평민에게, 노예에게, 여자에게, 어린이에게, 외국인에게, 장애인에게, 성소수자에게, 난민에게. 이제 저들이 요구한다. 똑같이 지하철을 타고, 도심에서 축제를 열 권리를. 내가 당연시하는 인권은 저들까지 가야 한다. 약자를 차별할 권리라는 건 없다.

한국 사회가 공정이라는 유령에 홀려 있다. 더불어민주당 최고위원을 지낸 청년 여성 박성민이 청와대 청년비서관에 임명됐을 때 대학생, 보좌관이 모인 인터넷 사이트에서 "나는 왜 공무원 시험을 준비하나" "노력 없이 출세하는구나" 같은 반응이 나왔고 이를 언론이 보도하며 논란은 커졌다.[*] 국민의힘 보좌진협의회는 성명서까지 냈다. "일반 청년들은 대학을 졸업한 후 석·박사를 취득하더라도 취업의 문을 넘기 어렵다. 몇 년을 준비해서 행정고시를 패스해 5급을 달고 근 30년을 근무해도 2급이 될까 말까 한 경우가 허다하다"고 비판했다. 요점은 대학도 졸업하기 전인 25세 박성민의 1급 비서관

---

[*] 김은중, 「"난 왜 공시생 됐나" "이게 공정?"…박성민 청와대행에 2030 분노」, 《조선일보》, 2021. 6. 22.

발탁이 '불공정'해 다른 청년들에게 박탈감을 준다는 것이다.

국회의원 보좌관도 행시를 안 치고 4급 공무원이 되는데 자신들은 연륜이 있어서 괜찮다는 걸까. 36세에 국민의힘 대표가 된 이준석에 대해선 "10년간 정치판에서 굴러 당대표에 선출됐다"며 인정하는데 26세에 이준석이 누린(새누리당 비상대책위원 발탁) 기회를 박성민에겐 주면 안 되나. 애초에 정무직과 무관한 행시 자격은 왜 따지며, 공개 오디션을 거쳐 민주당 청년대변인에 선발될 수 있었던 박성민의 실력은 왜 무시할까.

이 낯익은 공정 개념은 아무리 봐도 '기회의 균등'이 아니다. 자격대로 순위를 매겨 차등 보상하자는 줄세우기에 가깝다. 따지는 자격이 업무 능력인 것도 아니다. 대학 순위, 시험, 성적만이 '정당한' 자격으로 인정된다. 그 외 관문을 통과하면 '새치기'로 간주한다. 줄 뒤에 있어야 할 이가 나와 동등한 보상을 받는 것은 '불공정'이며 나의 자격을 '훼손'하는 억울한 일이 된다. 학력주의와 시험주의로 차별을 정당화하는, 뒤틀린 공정이다.

이질적인 공정 담론이 사회적으로 주목받은 사건은 2018년 평창 동계올림픽 여자 아이스하키 남북 단일팀 구성이었다. '무리해서 단일팀을 구성할 필요 없다'는 여론이 72.2%('한국리서치', 2018년 1월 11일)나 됐고 20~30대는 82%로 더 높았다. 예전 같으면 박수쳤을 남북화해 이벤트에 비판이 쏠리며 문재인 대통령 지지율이 6%P 하락(67%, '한국갤럽', 1월 19일)했다. 2020년 인천국제공항공사 보안요원 정규직 전환 논란에서 공정의 실체는 더 선명해졌다. 보안요원 정규직 전환은 사무직 신규 채용과 직접 관련이 없는데도 공시생들은 "청년 취업준비생들의 기회를 박탈한다"며 분노했고, 정규직화 반대 청와대 국민청원에 20만 명 넘게 동의했다. 건강보험공단 콜센터 직원 직고용을 반대한 공단 직원들은 심지어 취준생도 아니다. 반대자들은 청와대 국민청원에서 "정규직 전환은 '공정사다리'를 걷어차는 행위"라고 주장했다. "시험 안 친 콜센터 직원들이 건보공단 직원이 되겠다는 것은 건보공단 직원이 보건복지부 공무원 시켜달라고 떼쓰는 것과 같다"는 '블라인드' 댓글도 있다. 고려대에서 분교 캠퍼스 학생이 본교 캠퍼스 총학생회 임원이 되자 "고대생 흉내 낸다"는 비난이 쏟아졌었다. 같은 캠퍼스에서조차 정시, 수시, 지역균형선발 등 전형 방식에 따라 차별하고 무시한다는 것은 오래된 이야기다.

차별적으로 보상받는 게 공정이고 그 기준이 학벌이라는 청년층의 인식은 2013년에 나온 책 『우리는 차별에 찬성합니다』에서 정확히 조명됐다. 저자인 사회학자 오찬호는 2008년 대학 강사로 학생들과 KTX 비정규직 여승무원 고용 분쟁*에 대해 토론하던 중 '정규직을 날로 먹으려 하면 안 된다'는 반응이 대다수인 것을 보고 연구

* 한국철도공사 자회사 소속 계약직으로 고용된 KTX 여승무원들이 정규직 전환 약속을 이행하라고 요구하며 2006년 파업을 벌이자 철도공사가 해고로 맞선 분쟁. 2008년부터 이어진 법적 분쟁은 1, 2심에서 승무원측 승소, 2015년 대법원에서 승무원측 패소로 끝났다. 2018년 대법원이 상고법원 추진을 위해 KTX 재판을 거래한 정황이 드러난 후 철도공사와 노조는 승무원 정규직 복직에 합의했다.

주제로 삼게 됐다고 썼다. 2020년 전후에야 우리 사회가 충격적으로 발견했지만, 청년층이 그들만의 공정 개념을 키워온 것은 2000년대부터였다. KTX 승무원들의 정규직 전환에 반대하던 대학생은 건보공단 직고용 반대 1인 시위를 벌이는 공무원, 성과급 분배에 불만을 토로하는 직장인이 됐다.

기득권층이 인맥과 학맥을 무기로 철옹성을 구축한 것에 비하면 차라리 시험이 공정하다는 심정은 이해할 수 있다. 조국 사태와 같은 엘리트층의 반칙을 보고 난 후 불공정에 대한 분노가 거세진 것도 알 만하다. 그러나 고3 성적에 기반한 대학 간판을 평생의 자격으로 신분화하는 것은 진짜 능력주의조차 아니다. 상위권 대학으로의 편입을 '신분 세탁'으로 비난하고, 정규직 전환에 반대하며 남의 사다리를 걷어차고, 저학력 또는 저소득 근로자를 게으른 무능력자로 무시하는 것에 당당한 지경에 이르면 이건 공정을 가장한 차별, 차별을 정당화하기 위한 능력주의에 불과하다.

유독 청년 취업과 관련해 공정 담론이 불붙는 것을 보면 진짜 문제는 좋은 일자리가 턱없이 부족한 현실에 있다. 양질의 일자리는 적고 임금소득만으로 자산을 축적하기는 어려워지면서 팍팍한 경쟁의식이 젊은 세대에 확산됐을 것이다. 정규직과 비정규직 간, 대기업과 중소기업 간 격차가 크게 벌어진 탓에 약 10%에 불과한 대기업 정규직 취업이 지상 목표가 됐다. 이를 놓고 경쟁하느라 청년들은 대학 순위를 일렬로 줄 세우고 스펙 쌓기에 매진한다. 그렇게 '노오력'해도 기회를 잡기 어려우니 '새치기'에 민감하고 공정에 목소리를 높인다.

공정과 능력주의 담론의 바탕에 깔린 각자도생의 신념이 나는 두렵다. 여기엔 공동체, 공감, 연대가 깃들 틈이 없다. 정규직 전환이나 남북단일팀을 반대하는 것부터 전장연 시위를 비난하고 이태원 참사를 조롱하는 것에 이르기까지 광범위한 이슈에서 나는 모든 게 개인의 책임이라는 '누칼협'(누가 칼들고 협박함?) 정서를 읽는다. 시험쳐서 들어오지 그랬어, 누가 놀러가라고 등 떠밀었어, 같은 무수한 누칼협의 변주다. 또한 사회학자 김학준이 말한 '평범 내러티브'를 발견한다. 자신의 고통과 우월함을 평범함으로 은폐·축소하는 평범 내러티브는 김학준이 꼽은 일베의 특징 중 하나로, "고통이 인정되지 않는 사회가 만들어낸 결과"이자 타인의 고통까지도 "너는 왜 떼를 쓰느냐는 식의 억압을 정당화하는 기제"(『보통 일베들의 시대』)다. 너만 열심히 살지 않았어, 나도 힘들어, 같은 것이다. 나의 고통을 위로받지 못하고 남의 고통을 억압하는 이 정서는 이제 일베만이 아니라 상당수 청년들의 것이다. 여기선 구조적 문제를 보지 않고 연대해서 해결하는 방식을 상상하지 않는다. 국가에 개입을 요구하지 않고 오직 각자도생을 맹세한다. 이런 공동체의 미래는 암담하다. 기성세대로서 책임을 절감한다.

그렇기에 정치가 왜곡된 인식 그대로의 '공정 경쟁'을 내세워서는 청년들을 구할 수 없다. 인사 불공정을 비난하며 분노한 청년들을 자극하고 동원할 게 아니라, 일자리·소득·자산의 양극화라는 진짜 문제를 해결해야 한다. 노력을 정확히 측정해 보상을 차등화하겠다고 큰소리 칠 게 아니라, 정규직과 비정규직 간, 대기업과 중소기업 간 격차를 줄이는 게 정치가 해야 할 일이다. 자신이 공정의 화신이자 청년의 대변자라고 선동하는 쉬운 일보다, 노동환경과 복지 그리고 산업구조를 고민하는 더 어려운 일을 해야 한다. 정치권이 더 귀 기울여야 할 대상은 경쟁의 링에 올라 목청 높여 공정을 요구하는 청년들보다 링 밖에서 목소리조차 내지 못하는 빈곤·저학력 청년들이다. 언론은 대나무 숲에 쏟아낸 한탄을 기사화해서 진짜 문제를 은폐해서는 안 된다.

나는 25세 청년이 언제든 1급 비서관이 되는 것을 보고 싶다. 수능 시험을 잘 못 쳐도 대학에 진학할 다양한 기회가 있기를 바란다. 지방대·고졸 출신도 존중받으며 일하는 노동환경을 꿈꾼다. 각자 다른 능력을 가진 이들이 우리 공동체에 다양하게 기여한 것으로서 인정받는 세상이라면 좋겠다. 그때 공정은 정규직화 반대, 할당제 폐지, 박성민 논란과는 전혀 다른 의미로 다가올 것이다. 김학준은 사회운동을 가능케 했던 공적인 분노가 사라진 시대라고 했지만 연대함으로써 사회를 변화시킬 수 있다는 희망을 나는 버리지 않았다. 그런 사회는 우리가 만드는 것이다. 우리는 이 길을 선택할 수 있다.

이미 도래한 포퓰리즘

퍼주기, 선심성 정책을 가리키는 포퓰리즘이란 단어는 잘못 쓰이고 있다. 포퓰리즘의 정확한 의미는 대중·인민에 최고의 가치를 두고 그들에게 호소하는 정치라는 뜻이다. 대중에 호소하는 정치나 대중에 영합하는 퍼주기나 그게 그거 아니냐고 할지 모른다. 그러나 이 단어의 오용은 중대한 문제를 낳는다. 포퓰리즘의 위험성은 재정 적자가 아니라 나치즘 같은 극단주의라는 것을 드러내지 못한다. 포퓰리즘 정치가 득세하는 21세기 세계의 흐름을 직시하기 어렵게 한다. 내가 용어에 천착하는 것은 이 위험을 경고하고 싶어서다. 위태한 포퓰리즘은 우리나라에도 이미 도래했다.

정치학자들은 포퓰리즘을 민중주의, 대중주의, 인민주의로 번역한다. 퍼주기를 의미하는 단어는 포퓰러리즘, 우리 말로 대중인기영합주의다. 두 용어가 관련이 있고 혼재해 쓰이지만, 포퓰리즘의 핵심은 선한 대중과 부패한 엘리트라는 이분법에 있다. 흔히 정치 신인이 기성 정치, 주류 엘리트 전반을 부패하고 무능하다고 몰아 혐오와 냉소를 부추기면서 자신은 국민을 대변한다고 주장할 때 그를 포퓰리스트로 볼 수 있다. 민주주의는 본질적으로 대중에 호소하는 것이지만, 포퓰리스트는 불만을 가진 세력을 동원해 지지 기반으로 삼는다. 그 과정에서 자극적인 선전, 선동을 활용한다.

도널드 트럼프 미 대통령 당선자가 전형이다. 정계의 비주류였던 그는 신자유주의와 세계화의 흐름에서 일자리를 위협받고 복지제도에서 소외된 백인 블루칼라 집단을 공략했다. 자동차, 철강 산업 중심지인 러스트벨트 지역과 노동자 계층은 전통적으로 민주당 지지층이었으나 민주당이 자신들을 대변하지 않는다는 불만이 팽배했다. 이들이 소수자를 공격하고 미국을 위대하게 만들겠다는 트럼프 지지로 넘어가면서 트럼프는 2016년과 2024년 대선에서 당선됐다.

독일 나치즘은 먼 과거의 극단적 사례라고 생각하겠지만 포퓰리즘의 집권 성공 사례로 빼놓을 수 없다. 알다시피 나치 정당은 합법적으로 정권을 잡았다. 독일이 제1차 세계대전에 패전해 전쟁보상금에 짓눌리고 1930년대 대공황이 덮쳐 빈곤층, 노동자 계층의 고통이 극심했던 때, 그들의 불만에 호소해 지지를 끌어낸 것이 히틀러였다. 그는 경제를 회복시키고 군사력을 재건해 강한 독일을 만들겠다고 선동했다. 그리고 지금 독일, 프랑스, 이탈리아 등 유럽 각지에서 극우 포퓰리즘 정당들이 반(反)이민 정서와 결합해 부흥하고 있다. 많은 이들이 우려하지만 극우 정당의 기세는 꺾이지 않고 있다.

우리나라의 포퓰리스트는 누구인가. 기본소득, 민생회복지원금 등을 주창해 온 이재명 더불어민주당 대표를 흔히 포퓰리스트라고 비판한다. 정확히 말하면 이것은 포퓰러리즘이다. 포퓰리스트 정치인에 가장 가까운 것은 오히려 이준석 개혁신당 의원이다. 하상응 서강대 정치외교학과 교수는 "포퓰리즘 정치는 기성 정치에 불평불만을 가진 대중이 그 불만을 '국민의 의견'으로 착각해 이에 기반한 정체성을 구성하고 배타적 행동을 보이며 자신들의 요구를 정책화할 신예 정치인을 찾았을 때 등장한다"며 "포퓰리스트로 의심되는 건 이준석"이라고 했다. 군복무, 정치와 사법, 연애시장에서 소외됐다고 느껴온 일부 젊은 남성, 소위 이대남 집단은 이준석이 자신들의 불만을 해소해 줄 것이라 믿으며 정치세력화했다. 이준석은 정치 신인은 아니었지만 비주류로서 기성 정치인들을 싸잡아 무능하고 위선적인 기득권 세력으로 몰아 차별화했고, 반페미니즘과 약자 혐오를 선동 도구로 썼다.

진지하게 따져봐야 할 건 포퓰리스트들이 지지층의 불만을 정말로 해결하느냐는 점이다. 그런 포퓰리즘이라면 뭐가 문제랴. 트럼프가 백인 노동자의 처지를 개선하고 이준석이 20대 남자들의 어려움을 해결한다면 말이다. 하지만 여성가족부를 해체하고 집게손 디자인을 말살한다고 해서 남자들의 군복무가 개선되거나 좋은 일자리가 늘어나지 않는다. 이대남 집단이 페미니즘 때문에 피해를 보고 있다고 생각하는 인식 자체가 허구적이니, 반페미니즘으로 해결할 게 없는 건 당연하다. 그러나 불만 많은 남자들의 억울함을 달래주고 통쾌함을 안겨주는 정서적 효능이 있다. 자신을 대변하는 정치인이 등장했다는 것만으로도 정치효능감을 느낀다. 미국의 백인 노동자들이, "나는 당신의 대변자다"라고 외치고 이민자를 원흉으로 비난하는 트럼프에게 환호했던 것과 마찬가지다.

포퓰리스트는 진짜 불만을 해결하는 대신 비난을 쏟을 가짜 적을 내세운다. 정치는 더 많은 이들의 합의를 모아 차선책을 찾아가는 과정이건만, 포퓰리스트와 지지자들은 공동체 일부를 적으로 만들고 배제해서 불만을 해소하려 한다. 나치는 처음에 공산주의자와 정치범을 적으로 삼아 격리했고 범죄자, 부랑자, 집시, 동성애자에 이어 유대인을 공격 대상으로 삼았다. 포퓰리즘은 그렇게 민주주의를 망치고 공동체를 깨뜨린다. 이것이 포퓰리즘의 해악이다. 퍼주기보다 위험하다.

이대남 불만의 진짜 원인을 찾으려면 애꿎은 페미니즘이 아니라 경쟁이 치열하고 양극화가 심해지는 현실을 봐야 한다. 처벌처럼 간주되는 군복무의 개선책을 고민해야 한다. 연애시장에서의 좌절을 이해해야 한다. 성비(여성인구에 대한 남성인구 비)는 출생 때 105 안팎에서 성인이 되면 100에 가까워지다가 중년을 지나며 100 아래로 떨어지는 게 통상적인 패턴인데, 2020년 기준 한국의 성비는 20~24세에서 109.7, 25~29세 112.7, 30~34세 108.7로 비정상적 남초다. 부모 세대의 성차별적 태아 선별이 아들들의 연애와 결혼을 어렵게 했고 좌절한 아들들이 여성혐오에 빠지는 아이러니한 악순환이다.

좋은 일자리, 자산 형성, 결혼과 연애를 놓고 경쟁이 과열된 오늘날 헬조선의 현실에, 청년층의 좌절과 불만에 기성 정치는 응답하지 않았다. 『한국, 남자』의 저자 최태섭은 "20대 청년의 불안, 불만은 사실 10년 전부터 나온 이야기다. N포 세대, 88만 원 세대라는 용어가 나온 게 2000년대 후반"인데 "(원인에 대한) 논쟁이 흐지부지되고 아무것도 해결되지 않은 결과가 지금의 상황"이라고 말했다. 이 정치 공백에서 안티페미니즘과 혐오라는 가짜 해법으로 청년층을 낚아챈 것이 이준석의 나쁜 정치였다.

포퓰리즘은 민주주의의 오작동이다. 정치가 실재하는 불만을 해결하지 못할 때, 설득하고 타협해서 공동체를 통합하지 못할 때, 포퓰리즘이 그 틈을 비집고 들어온다. 미국 정당들이 백인 노동자 계층의 불만을 간과했을 때 트럼프는 부상했다. 유럽의 정당들이 이민자에 대한 불안, 물가고에 적절히 반응하지 못하는 사이 극우 포퓰리즘 정당이 득세하고 있다. 기성 정당들이 이대남의 불만을 알아차리지 못했기에 여성혐오의 포퓰리즘 정치가 한국 사회에 도래했다. 정치인들은 이대남 표를 가져오겠다고 이준석 정치를 뒤따를 때가 아니다. 방치된 불만의 위험을 걱정해야 한다. 정치가 제 역할을 못 할 때 극단적 포퓰리스트가 집권할 날이 올 수 있다.

마리화나 합법화가 우리에게 던지는 질문 ————————

뉴 암스테르담 카페. 작명은 적확하다. 이미 1970년대에 대마(마리화나)를 비범죄화하고, 2001년 동성혼을, 2002년 안락사를 합법화하며 호모사피엔스의 관습을 바꿔나간 네덜란드. 유럽 프로그레시브의 수도가 암스테르담이라면, 신대륙의 뉴 암스테르담은 마땅히 캐나다 밴쿠버여야 한다. 2018년 10월 17일 세계 두번째(처음은 우루과이)로 마리화나를 전면 합법화한 나라, 그중에서도 지난 100년간 마리화나 금지와 그에 대한 저항의 중심이었던 밴쿠버에서, 손꼽히는 마리화나 흡연 카페는 이 이름을 가졌다.

'북미 최고의 마리화나 흡연 카페'를 자처하는 뉴 암스테르담 카페를 마리화나가 합법화된 지 한 달쯤 지난 평일 오후에 갔었다. 손님들은 카페 1층에서 흡연 용품을 사가거나 커피를 주문해 지하층으로 내려갔다. 베이퍼 바(Vapor Bar)로 불리는 지하층에는 열댓 명이

유리 물담뱃대를 공유하거나 종이에 말아 마리화나를 피웠다. 팝아트와 그래피티로 장식된 힙한 분위기에서 사람들은 마리화나와 함께 커피나 샌드위치, 머핀 등을 먹으면서 삼삼오오 담소를 나누거나, 노트북 컴퓨터를 펴놓고 할 일을 했다. 특유의 마리화나 냄새와 자욱한 연기만 빼면, 스타벅스의 오후 풍경과 다를 게 없다. 젊은 층이 다수였지만 중노년층도 눈에 띄었다.

이런 마리화나 라운지는 밴쿠버의 명소가 된 지 오래다. 마리화나가 합법화되기 한참 전인 2000년부터 뉴 암스테르담 카페는 단골에게 쿠폰 적립까지 해주며 번창했다. 점원은 "1층 카페에선 평일은 오후 5시부터 마리화나를 피울 수 있고, 지하 바는 입장료 5달러를 내면 아무 때나 이용할 수 있다"고 설명했다. 이 역시 합법화 이전부터 운영돼 온 방식이다. 《뉴욕타임스》에 따르면 밴쿠버시에는 스타벅스(50개)보다 2배나 많은 불법 마리화나 판매점이 있다.

캐나다는 마리화나에 익숙하고 관대하다. 캐나다 통계청에 따르면 1년 동안 마리화나를 사용한 경험이 있는 15세 이상 비율이 합법화 전인 2017년 15%였고 2021년에는 22%로 늘었다. 특히 마리화나 합법화를 공약으로 내건 쥐스탱 트뤼도 총리가 취임한 2015년 이후 마리화나는 본격적으로 양지로 나왔다. 요식업협회인 '레스토랑 캐나다'는 마리화나 식품 세미나를 열었고, 대학들은 마리화나 사업, 투자, 유통, 재배 등에 대한 강의를 개설했다. 마리화나 라운지에서는 대마 재배법, 대마 크림 제조법 강좌가 열리고, 마리화나 관광 상품을 판매하는 여행사가 생겼다.

"소비자 입장에서 크게 달라진 건 없어 보인다. 한동안 블랙마켓이 성행할 것이다. 그러나 벌써 20종쯤 되는 제품이 나오기 시작한 걸 보라. 5년 전만 해도 그냥 마리화나였는데. 선택의 폭이 넓어진 점은 분명 합법화의 효과다. 앞으로 연구도 활발해질 것이다. 마리화나의 작용이나 해악에 대해 잘 알게 될 것이다." 미국 출생으로 캐나다 국적을 취득해 밴쿠버에 거주하는 메리 줄코프스키는 마리화나 신봉자였다. 그가 마리화나를 즐기는 이유는 셀 수 없이 많았다. "대마 종류에 따라 효과가 다른데, 어떤 것은 에너지를 넘치게 하고, 사회성을 좋게 해 모르는 사람들과도 대화를 잘하게 해준다. 요가할 때 긴장을 완화하고 유연해지도록 하기도 한다. 마음을 평온하게 해주고, 잠도 더 잘 자게 한다. 마리화나 사용은 단순히 개인적 취향일 뿐이다."

지방, 보수층, 노년층, 10대 자녀를 둔 부모들은 반대가 많지만 밴쿠버 시민들은 합법화에 예상 밖으로 호의적이다. 밴쿠버 중앙도서관에서 만난 한 중년 남성은 "합법화는 좋은 것"이라고 즉답했다. "더 이상 숨을 이유가 없으니까. 마리화나 합법화는 알코올 규제와 같은 것이다. 불법화하면 오히려 범죄가 될 것이다." 흡연도, 육식도 하지 않는 키요미 오카베는 "10대의 마리화나 흡연에 대한 우려가 있는 건 사실"이라면서도 "고등학생들이 불법이어도 어떻게든 마리화나를 하는 상황에선 합법화하는 게 오히려 안전할 수 있다"고 말했다.

마리화나 사용은 술과 담배처럼 개인 선택의 문제라는 주장에는 분명 코카인과는 다른 '약한 마약'이라는 전제가 깔려 있다. 하지만 술과 담배가 합법이라고 해서, 또 하나의 마약을 합법화하는 것이 정당할 수는 없다. 캐나다가 왜 이런 이상한 결정을 내린 것인지, 합법화가 시행된 날 자정에 사람들은 왜 그렇게 환호성을 터뜨리며 열광했는지 이해하기는 쉽지 않다. 밴쿠버에는 더 이상한 것도 있다. 보건당국의 관리 하에 마약을 주사하는 공간이다. 마리화나보다 강한 마약들이다. 아니, 정부가 마약을 단속하는 게 아니라 이용을 돕는다고? 굳이 합법화한다고? 도대체 왜? 마리화나 라운지로, 토론회로, 시민들로 이끈 것이 이 의문이었다.

트뤼도도 처음부터 합법화(Legalization)를 주장했던 건 아니다. 그저 처벌대상에서 제외하는 비범죄화(Decriminalization)를 염두에 뒀다. 네덜란드 방식에 가깝다. 그 생각을 바꿔놓은 이는 마리화나 합법화 운동가 켈리 쿨터다. 그는 2018년 11월 15일 뉴욕타임스 주최로 밴쿠버 중앙도서관에서 열린 '대마 토론회'에 패널로 참석해 그 뒷이야기를 밝혔다. "2012년 마리화나 합법화 운동가 수백 명이 모인 대회가 열렸는데, 트뤼도는 합법화에 전혀 찬성하지 않는 입장이었다. 그는 몬트리올의 한 국회의원이었지만 스타 정치인이었다. 몇몇 운동가들이 아주 심각해졌다. 미래의 당대표가 비범죄화에 사로잡혀 있다니. 우리는 재빨리 움직였다. 운 좋게도 트뤼도와 면담을 잡을 수 있었다. 나는 이렇게 말했다. '이건 금주법과 같은 거다. 만약 술이 처벌대상에서 제외되기만 했다면 알 카포네(미국 금주법 시행 당시 주류 밀거래로 큰 돈을 번 마피아)는 엄청 좋아했을 것이다. 합법화해야 범죄

조직으로부터 자금을 빼낼 수 있다.' 정치적으로 아주 설득력 있는 전략이었다."

합법화는 수조 원대 시장을 정부가 직접 통제하게 한다. 잘만 하면 막대한 세수가 확보된다. 이 점은 트뤼도 정부의 주요한 홍보 포인트이기도 했다. 실제로 이를 찬성의 이유로 꼽는 이들이 많았다. 밴쿠버 시민 록산 헤이커트는 "마리화나를 이용하지 않지만 합법화는 찬성한다"고 말했다. "어차피 사람들은 수십 년 동안 마리화나를 했다. 그렇다면 그 막대한 수익을 범죄조직에게 안겨주기보다 정부가 관리하는 게 낫지 않을까? 너무 로맨틱한 생각인지 모르지만 그 돈이 홈리스나 싱글맘들을 돕는 데 쓰인다면 좋은 일일 것이다."

1990년대 에이즈 치료제의 부작용에 시달리던 환자들에게 의료용 마리화나를 배달하는 일을 시작한 힐러리 블랙은 1997년 캐나다 최초의 의료용 마리화나 회사인 '캐네디언 컴패션 소사이어티'를 창설했다. 그는 "경찰이 총구를 머리에 겨누는" 경험도 했고, 일군의 지지자들로부터 "만약 경찰이 너를 체포하려고 하면 우리가 사슬을 묶든지, 단식투쟁이라도 할게!"라는 응원을 받기도 했다. 그에게 마리화나 합법화는 마리화나 산업화, 범죄수익 근절 이상의 의미다. 그는 대마 토론회에서 "마리화나 합법화는 인권의 문제이고 사회 정의의 문제"라며 목소리를 높였다. "'마약과의 전쟁'(War on Drugs)이 얼마나 끔찍한 결과를 초래했는지 잊었나? 지난 8월 말레이시아에서 의료용 마리화나를 환자에게 제공한 사람이 사형 선고를 받았다. 미국의 47세 남성은 마리화나 2대 분량을 소지했다는 이유로 감옥에서 13

년째 복역 중이다. 이제 선진국 연방정부가 마리화나 금지를 종식시키는 것은 바로 이 전쟁을 종식시키는 시작점인 것이다."

여기엔 역사적 이해가 필요하다. '마약과의 전쟁'이란, 처벌 강화와 엄격한 법 집행으로 요약되는 정부의 마약 퇴치 사업이다. 1971년 미 닉슨 대통령이 처음 발의했던 것을, 1986년 캐나다 벌로니 총리(미국에선 레이건 대통령)가 되살려 정치 이슈화했다. 하지만 블랙이 지적한 대로 전과자를 양산해 경력을 망치고 과도한 처벌로 인권 논란을 일으켰다. 또 실질적으로 마약 중독을 치료하거나 해악을 줄이기 위한 사회보건서비스와 공공 교육은 외면하는 결과를 낳았다. 빅토리아대에서 마약 관련 법·정책을 가르치는 수잔 보이드 교수는 마약 단속의 역사를 다룬 저서 『버스티드(Busted)』에서 "(마약 사용자들의 감염을 막기 위해) 주사기를 무료로 나눠주던 일을 불법으로 지정해 금지한 이후 오히려 에이즈 감염률이 높아진 것처럼, 마약 금지가 오히려 상황을 악화시키는 꼴이었다"며 "마약 범죄화는 수십억 달러짜리 실패한 실험"이라고 썼다.

마리화나를 피워도 사회생활이 가능하도록, 마약을 해도 죽을 병에 걸리지 않도록, 시민으로서 권리를 차별 없이 누리도록 돕는 일은 민간에서 자발적으로 이뤄졌다. 자구와 저항의 역사는 1969년 토론토대, 요크대의 학생·교수 5,500명의 마리화나 합법화 청원 이래 50년 가까이 이어졌다. 1997년엔 밴쿠버마약사용자단체(VANDU)가 발족해, 감염 등으로부터 보다 안전한 마약 주사 공간을 제공하기에 이르렀다. 보건당국의 관리를 받는 마약 주사 공간

인 인사이트가 2003년 생겼고 이를 폐지하려 한 보수정권의 시도
는 2007년 위헌 판결을 받았다. 경찰의 곤봉과 전과기록을 무릅쓰
고 이런 운동을 벌여온 이들에게, 2018년 마리화나 합법화는 그래
서 승리의 역사다. 자부심의 이유다. "우리는 믿기 어려운 엄청난 성
공을 막 이뤄냈다. 지금은 그 많은 운동과 로비, 그 모든 피와 땀, 눈
물에 대해 축하할 시간이다. 나는 이 나라가 너무나 자랑스럽다. 우
리는 용감하고 대단한 일을 해낸 거다!"(힐러리 블랙)

　마리화나 합법화는 약에 취할 권리를 주장하는 악마의 속삭임이
아니었다. 마약 중독자에 찍힌 낙인을 제거함으로써 마약에 대한
논의를 공론화하자는 것이었다. 공공연하고 편견 없는 논의를 바탕
으로 마약의 위험으로부터 보다 안전한 사회, 마약 이용자들도 차
별받지 않는 사회를 만들자는 것이었다.

　캐나다가 걸어온 길은 그렇다 해도, 마약 중독자를 차별하지 않을
이유가 있느냐고 직설적으로 반문할지 모른다. 과연 우리가 존중하
고 보호해야 할 대상은 누구까지일까. 이것이 바로 캐나다의 실험
이 한국 사회에 던지는 질문이다.

　2004년 우리나라에서 일부 문화예술인 중심으로 마리화나 합
법화 운동이 일었을 때 가수 고(故) 신해철은 YTN과의 인터뷰에서
"(마리화나 금지의 문제는) 연예인들의 활동을 금지시키고 목숨줄을 끊어
놓는 압박도 있지만, 더 심각한 문제는 연예인들의 인격을 모독하
고 인간쓰레기를 만든다는 것이다. 사람을 그렇게 추악한 모습으로
만드는 것에 분개한다"고 말했다. 군사정권은 마리화나 흡연자에게

'인간쓰레기' 낙인을 찍어 사회구성원으로서 똑같이 대우받을 권리를 박탈했다. 지금도 마약사범은 하찮게 대해도 된다는 인식이 별반 바뀌지 않았다. 그러나 과거 캐나다에서 그랬듯이 처벌 자체가 중독을 치료하거나 해악을 줄여주지는 않는다. 마리화나 합법화·비범죄화는 이런 실질적인 논의가 가능토록 낙인을 제거하자는 것이지만, 그 자체가 불결하게 취급된다. "그래서 마약을 하라는 거냐"는 반박은 토론을 시작부터 가로막는다.

사형 집행이 논란이 되고, 범죄자라도 이름과 얼굴을 가려줄 만큼 인권이 확장된 21세기에도, 이 같은 낙인과 차별은 무수하다. 학생인권조례가 '임신, 출산, 성적 지향, 성별정체성 등에 의해 차별받지 않을 권리'를 담았을 때, "10대에게 임신과 동성애를 부추기는 거냐"는 항의가 불같이 일었고 채 진화되지 않았다. 출산율 제고를 위해 그토록 많은 예산을 쏟아부으면서도, 미혼모의 출산에 대한 지원은 오래도록 외면됐다. 하지만 생계와 육아의 덫에 빠진 미혼모가 아이를 키울 수 있도록 세금을 투입하면 안 되는 걸까? 임신한 10대가 학교 교육을 받으면서 아이를 낳을 수 있도록 정부가 도우면 안 되는 걸까? 마리화나 흡연자가 차별받지 않을 권리를 고민하는 것은, 미혼모가, 동성애자가, 임신한 10대가 존중받고 보호받을 권리에 대한 고민으로 확장 가능하다. 어떤 것이 우리가 보장할 인권에 속하는가, 우리는 어디까지 인정할 수 있는가. 한국 사회는 이런 질문에 직면해 있다.

반세기의 논쟁 끝에 마리화나 합법화에 다다른 캐나다의 길과, 마리화나 사용이 아직은 소수인 우리의 길은 다를 수 있다. 다만 논의의 과정은 분명 우리 사회의 포용력을 시험한다. "(합법화가) 언제 이뤄질 것인가가 (중요한) 문제가 아니다. 문제가 끊임없이 발생하고 존재하는 한, 끊임없이 싸우고 관심을 갖고 이야기를 하는 것이 중요하다. 문제를 제기하고, 서로 화내지 않고, 의견이 다르니까 너는 바보라고 말하지 않고 이야기를 할 수 있는 사회라면 이미 절반은 달성된 것 아닐까." 신해철의 말은 지금도 유효하고 의미심장하다.

"캐나다에서 좋은 마약, 나쁜 마약의 개념은 고정불변의 것이 아니었다. 수십 년 간 사회적으로 용인되다가, 범죄가 되었다. 우리의 생각은 우리가 살고 있는 시대에 의해 규정된다." 보이드의 글에서 '마약'의 자리에 들어갈 수 있는 단어는 많다. 어떤 종교를, 인종을, 국적을, 출산을, 성정체성을, 가족의 자격을, 우리는 받아들이거나 거부한다. 이 자리에 어떤 단어를 놓을 것인가. 이것이 우리 사회의 한계를 규정할 것이다.

성범죄 조장 국가, 대한민국

코로나 팬데믹 시기 우리나라가 K-방역 성과로 자긍심을 높이던 한편에 '성범죄자를 빼돌린 국가'로 국제 망신을 산 일이 있었다. 주 ㈜뉴질랜드 대사관에서 일하던 외교관이 성추행 혐의로 2019년 7월 현지에서 고소당해 2020년 2월 체포영장이 발부됐는데, 상관인 대사와 외교부는 해당 외교관을 다른 나라로 발령 낸 뒤 '개인이 결정할 일'이라며 뉴질랜드 측의 수사협조 요청을 모른 체했다. 이 일은 2020년 7월 저신다 아던 뉴질랜드 총리가 문재인 대통령과 통화하며 언급하는 바람에 알려졌다.

오죽했으면 정상이 나섰을까 싶은데, 그러고도 문제가 해결되지 않았다. 양국은 범죄인 인도 절차를 둘러싸고 이견을 보이다 2020년 12월 뉴질랜드 경찰이 포기하며 수사를 접었다. 그러다 성추행 피해자가 2022년 말 한국에 입국해 서울경찰청에 고소하고서야 한국에서 수사가 시작됐다. 성추행 외교관은 결국 2024년 8월 강제추행 혐의에 대해 징역 2년, 집행유예 3년의 1심 유죄판결을 받았다.

성범죄자 감싸기로는 사법부를 능가할 곳이 없다. 세계 최대 아동 성착취물 다크웹 운영자 손정우를 인도해 달라는 미국 법무부의 요구를, 한국 경찰이 할 계획도 없는 "회원들에 대한 철저하고 발본색원적인 수사"를 이유로 거절한 게 한국의 판사다. 2~4세 유아와 6개월 영아에게까지 성폭행, 폭행, 신체훼손을 가하는 영상으로 악명 높은 '웰컴 투 비디오' 운영자, 성착취 영상을 찾는 128만 명 회원들로부터 415비트코인의 수익을 거둔 반인륜적 범죄자, 32개국 수사기관이 공조해 공범 300여 명을 체포하고 23명의 아동을 구출해 낸 국제 범죄의 주범, 그 손정우를 고작 징역 1년 6개월(1심은 심지어 집행유예였다)로 처벌한 게 한국의 법원이다. 영상을 다운받은 회원에게 징역 5~15년형을 선고한 미국 법원과 대조적으로 한국 법원은 수백 명 한국인 회원 중 영상 수백~수천 건을 소지한 소수에게 벌금형을 내린 게 가장 무거운 처벌이었다. 이런데도 손정우를 한국에서 처벌하는 게 성범죄 발본색원이나 정의 구현과 무슨 상관이 있다는 건지 이해할 수가 없다. '사법부도 공범이다'라는 구호는 비유적 수사가 아니다.

가해자가 유력 정치인쯤 되면 그 조력자들은 가해자를 감싸는 정도가 아니라 피해자를 괴롭히고 사실을 와해하기를 서슴지 않는다. 안희정 전 충남도지사의 성폭력 폭로 후 김지은 전 수행비서에게 쏟아진 불륜이라는 의심, 안희정을 망가뜨렸다는 비난은 끈질겼다.

김지은을 도왔던 문상철 전 비서관마저 다시는 일자리를 구하지 못했다. 고 박원순 서울시장이 목숨을 끊어 처벌이나 진상 조사조차 어려웠던 성희롱 피해자 김잔디(가명) 전 비서는 더 불운했다. 박원순을 고발하기 전 서울시 공무원 20명에게 피해를 호소하고도 묵살당했던 김잔디는 박원순 사망 후 되레 가해자로 몰렸다. 정철승 변호사는 SNS에 피해자 신상을 공개하며 물증이 없다고 주장해 공격의 신호탄을 쐈고, 손병관《오마이뉴스》기자는 피해자다움에 의문을 제기하는 책을 썼다. 박원순 유족들은 국가인권위의 성희롱 결론을 부정하는 권고 취소 소송을 냈다가 패소했다. 이쯤 되면 조직적 방조, 은폐, 협박이라 할 만하다.

현지 경찰의 체포영장 앞에서도 꿋꿋한 외교관들의 저 뜨거운 동료애를 보라. 피해자 아닌 가해자만 자국민으로 보호하는 판사들은 어떤가. 피해자 압박에 나선 권력자 주변인들의 굳은 충성심은 어쩔 것인가. 이러니 한국이 성범죄를 조장하고 성범죄자를 감싸는 나라가 아니라 할 수 있을까. 극단원들의 침묵과 방조 속에 십수 년간 지탱된 연극연출가 이윤택의 '성범죄 왕국'과 본질적으로 다르지 않다.

많은 남성들은 선량한 남자들을 왜 잠재적 범죄자 취급을 하느냐며 억울해할 수 있다. 끔찍한 성범죄에 분노하는 남자들이 물론 많다. 그러면 위 사건의 방조자들은 선량한 남성일까, 사악한 공범일까. 별것도 아닌 일에 과민하게 반응한 거라고, 피해자가 원래 이상한 사람이라고, 그렇게 심한 상황인 줄 몰랐다고, 알았지만 내가 나서기는 힘들었다고 대답할 그들은 아주 평범한, 선량하다고 주장하는, 공범들이다.

성범죄는 구조적이다. 권력 관계에서 발생한다. 범죄자와 가해자는 소수지만 몇몇 악한의 범행으로 끝나지 않는다. 범죄를 감싸고 가볍게 여기는 뿌리깊은 인식과 문화와 제도가 존재한다. 우리 사회는 구애와 성범죄를 혼동한다. 난처함을 모면하려는 피해자의 웃음을 성희롱이 아니라는 증거라 믿는다. 문제제기는 '까칠함'으로 간주한다. 직장 내 성범죄를 고발하려는 피해자는 일자리와 쌓은 경력과 인간관계를 모두 잃을 위험은 물론 내 삶을 통째로 부정당하고 모멸당할 위험을 감수해야 한다. 거절당하고 고발당한 남자의 상처에 쉽게 이입하는 많은 남자들은 피해 여성의 이런 고통에는 무디기 짝이 없다. 뉴스 속 성범죄에는 공분하지만 가해자가 내 친구나 상사라면 면전에서 비난하지 않는다. 증언하거나 피해자 편에서는 '배반'도 드물다.

미 하원의원 알렉산드리아 오카시오-코르테스가 중년 남성 테드 요호 의원으로부터 욕설을 듣고 "욕은 안 했지만 오해했다면 미안하다"는 엉터리 사과를 받은 뒤에 의회에서 한 '시대의 명연설'을 보자. 오카시오-코르테스는 요호 곁에 줄곧 다른 의원이 있었지만 아무것도 안 했음을 환기시키며 말했다. "이것은 일회성 사건이 아니다. 문화다. 문제 삼지 않고 그냥 넘어가는 문화, 여성을 향한 폭력과 폭언을, 이것을 유지시키는 권력구조를, 용인하는 문화다." 그는 진심 없는 사과는 필요 없지만 "의회가 그 말을 사과로 인정하는 것은 두고 볼 수 없다"고 했다.

남성중심주의와 성차별은 어디에나 있고 매일 반복된다. 다수 남성에게 이 문화가 공기처럼 자연스러워 자각하지 못할 뿐이다. 그러니 폭로하고 시위하는 여자들에게 "왜 이제 와서 떠드느냐"고 한다. 성폭력의 0.78%밖에 안 되는 무고(2017~2018년 기소된 피의자 수 기준)가 더 문제라고 한다. 고위직에 오른 극소수 여성을 가리키며 "성차별이 어디 있느냐"고 한다. 내게 이 말들을 했던 지인들처럼 이렇게 생각하는 이들 다수는 선량할 것이다. 오직 선량함만을 가진 그들이 있어서 세상이 바뀌지 않고 있다.

선량한 그들이 좀 까칠해지고, 예민해지고, 배반하기를 소망한다. 방관함으로써 공범이 되지 않기를 바란다. 분위기 망치지 않으려 맞장구치며 웃는 대신 "그런 말 하지 말라"고 정색을 하는 거다. '여자가 꼬리를 쳤네' '뭔가를 노리고 무고를 했네'라며 근거 없는 의심과 비난이 돌 때 "함부로 판단하지 말라"고 선을 긋는 거다. 내 앞가림 한답시고 모른 척하지 말고 상사와 동료의 성희롱을 증언하는 거다. 선량함으로 가장한 비겁함을 극복하고, 남자들의 연대를 버리는 거다. 이 공고한 성범죄 문화는 그래야 무너진다. 당신의 말 한마디가 세상을 바꾼다.

페미니즘을 여자들에게 맡겨두신 분들께 ————————

소설가 한강의 노벨문학상 수상자 선정 소식은 "거대한 파도처럼 축하"(한강)를 몰고 왔다. 그 가운데에 이질적 논란이 불거졌다. 『채식주의자』가 뭐 그리 대단하냐는 폄하, 5·18 광주와 제주 4·3을 다룬 그의 소설이 역사왜곡이라는 공격, 원로 남성 문인이 아닌 한강의 수상은 '번역 덕분'이라는 이의 제기였다.

발표 다음날 조간 신문들이 '한국 작가 첫 수상' '한강의 기적'이라는 감동도 없고 맥락도 안 맞는 제목을 달고, 보통 크기의 사설을 쓴 것에서도 나는 홀대를 느꼈다. 내가 논설위원일 때 노벨화학상 발표 몇 시간 전 현택환 서울대 교수가 유력하다는 풍문이 돈 적이 있다. 내가 사설을 써야 한다는 걸 불현듯 깨닫고 통사설을 쓰겠다 (사설 3개를 합친 크기로 사설 하나를 쓰겠다는 뜻)고 큰소리쳤었다. 그때는 풍문과 큰소리로 끝났지만, 이번에야말로 사설을 통으로, 최소한 2배

크기쯤 써야 했다고 본다. 노벨문학상이 노벨과학상보다 가벼울 리 없다. 나의 뉴스가치 판단과는 차이가 큰 보도가 순전히 촉박한 마감 때문일까 나는 의심했다.

문학평론가 이영준 한국문화원 원장은 외국 대학 수업에서는『채식주의자』의 첫 문단만 읽고도 학생들이 가부장적 폭력성을 감지했던 반면 한국 학생들은 그것을 잘 포착하지 못하더라는 경험을《중앙일보》기고에서 이야기했다. 이것이『채식주의자』가 한국에서 큰 성공을 거두지 못한 이유, 독자들이 불편해한 이유일 것이라 설명했다. 그런 것이다. 한강에 대한 홀대와 폄하는 소수자성에 대한 홀대와 폄하. 가부장제의 폭력성, 페미니즘, 소수자·피해자 포용에 대한 둔감함과 무지함이다.『채식주의자』를 청소년 유해도서로 지목하고 한강을 문화계 블랙리스트에 올린 일만 봐도 한국의 감수성은 세계와 한참 동떨어져 있다.

성차별과 페미니즘은 내(가 관여할, 또는 그만큼 중요한) 문제가 아니라는 인식이 주류 기득권층에 얼마나 강고한지를 나는 강준만 전북대 명예교수를 통해 감지했다. 정확히 말하면 강준만이 나를 지목해서 쓴「[강준만의 직설] 이준석을 악한 취급하는 페미니즘 진영에 드리는 제안」(《UPI뉴스》 2022년 7월 12일)을 읽고서 깨달았다. 그의 칼럼은 내가「[김희원 칼럼] 이준석 징계의 나쁜 유산」(《한국일보》 2022년 7월 9일자)에서 이준석 개혁신당 의원의 성공 요인이 반페미니즘이라는 것을 강준만이 간과했다고 비판한 데 대한 답이었다. 강준만은 페미니즘 진영에 2030 남성을 이해하려 노력하고 이준석을 악한으로 단정 짓지 말라고 제안했다. 그걸 반박하려는 게 아니다. 강준만이 환기한, 내가 주변의 엘리트 중년 남성들을 만나며 숱하게 느꼈던 당혹감을 말하려는 것이다. 나는 이 감정의 정체를 한동안 규정하지 못하다가 그의 글을 읽고 분명하게 파악했다. 나를 당혹케 한 건, 페미니즘은 여자들에게 맡기고 한발 뒤로 빠져 조언이나 하겠다는 방관의 태도였다.

우선, 강준만이 진보·보수도 아닌 페미니즘을 '진영'으로 일컬은 것부터 목에 가시 걸리듯 걸렸다. 처음엔 페미니스트 활동가나 여성단체, 연구자를 가리키는 것으로 이해했다. 그런 의미라면 책 몇 권 읽은 게 전부인 내가 페미니스트라 자처하기는 주저스럽다. 게다가 기자로서 어떤 진영에도 복무하지 않는 걸 철칙으로 삼아왔기에 그가 나를 페미니스트 진영의 일원으로 호명하는 것에 거부감이 일었다. 그러나 강준만이 나의 이준석 비판 글을 포함한 '이준석 저널리즘'을 향해 말한 것을 보면 그는 성평등을 주장하는 모든 이들을 페미니즘 진영으로 일컬은 것으로 해석된다. 살면서 성평등 가치를 추구한다는 의미라면 나는 확실히 페미니스트다. 내가 글을 쓰는 기준은 언제나 공익적 가치였고 페미니즘 또한 그런 인류 보편의 가치라고 믿는다. 그런 의미라면, 누구나 다 페미니스트여야 하는 것 아닌가? 성평등 반대, 또는 성차별주의라는 대의도 있는 것인가? 페미니즘을 보편 가치가 아닌 여성 내지 페미니스트 집단의 목표로 여기는 생각은 도대체 누구의 것인가.

사회부 차장 시절 비정규직 문제를 내 손으로 해결하고야 말겠다는 허튼 생각을 품고 기획 기사들을 쏟아낼 때, 나를 '비정규직 진영'으로 일컬은 사람은 없었다. 나에게 '정규직 고소득 임금노동자가 왜 비정규직 문제에 집중하느냐'고 물은 사람도 없었다. 나는 군대에 간 적이 없고, 군대 갈 아들도 없지만 군내 범죄와 폭력에 대해서도 꾸준히 관심 갖고 써왔다. 호남 사람이나 외국인에 대한 편견과 차별에 비판적이었던 것 또한 내가 '호남 진영', '외국인 진영'이어서는 아니었다. 그저 우리의 자녀 세대, 공동체를 위해 나아갈 방향이라 믿었고, 우리가 함께 분노할 문제라 여겼다. 그런데도 유독 젠더 이슈에 대해서만은 '저널리스트의 일, 공익적 사안'이 아닌 '너네, 페미니스트, 여자의 문제'라는 태도를 나는 숱하게 보고 듣고 겪었다. '페미니즘 진영'은 강준만의 마음에만 있지 않다.

가까웠던 전직 기자 선배를 이준석 돌풍이 불던 즈음 만났다. 그는 "너희 여자들도 좀 전략적으로, 요구만 할 게 아니라 양보도 해야 하지 않느냐"며 군복무 가산점제를 부활시키는 '양보 전략'을 조언했다. 나는 헌법재판소에서 위헌으로 결정 난 것을 어떻게 양보해야 하느냐고 물었다. 위헌심판 소송을 제기한 이들이 여자만이 아니었던 건 아시냐고 했다. 내 말투는 썩 아름답지 않았다. 무수한 사회 문제를 비판하고 개선하려 노력해 온 기자에게, 예전에 함께 기사를 논의하고 승인했던 선배가, 돌연 성평등은 '너희 여자들 문제'라고 하는 것에 배신감이 차올랐기 때문이다. 군 가산점제 위헌 판결에 대해 잘 알지도 못하면서 나온 조언에 누적된 피로감이 폭발한 탓도 있다.

내가 논설위원으로 일했던 당시 주필은 젠더 관련 사설은 내 담당이 아닌데도 무조건 나한테 맡겼다. 그는 "논설위원실에 너밖에 쓸 사람이 없다"고 했다. 나는 몇 번 지시를 따르다가 마침내 거부 선언을 했다. "주필이 이렇게 하면 젠더 문제는 여자(논설위원)만 쓰게 된다. 남자 논설위원은 젠더 이슈를 몰라도 되는 거냐"고 나는 항의했다. 그가 특별히 이상한 사람이 아니다. 세상 만사를 다 취재하고 보도하는 게 기자의 일인데도 젠더 이슈는 기자의 일이 아닌 여자의 일이라는 인식이 기자들에게도 많은 것이다.

현안을 따라잡고 입장을 정리하도록 훈련받은 기자들은 중요한 사회 이슈에 대해 모르는 것을 부끄러워하는 특성이 있다. 그러나 기자들 상당수, 특히 40~50대 중년 남성이 주류인 국장·부장들 상당수는 페미니즘과 젠더 이슈에 무지하고 무관심했고 그 사실을 부끄러워하지 않았다. 올림픽 금메달리스트인 안산 선수 쇼트커트 소동 같은 이슈가 터지면 대응을 못 하거나 여기자들에게 '알아서 쓰라'고 하기 일쑤였다. '안티페미니즘은 사소한 문제니까 쓰지 말라'고 지시한 사례도 들었다. 평소 젠더 이슈를 무시하고 묵살하다가 큰 기사가 되고 선거 쟁점이 되었을 때 제대로 보도하지 못한 언론사들이 상당했다.

물론 나보다 성인지 감수성이 예민한 남자 기자도 많다. 특히 젊은 세대는 그렇다. 잘 모르지만 취재하고 이해하려 노력하는 기자도 있다. 어떤 남자 선배는 내게 '도대체 집게손이 뭐냐' '남성 혐오를 주장하는 단체가 정말 있는 거냐'라며 메갈리아에 대해 물은 적이 있다. 평소 마초적이라는 평을 듣는 선배였지만 나는 그가 진짜 기자라고 생각했다.

이준석이 2021년 이대남 지지를 등에 업고 국민의힘 당대표 후보로 급부상했을 때 나는 국민의힘 내에서 그가 걸러지기를 바랐다. 나는 인터뷰를 빌려 정치인이 남초 커뮤니티에 의존해 여성혐오적 의제를 캐오면 안 된다고 강조했고, 국민의힘이 5·18 광주민주화운동과 세월호 참사 막말에 선을 긋지 못했던 일을 여성혐오로 반복해서는 안 된다고 칼럼에 썼다. 그러나 국민의힘 내에서 그의 안티 페미니즘과 혐오 정치의 위험성을 꿰뚫어 본 이들은 거의 없었다. 경쟁자였던 나경원 당대표 후보가 트럼프식 혐오 정치라고 공격했지만 논쟁을 본격화할 만큼 사안에 밝지 않았다. 그 외에는 "(이 대표의) 도발적인 문제 제기가 의미 없지 않다"(윤희숙)고 두둔하거나 "20대 여성 생각을 들여다보지 못했고 20대 남성 목소리를 경청하지 못했다"(김재섭)는 양비양시론이 나온 정도였다. 페미니즘 논쟁에 참전한 것은 당 밖의 진중권 광운대 교수였다.*

전통 보수 정치인과 지지자들이 이준석 정치의 위험성을 경시했

---

*   2021년 4·7 서울시장 보궐선거에서 오세훈 후보를 지원했던 이준석은 출구조사에서 20,30대 남성 표 72.5%, 63.8%가 오세훈에게 몰린 것이 "민주당이 여성주의 운동에만 올인"한 결과라고 페이스북에 썼다. 이에 대해 진중권이 "질 나쁜 포퓰리즘"이라 비판하면서 페미니즘 논쟁은 시작됐다. 이들은 5월까지 페이스북과 신문 칼럼 기고를 통해 할당제, 군 가산점제, GS25 집게손 포스터 등을 놓고 남성 혐오라고 주장(이준석)하거나 안티페미니즘 선동이라 반박(진중권)하며 설전을 벌였다.

던 건 젠더 문제와 페미니즘 자체에 무관심했기 때문일 것이다. 보수, 진보를 막론하고 중년층 이상에선 대체로 그렇다. 그들은 이준석이 문제 삼은 집게손이 이대남을 결집시키는 치트키라는 사실을 전혀 몰랐을 것이다. 메갈리아의 등장 이후 남초 커뮤니티와 여초 커뮤니티 사이에서 수년째 젠더 전쟁이 치열하다는 사실도 알지 못했을 것이다. 구조적 성차별을 부정하고 20대 남자의 불이익을 강조하며 그 책임을 페미니즘과 여성가족부에 돌리는 이준석의 주장이 남초 커뮤니티에서 오랜 세월 회자되고 강화된 논리인 것도 까맣게 몰랐을 것이다. 미국에서 대안 우파라 불리고 국내에선 일베로 대표되는, 약자 혐오와 능력주의로 뭉친 인터넷 커뮤니티가 정치세력화하고 있는 현장을 생생히 목격하면서도 그 의미와 위험을 그들은 깨닫지 못했다.

누군가에겐 시끄럽게 울리는 경보음이 그들에게 들리지 않는 건 왜일까. 내 경험적 결론은, 몰라도 아무 문제가 없는 이들이어서 그렇다. 알 필요가 없기에 그렇다. 내가 만난 그들은 기자, 교수, 기업 고위 간부들이었다. 나의 선배, 동료, 친구였다. 많이 배우고 번듯한 직장과 높은 사회적 지위를 가진, 50대 이상 중년이었다. 대다수 남성과 소수 여성이었다. 그들은 이준석을 세대 교체의 아이콘으로 치켜세웠지만 일베나 메갈리아를 몰랐고 페미니스트를 '꼴페미'라 불렀다. 다시 말해, 이준석의 약자 혐오로부터 별반 상처받을 게 없는 사회 주류 기득권층은 그 위험에 무관심하고 둔감했다.

혐오 정치의 독성은 약한 이들을 먼저 쓰러뜨린다. 2022년 대선 당시 누군가 인터넷에 띄운 카톡 대화에서 이재명 더불어민주당 후보를 찍겠다는 여성이 '오빠는 심상정 찍을 여유가 있겠지만 나는 그럴 여유가 없어'라고 쓴 것을 보고 마음이 아팠다. 2030 여성표가 이재명에게 몰린(20대 58%, 30대 49.7%, 방송3사 출구조사) 기저에는 현실적인 불안과 분노가 존재한다. 지하철역이든 화장실이든 늘 카메라가 신경 쓰이고, 남자와 헤어지려면 안전을 걱정해야 하고, 성범죄를 당해도 무고 비난과 2차 가해가 두려워 알리기 꺼리고, 불법 촬영물이 뿌리 뽑히지 않아 피해자가 삶을 끊는 그런 현실이, 선거에 따라 더 악화할지 모른다는 기막힌 불안이 여성들에게, 내 딸에게, 나에게 실재한다. 여성들의 삶은 실제로 더 위험해지고 우울해졌다. 페미니스트에 대한 반감이 범죄로 실행되고, 성폭력 대응 예산은 삭감되고, 페미니스트라고 밝히는 게 겁나는 세상이 됐다. 여성의 날에 공직자나 유명인 누구도 축하 메시지를 올리지 않고 눈치 보는 나라가 됐다.

아무 위협도 불안도 느끼지 않는 주류 중년 남성들이, 다른 후보를 선택할 여유조차 없는 젊은 여성들의 절실함에 응답하기를 나는 바란다. 스스로 '페미니즘 진영' 밖에 있다고 생각하는 그들이, 거부감 큰 한강의 소설이 왜 노벨문학상을 받았는지 이해하려 애쓰는 모습을 보고 싶다. 우리 사회에서 가장 큰 발언권을 가진 그들이, 여성가족부 폐지 공약에 "그건 아니다"라고 말해야 한다. 한국 사회의 중추인 그들이, 성평등 요구에 팔짱 끼고 한 발 빠져 '2030 남자들의 요구도 일리가 있다'거나 '페미니스트 너희들이 알아서 잘해 보라'고 구경만 해서는 안 된다.

이 글을 쓰게 만든 강준만은, 사실 페미니즘에 무관심하지 않다. 책도 여러 권 썼다. 알고 보니 그는 위의 칼럼을 쓰고 얼마 후에『엄마도 페미야?』를 펴냈다. 역시 '페미니즘 진영'을 향해 이대남 처지를 이해하고 소통해서 젠더 갈등을 완화할 것을 제언한, 칼럼의 확대판이었다. 몇 년 전『오빠가 허락한 페미니즘』에서 '가부장적 오빠들'을 비판했던 톤과는 달랐다. 그는 칼럼에서 '이준석 저널리즘에 양극화된 시각만 있고 다양하지 않아 문제'라고도 했었다.

화해를 모색하는 그의 주장은 어쩌면 진짜 화해하기 어려운 지점일지 모른다. 20대 남성에 대한 관심과 분석은《시사IN》의 '20대 남자 현상' 기획 시리즈, 책『한국, 남자』, 일베를 비롯한 남초 커뮤니티 연구 논문 등 언론과 학계에 상당하고 페미니스트들이야말로 관심이 많다. 진짜 문제는 논의의 다양성이 부족한 게 아니라, 이준석의 반페미니즘을 걸러내지도 못할 만큼 성평등에 대한 합의가 부재한 것 아닐까. 다양하기만 하고 옳은 방향이 없는 게 문제가 아닐까.

강준만이 어디까지를 다양성으로 인정하는지 궁금하다. 그는 지역감정의 핵심은 호남 차별이라고 못박았었다. 지역갈등 양비론은 족쇄라 했고, 눈물 어린 호소가 아닌 싸움으로 해소해야 한다고 했다. 나 또한 성차별을 젠더 갈등으로 은폐해서는 안 된다고 믿는다. 성차별을 부정하고 안티페미니즘을 주장하는 것에 선 긋지 않는 한 다양성 안에 이준석을 들일 수는 없다.

내가 강준만에게서 느낀 배신감은 DJ의 명에, 호남 차별을 누구보다 강하게 비판했던 그가 이준석의 약자 혐오를 예민하게 보지 않고 '호남 끌어안기'만 높이 평가한 점이었다. 강준만이 그럴 수는 없다. 차별에 대한 반대는 모든 차별에 대한 반대여야 한다. 호남을 식민지 삼아선 안 된다면 여성을 식민지 삼는 성차별 또한 없어야 한다. 그의 대표적 저서『김대중 죽이기』는, 지역·호남·영남 등을 젠더·여자·남자 등으로 치환해 읽으면 주옥 같은 페미니즘 운동서가 된다. 이런 식이다. "특정 성별(지역)에 대한 차별이 존재하는 나라에서 세계화가 다 무슨 공염불인가." "여성(전라도 사람)들은 한을 품고 살아간다." "사회에서 온갖 천한 일은 도맡다시피 하면서 항시 천대만 받고 사는 종족 말이야." "성차별(지역감정)이 별 문제가 되지 않는다고 말하는 사람은 한결같이 비여성(비호남) 사람들이다. 자신들도 본의 아니게 가해자일 수 있다는 생각은 꿈에서도 해본 적이 없는 사람들이다." "그간 여성(호남인)들은 남성(영남인)들의 은전을 구걸해 왔다. 바로 그것이 잘못된 것이다." "설득으로 안 된다면 행동밖엔 없다." "모든 공적 인사에 성(지역)별 쿼터제를 도입하고, 기존 모든 영역에서의 불균형을 바로잡기 위한 이른바 역차별 정책을 과감하게 추진해야 한다." "그런 남성(영남인)들이 나서야 한다. (…) 결국 남성(경상도의) 양심적인 지식인들에게 기댈 수밖에 없는 것이다." 한 줄 한 줄 울컥해서 페이지를 넘길 수가 없다. 상상만 해도 눈물이 난다. 자, 이제 '강준만들'이 나설 때다. '페미니즘 진영'에 제안이나 조언을 할 것이 아니라.

나는 이준석이라는 정치인의 존재보다 이준석 정치의 위험성을 보지 못하는 이들이 많다는 게 더 걱정스럽다. 어느 사회에나 극단은 있다. 문제는 극단이 주류화하는 것이다. 무지와 방관 속에 이대남의 뒤틀린 욕구를 결집시킨 정치인이 부상한 것이 개탄스럽다. 극단에 선 긋는 일에 목소리 큰 양심적 주류 남성들이 합류해야 한다. 내 기득권을 지키려, 무지를 방패삼아, 혐오 정치의 방조자가 되어서는 안 된다. 그래야 모두가 행복한 공동체로 나아갈 수 있다. 성평등을 보편 가치로 삼는 선진 세계의 도도한 흐름에 한국이 합류할 수 있다. 세계의 문학이 된 한강의 소설을 유해소설로 폐기하지 않게 된다. 21세기에 페미니즘은 조개 줍기가 아닌 해일이다. 스스로 페미니즘 진영 밖에 있다고 생각하는 분들, 성평등과 페미니즘을 여자들에게 맡겨두었다고 생각하는 분들께 말씀드린다. 어서 페미니즘 진영 안으로 들어오시라.

제4부

우리는 다른 길을 선택할 수 있기에

이태원 참사에 정부는 없었다. 소설가 박민규가 "세월호는 선박이 침몰한 '사고'이자 국가가 국민을 구조하지 않은 '사건'이다"*라고 썼듯 이태원 참사 역시 정부의 부작위가 빚었다. 용산구청은 사전 인파통제 계획을 세우지 않았다. 서울경찰청은 압사를 경고한 숱한 119 신고에도 기동대를 출동시키지 않았다. 이임재 용산경찰서장은 사고 발생 후 800m 거리를 차로 이동하느라 55분 걸려 현장에 도착했다.

책임자들이 무능해서만은 아니다. 안테나를 권력을 향해 뻗었기에 국민 생명을 위협하는 신호에 둔감했다. 이태원에 배치되지 않은 기동대는 삼각지역 집회·시위에 투입됐다. 현장 시찰을 하지 않은

---

* 박민규, 「눈 먼 자들의 국가」, 『문학동네』, 2014년 가을호

구청 당직자들은 대통령 비판 전단을 수거하러 갔다. 박희영 용산구청장은 권영세 의원에게만 보고하고 인파통제 협조를 구하지 않았다. 구조 변경과 과적으로 세월호를 기울게 만든 것이 선사의 탐욕이었다면 핼러윈 축제를 아비규환으로 밀어 넣은 건 공무원들의 권력 지향 본능이었다. 구조하려 노력한 것은 오직 119 소방구조대였다.

국가가 국민을 구조하지 않은 책임의 추궁은 늘 말단으로, 현장으로 향한다. 고위직이 하지 않은 일에 눈 감고, 말단이 한 일을 처벌하려 든다. 세월호 참사에는 정치적 책임을 지고 정홍원 국무총리와 이주영 해양수산부 장관이 사퇴하고 김석균 해경청장이 조직 해체로 물러났으니 그나마 염치가 있다. 이태원 참사 때 경질되거나 사퇴한 국무위원은 단 한 명도 없다. 이상민 행정안전부 장관도, 한덕수 총리도 자리를 지켰다. 형사처벌은 또 말단을 겨냥했고 그중에서도 제일 황당한 건 소방이었다. 가장 먼저 현장에 달려가 손잡고 끄집어 내고 숨을 불어넣으려 애쓴 이들에게 죽은 목숨을 책임지라니 무슨 일인가.

경찰청 이태원 참사 특별수사본부는 참사 며칠 뒤에 최성범 당시 용산소방서장을 업무상과실치사상 혐의로 입건해 기소 의견으로 검찰에 송치했다. 그의 혐의는 30분 걸려 소방 비상 대응 단계를 2단계로 올린 '늑장대응'과, 가까운 순천향대병원에 사망자를 이송해 중상자 대응에 차질을 빚게 했다는 것 등이다. 현장 접근조차 어려운 상황에 대응 격상 30분 소요가 처벌 대상이라면, 대통령 지시를 재난정보관리시스템으로 전송하는 데에만 39분이 걸린 행안부

상황실은 중형감이겠다. 차량과 인파를 통제해 달라는 수십 차례 소방 측 요청에도 서울경찰청 기동대가 밤 11시 40분에야 온 건 어떤 처벌로도 부족하겠다. 의료기관·영안소를 섭외해 사상자를 적절히 이송하는 것은 용산구와 보건소, 또 서울시와 복지부의 몫이었다. 더 나은 컨트롤타워와 현장 지휘가 간절했지만, 그것을 못 한 것이 최성범의 잘못은 아니다.

처참한 진실은, 119구조대와 재난의료지원팀이 도착했을 즈음 골든타임 4분을 한참 넘긴 압사자가 너무 많았다는 것이다. 112 신고가 쏟아지던 그날 초저녁이 재앙을 막을 마지막 기회였을 것이다. 그래도 구급대원과 시민들은 수십 분씩 심폐소생술을 하고 팔다리를 주물렀다. 2022년 10월 29일 밤 한국에 재난 컨트롤타워는 부재했고 오직 현장만 분주했다.

특수본이 컨트롤타워는 쳐다보지도 못한 채 일선을 겨냥해 무차별 수사를 벌이니 소방에 책임을 묻는 이런 일이 생긴다. "책임이라고 하는 것은 있는 사람한테 딱딱 물어야 하는 것"이라는 윤석열 대통령의 가이드라인에, "대통령실 국정상황실은 재난 컨트롤타워가 아니다"라는 김대기 비서실장의 낯익은* 변명에 부응한 결과다. 이런 수사가 진상을 규명하고 참사 재발을 막을 수 없다. 우리 공동체의 가장 숭고한 직업인에게 상처만 남겼다.

---

* 세월호 참사 당시 김기춘 청와대 비서실장은 "청와대는 재난 컨트롤타워가 아니다"라고 했었다.

소방관은 여느 공무원과 다른 직업정신, 특별한 DNA를 가졌다. 소방관 DNA란 그러니까, 삼풍백화점 붕괴 현장에서 구조작업을 하며 "제발 살아만 있어라, 내 목숨 걸고 구하겠다"고 되뇌는 그런 것이다. 경기 용인시 아파트 지하에서 LPG 가스에 질식된 이에게 자기 산소마스크를 씌워주고 쓰러진 그런 것이다. 미국 9·11 테러 때 사람들이 뛰쳐나오는 세계무역센터 빌딩으로 당연하다는 듯 진입하는 그런 것이다. 이재명 더불어민주당 대표가 간담회를 시작한 지 12초 만에 출동 벨이 울리자 박차고 뛰어나가는 그런 것이다. 휘두를 권한은 없이 오직 불을 끄고 사람을 구하는, 스스로 다치고 정신적 외상을 입을 수 있다는 것을 알면서도 또 구하러 가는, 헌신의 DNA다. 9·11 테러 사망자 약 3,000명 중 330여 명이 소방관인 이유, 가장 존경하고 신뢰하는 직업 1위로 소방관이 흔히 꼽히는 이유다.

이임재 재판에서 증인으로 출석한 김광호 전 서울경찰청장은 "범죄를 해결하는 것이 (경찰의) 일차적인 임무"라며 자신을 "희생양"으로 일컬었다. 판사가 물었다. "경찰관 직무집행법 제2조에 경찰관의 직무에 대한 규정이 1호부터 7호까지 돼 있다. 중요도 순서라고 알고 있는데, 1호가 뭔지 아나?" 김광호가 잊었던, 판사가 일깨운 경찰의 제1임무는 '국민의 생명·신체 및 재산의 보호'다. 소방 또한 화재 진압과 구조·구급으로 국민의 생명을 지킨다. 이 직업적 소명에 소방보다 더 충실한 이들이 있었던가. 강원 고성·속초 산불을 진압하러 전남 해남에서부터 먼 길을 달려온 소방차를 보며 우리는 국가를 실감한다. 검댕이 묻은 채 지쳐 쓰러진 소방관의 모습에서 헌신을 느낀다. "아들이 집에 있다"는 말에 무너지기 직전의 집으로 진입했다가 순직한 소방관들에게서 희생이란 게 무엇인지 깨닫는다.

생명을 구하는 사명감으로 희생을 감수하는 게 소방관이다. 그런 이들에게 피의자 취급은 모욕이다. 소방관·구조대가 더 구하지 못해 형사 처벌한다는 무지막지함은 그들의 헌신을 모멸하는 일이다. 목숨 걸고 목숨을 구하는 이들을 이렇게 대해서는 안 된다.

최성범은 기소를 피했다. 외부 전문가들로 구성된 검찰 수사심의위원회가 불기소 의견을 냈고 검찰은 이를 받아들였다. 불기소에 손을 든 수사심의위원들과 '소방관은 건드리지 말라'며 분노했던 시민들은 알았다. 가장 위급한 순간 어디선가 나타나 구조의 손을 뻗을 이가 소방관이라는 것을. 그들을 울분과 회의에 빠뜨린다면 누가 우리의 생명을 구하러 올 것인가. 소방관이 없다면 우리에게 마지막 희망은 없다. 소방관 함부로 건드리지 마라.

엑스포 실패, 그 불길한 징후 —————————

부산의 2030 엑스포 유치 실패가 상처로 남은 것은 얻지 못한 경제적 효과 때문이 아니다. 119표(사우디아라비아 리야드) 대 26표(한국 부산)라는 낮은 득표가 부끄러웠고 결과가 나오기 직전까지 "해볼 만하다"던 정보력이 처참했다. 현장은 유치가 어렵다고 봤는데도 대통령에게 보고하지 못했다는 이야기는 심각한 불통을 시사했다.

2023년 11월 파리에서 열린 최종 프레젠테이션(PT)은 우리가 어쩌다 이렇게 시대를 못 읽는 나라가 됐느냐는 충격을 안겼다. 마무리 영상에 대한 한 줄 평, "언제 적 〈강남스타일〉이냐"가 이를 압축적으로 말했다. PT 발표자 구성과 메시지가 모두 그랬다. 한덕수 국무총리, 반기문 전 유엔 사무총장 등 60·70대 남성 발표자들이 줄줄이 나와 '한강의 기적'을 강조했다. 패럴림픽 메달리스트 등 다양한 분야 여성들이 발표자로 나선 이탈리아, 아이들을 등장시키고 '미래'를 강조한 사우디아라비아에 비하면 내용과 스타일 모두 진부했다. 소프트 강국, 한국은 어디로 갔나.

이 시대착오가 한국의 징후인 것만 같아 불길하다. PT 발표자 면면은 서오남(서울대 출신·50대·남성) 내각과 다를 바 없고, 여성을 구색으로 활용한 콘셉트는 여성가족부 폐지를 공약한 정부를 보면 놀랍지도 않은 일이다. '한강의 기적'을 추억하며 산업화 시대로 되돌아가는 듯한 움직임은 노동시간 연장 시도 등에서 익히 본 바다. 윤석열 정부는 '글로벌 중추 국가'를 외교 비전으로 내세웠는데 글로벌 스탠더드조차 따라잡지 못하는 퇴행의 징후가 우려스럽다.

글로벌 스탠더드와 거꾸로 가는 단적인 사례가 기후변화·탄소중립 정책의 역행이다. 우리나라는 세계에서 13번째, 인구 1인당 6번째로 많은 탄소를 배출하는 기후악당국이다. 그런 나라 정부가 1년간 계도했던 일회용품 규제를 하루아침에 철회하고 신재생에너지 예산을 대폭 삭감했다. 태양광 산업은 윤석열 대통령의 "이권 카르텔" 규정 이후 비리 수사로 죽어가고 있다. 신재생에너지를 제1의 에너지원으로 끌어올린 나라가 이미 여럿이고, 전력을 100% 신재생으로 충당하는 'RE100'이 확산하고 있는데, 우리나라만 원전을 포함하는 CF100을 주장하며 고립을 자초하고 있다. 유럽은 1980년대부터, 미국은 2010년대부터 탄소배출을 줄인 마당에, 한국은 코로나 시기 주춤했던 탄소배출이 다시 늘고 있다. 미래세대에 무관심하다는 지적은 오히려 한가하다. 코앞에 닥친 기후 무역장벽에 기업들이 죄 걸려 넘어질 판이다.

유럽연합 비지터 프로그램(EUVP)의 일환으로 벨기에 브뤼셀을 2주 간 방문 취재한 적이 있다. 나처럼 중국에서 초청된 여기자를 호텔에서 만났는데 그는 '유럽 국가들이 중국에 너무 엄격한 탄소중립 기준을 요구한다'며 강하게 불만을 토로했다. 나중에 EU 집행위 공무원에게 가벼운 수다라고 생각하고 그 말을 전했을 때 그는 나를 빤히 쳐다보며 "한국도 탄소중립을 실천 안 하기는 중국과 마찬가지"라고 말했다. 당황스러워 말을 못 했던 그 순간이 아직도 또렷하다. 한국은 중국과 다르다는 막연한 우월감이 박살 나는 소리가 댕댕 울렸다. 그게 2010년의 일이다. 그때 우리는 탄소중립을 선진국의 여유로 여겼고 선진국이 된 지금도 별반 달라지지 않았다.

대통령 거부권으로 입법에 실패한 '노란봉투법'(개정 노동조합 및 노동관계조정법)도 있다. 이를 반기업적 법으로 보는 시각이 있지만, 세계노동기구(ILO) 결사의자유위원회, 유엔 인권위원회 같은 국제기구가 이미 여러 번 한국에 권고한 법이다. 선진국 중 우리나라처럼 쟁의의 주체, 목적, 시기와 절차, 수단을 깐깐하게 따져 합법 파업을 하기 어려운 나라는 없다. 법 개정 내용은 쟁의로 인한 손해배상 책임을 노조원들에게 연대해 묻지 않고 책임이 있는 이에게 개별적으로 청구하도록 한 것인데, 대법원 판례에 부합하는 내용이다. 한덕수는 이 법이 "건강한 노사관계를 크게 저해"할 것이라고 했다. 그러면 천문학적 금액의 손해배상 가압류로 배달호·김주익 등 노동자를 죽음으로 몰고 간 게 건강한 노사관계라는 건가. 보수 정부라서 거부하는 게 마땅하다고 생각한다면 오산이다. 경제성장과 민주화를 거쳐 선진국의 기준선을 맞닥뜨린 한국이라면 이쯤은 갖춰야 한다.

표현과 집회·시위 등 시민의 자유가 위축되고 수사, 과징금 등으로 언론의 자유가 압박당하는 민주주의 후퇴 또한 피부로 실감되고 있다. 스웨덴 예테보리대 민주주의다양성연구소는 연례 보고서 「민주주의 리포트 2024」에서 한국을 독재화 국가로 분류했다. 2019~2021년 0.78~0.79점(179개국 중 17~18위) 수준이었던 한국의 자유민주주의 지수가 이후 2년 동안 0.73점(28위), 0.60점(47위)으로 급락했기 때문이다. 미 국무부는 「2023 국가별 인권보고서」에서 검찰이 《뉴스타파》의 '부산저축은행 수사 무마 의혹' 보도를 수사한 것, 방송통신위원회가 이를 인용 보도한 방송사에 과징금을 부과한 것, 대구시의 퀴어문화축제 해산 행정대집행 등을 한국의 인권 이슈로 언급했다. 세계 각국의 정부와 연구소가 이런 진단을 내리는 것을 심각하게 봐야 한다.

선진국이 된 한국은 권위주의와 가부장적 노사관계로 성장할 수 없다. 옳지도 않지만 가능하지가 않다. 새벽부터 밤까지 일하는 건 더 이상 미덕으로 통하지 않는다. 순혈주의를 넘어 포용력을 키우지 않으면 국가 존속이 불가능하다. 외국인을 배제한 한민족 노동력으로는 멈춰 설 업종이 한둘이 아니며, 이민을 받아들이지 않고선 인구 절벽에서 미끄러지게 돼 있다. 성평등을 되돌리려는 시도는 세계 최저의 출생률 기록을 계속 경신할 것이다. 인류 보편의 가치와 동떨어진 국익을 주장했다간 국제사회에서 고립되거나 비난받기 십상이다.

한국은 시대가 요구하는 과제를 돌파하며 지금까지 전진해 왔다. 산업화를 일구었고, 군사독재를 끝냈으며, 수평적 정권교체를 이뤄냈다. 지역주의와 권위주의를 벗어난 만큼 시민의 자유와 복지를 확대했다. 유엔무역개발회의(UNCTAD)가 인정한 선진국이 되고 노벨문학상을 받고 K-팝, K-무비가 세계적 인기를 끄는 이 시대에 한국에 주어진 과제는 무엇일까. 선진세계의 보편적 가치를 내면화하는 것이다. 노조와의 동반 관계, 일-가정 양립, 성평등, 다양성과 포용성 강화, 기후행동과 같은 선진국들이 공유하는 가치를 법규를 넘어 문화로서 받아들이는 것이다. 대통령부터 자신의 가치에 가깝다고 한 밀턴 프리드먼의 시장근본주의가 더 이상 유효하지 않음을 깨달아야 한다. 시민들은 세계가 나아가는 방향을 바라봐야 한다. 글로벌 스탠더드를 수용하지 못한다면 우리에겐 다시 후퇴할 일만 남는다. 한국은 어디로 갈 것인가.

검사, 증거 인멸의 기술자들

'고발사주'는 위중한 혐의를 내포한 이름이다. 검찰이 미래통합당(현국민의힘)으로 하여금 더불어민주당 정치인과 언론인을 고발하게 사주했다는 뜻이다. 엄격한 정치 중립이 요구되는 검찰이 정당과 결탁해 선거에 영향을 미치려 한 국기문란 사건이라 할 수 있다.

2021년 9월 2일《뉴스버스》단독 보도와 제보자에 따르면 21대 총선 직전인 2020년 4월 3일과 8일 손준성 대검 수사정보정책관이 최강욱·황희석 열린민주당 후보, 유시민 노무현재단 이사장,《뉴스타파》기자 등 11명을 고발하는 고발장을 검사 출신 김웅 미래통합당 후보에게 건넸다. 김웅은 조성은 당 선대위 부위원장에게 고발장을 전달하며 대검에 접수하라고 했다. 고발장은 2개였는데 하나는《뉴스타파》와 MBC 보도가 윤석열 검찰총장과 배우자 김건희, 한동훈 검사장을 명예훼손한 혐의를 고발한 내용이고, 다른 하나는 최강욱이 허위 인턴경력서를 써주고 거짓해명을 한 혐의(공직선거법 위반)를 고발한 것이었다. 앞의 고발장은 실제로 접수되지는 않았지만 피해자가 윤석열 부부와 한동훈이고 대검 수사정보정책관은 검찰총장에게 직보하는 '눈과 귀'라는 점에서, 조직적 소행을 의심할 여지가 있었다. 그러나 수사와 재판은 손준성만 처벌하는 것으로 끝났다. 사건의 전모가 다 밝혀졌다고 보기는 어렵다. 연루된 검사들의 수사 방해가 무지막지했기 때문이다.

검사들의 증거 인멸은 실로 경악할 수준이다. 고위공직자범죄수사처에 따르면 고발장을 작성한 것으로 지목된 대검 수사정보정책관실은 《뉴스버스》가 고발사주 의혹을 처음 보도한 날 PC 25대의 하드디스크를 초기화해 증거를 증발시켰다. 교체한 지 10여 일밖에 안 된 PC들이었다. 수사정보정책관실 검사들은 휴대폰에서 메신저 대화와 통화내역을 삭제했다. 삭제한 데이터를 복구하지 못하게 하는 안티포렌식 앱까지 설치했다. 손준성은 아이폰 비밀번호를 끝내 밝히지 않았다. 그는 두 번째 구속영장실질심사에서 판사에게 비밀번호를 공수처에 제공하겠다고 약속했지만 불구속 결정이 난 후 병원에 입원해 버렸고 공수처 조사에 협조하지 않았다. 재판에서는 공수처의 심문에 진술 거부로 일관했다. 김웅은 통화내역을 삭제하고 차량 블랙박스를 지우고 텔레그램 대화방을 폭파했다. 압수된 휴대폰의 잠금패턴을 공수처에 제공했지만 교체한 휴대폰이었기에 수사엔 전혀 도움이 되지 않았다. 그는 기자들에게 "이걸(고발장을) 받아 전달한 사실 자체가 기억 안 난다"면서도 "대검에서 보냈을 가능성은 낮다"며 선택적 기억력을 과시했다.

이건 숫제 형사처벌 빠져나가기 전국민 실습 교육이다. 아이폰을 써라, 비밀번호를 사수하라, 쓰던 휴대폰을 버리고 새것으로 바꿔라, PC 하드디스크를 포맷하라, 기억나지 않는다고 진술하라, 진술을 거부하라…. 검사들의 행동 하나하나가 혐의를 감추는 법을 알려주고 있다.

전면적인 증거 인멸을 감안하면 손준성이 1심에서 징역 1년형을 선고받은 게 너무 가벼워 보인다. 고발사주는 처음 보도됐을 때부터 연루된 이들을 어디까지 밝혀낼 수 있느냐가 관건이었지, 실체를 부정하기는 어려웠다. 미래통합당이 2020년 8월 최강욱을 고발한 고발장 초안이 손준성으로부터 받은 고발장과 거의 같다는 결정적 물증이 있었기 때문이다. 텔레그램 메시지에 흔적으로 남은 '손준성 보냄'을 손준성이 보낸 것으로 해석하지 않고서는 설명할 도리가 없다. 다만 미래통합당의 고발은 총선 후에 이뤄졌기에 손준성은 선거법 위반 혐의에 대해선 무죄를 받았고, 공무상 비밀누설 혐의에 대해서만 유죄를 받았다. 하지만 사법부의 꾸짖음은 준엄했다. 재판부는 "이 사건은 검사가 지켜야 할 정치적 중립을 정면으로 위반해 검찰권을 남용하는 과정에서 수반된 것"이라 규정하고 "선거에 영향을 미치려고 시도하는 과정에서 범행을 저질렀기에 사안이 엄중하고 죄책도 무겁다"고 질타했다.

한동훈은 고발장이 김웅에게 전달되기 전날 손준성 등과 함께 있던 카카오톡 단체대화방에 60여 장의 사진을 올린 것으로 뒤늦게 알려졌다. 하지만 공수처는 증거를 확보하지 못해 무혐의 처분을 내렸다. 그는 채널A 검언유착 사건에 대해서도 검찰 수사를 받았지만 무혐의 처분을 받았다. 한동훈이 수사에 대응한 방식 또한 다른 검사들과 다를 게 없다. 그는 아이폰 비밀번호를 밝히지 않았다. 24자리에 달한다는 비밀번호는 어떤 포렌식 소프트웨어로도 풀 수 없다. 검언유착 수사 검사가 압수수색하러 와서 비밀번호가 풀린 한동훈의 아이폰을 빼앗으려 육탄전을 벌인 이유가 있었던 것이다. 정권이 바뀌고 한동훈이 법무부 장관이 되기 직전 검찰은 증거불충분으로 무혐의 처분을 내리며 "2020년 6월 최초 시도 이후 22개월, 2021년 7월 재시도 이후 약 8개월이 지난 현시점에서 현재 기술력으로는 휴대전화 잠금 해제 시도가 실효성이 없다고 판단했다"고 수사를 포기할 수밖에 없는 이유를 밝혔다.

한동훈은 법적으로든 도덕적으로든 증거만 없으면 된다고 생각하는 것 같다. 법무부 장관 인사청문회를 앞두고 딸의 부정 스펙 의혹이 불거졌을 때도 그랬다. 논문 대필, 영문 전자책 발행, 돈 내고 게재하는 미국 신문 인터뷰 등 부정이 보도될 때마다 문제의 논문과 기사들이 속속 삭제됐다. 더욱이 그는 부정 스펙에 대해 한마디도 사과하지 않았다. 그는 법을 지키는 게 중요한 게 아니라 불법이 걸리지 않는 게 중요하다고 생각하는 모양이다. 그런 인식을 갖고 범죄자를 잡아 정의를 실현하는 검사를 했고 법무부 장관을 하겠다니, 소름이 돋을 일이었다.

법을 잘 아는 이들이니 검사들이 증거 없애기에 오죽 전문적이겠냐고 냉소하고 체념하는 이들이 있다. 그래서는 안 된다. 음주운전 후 증거를 인멸한 가수 김호중에게 사법방해죄를 신설해 엄히 처벌하라고 분노하는 만큼이라도 검사들의 증거 인멸에 분노하기를 바란다. 우리는 전문직, 고위 공직자에게 그렇게 너그러워서는 안 된다. 수사 공무원이 자기 전문성을 이용해 수사를 방해하는 것은 범죄이며 수사 공무원으로서 자격이 없는 것이다. 그들은 법 집행관이기 때문이다.

검사도 국민의 한 사람으로서 자기에게 불리한 진술을 거부할 수 있다고 주장하는 이들도 있다. 이와 관련된 개리티 원칙이 한동훈 법무부 장관 후보자 인사청문회에서 논쟁이 됐었다. 한동훈은 개리티 원칙이 "징계로 겁줘서 진술을 이끌어 냈을 때 진술 능력이 없다는 원칙"이라고 답했고 김남국 민주당 의원은 "헌법상 진술을 거부할 권리를 통해서 법 집행을 방해했다고 한다면(한동훈이 아이폰 비밀번호 제공을 거부해 검언유착 수사를 방해한 것처럼) 국민이 그 법 집행관을 신뢰할 수 없기 때문에 이것을 이유로 직무에서 배제하는 것을 정당화할 수 있다는 것"이라고 주장했다. 한동훈은 김남국이 틀렸다고 반박했고 몇몇 언론은 민주당 청문위원들의 무지를 비꼬는 기사를 냈다. 하지만 전체 맥락을 보면 김남국이 무지하다고 할 일은 아니다.

개리티 원칙이라는 말이 유래한 1967년 미국 연방대법원 '개리티 대 뉴저지' 판례만 보면 한동훈의 설명이 맞다고 할 수 있다. 비리를 저지른 경찰공무원에게 '진술을 거부하면 면직될 것'이라고 압박해 자신에게 불리한 자백을 받았다면 이를 유죄 증거로 쓸 수 없다는 게 판결의 요지다. 하지만 1970년 다른 공무원에 대한 재판에서는 '유죄 증거로 사용하지 않는다는 조건을 달았는데도 진술을 거부하면 면직할 수 있다'는 판결을 내렸다. 이런 판례들에 기반해 미국 정부는 공무원을 조사할 때 미란다 경고처럼 피조사자 권리를 고지하는 경고를 마련했다. 연방·주·지방 정부의 공무원들에게 적용되는 개리티 경고는 범죄에 연루된 진술을 거부할 권리가 있다고 알려준다. 진술을 거부했다는 이유만으로 징계를 받지는 않지만 심문 같은 행정 절차에 고려할 수는 있다고 덧붙인다. 연방 공무원에게 적용되는 칼킨스 경고는 진술 의무에 더 무게를 싣는다. 자신에게 불리한 진술은 형사 재판의 증거로 쓰이지 않는 대신 진실하게 진술하지 않을 경우 해고를 포함한 징계 조치를 받을 수 있다고 경고한다. 기본권으로서 진술거부권을 보장하지만 공무원으로서 법을 지킬 의무도 강조하는 것이다.

우리나라 법도 공무원에게 '법령을 준수하며 성실히 직무를 수행하여야 한다'는 성실 의무(공무원법 제56조)와 '직무를 수행할 때 소속 상관의 직무상 명령에 복종하여야 한다'는 복종 의무(공무원법 제57조)를 요구한다. 개리티 원칙, 칼킨스 원칙 같은 건 없지만 조직적으로 증거를 인멸하고 거짓 진술을 하는 검사들을 징계할 근거는 있다. 대검은 재판이 끝나지도 않은 손준성에게 감찰에서 무혐의 처분을 내리고 검사장으로 승진시켜 공무원의 법적 의무를 비웃었다. 검사들에게 권력에 줄 서라는 선명한 메시지를 각인시켰다. 하기야 간첩 증거를 조작한 검사 출신 이시원을 대통령비서실 공직기강비서관에 임명한 정권이니 고발사주쯤 우스운가.

증거를 인멸하는 검사는 검사 자격이 없다. 자신이 법 집행을 방해하면서 다른 피의자들에게 성실한 답변을 요구하고 영장을 청구할 명분이 없다. 의술을 이용해 사람을 해치는 의사에게 진료할 자격을 줘서는 안 되듯이. 개인정보를 팔아넘기는 구청 직원에게 민원업무를 맡길 수는 없듯이. 승부를 조작하는 프로 스포츠 선수라면 선수 자격을 박탈해야 하듯이. 검사가 자기 범죄를 은폐한다면, 국민의 한 사람으로서 불리한 진술을 거부할 헌법적 권리를 보장하더라도 사법 공무원의 자격은 박탈해야 옳다. 특히 법무부 장관이라는 고위 공직에 나설 때는 적극적으로 검증을 받아 의혹을 소명하는 게 올바른 태도다. 불법만 아니면, 증거만 없으면, 기자를 고소해 의혹 보도만 막으면 된다고 생각한다면 그 자체로 공직자의 자격이 없는 것이다.

사법농단, 무죄면 없었던 일인가 ─────────

양승태 전 대법원장의 사법농단 1심 무죄 판결을 놓고《조선일보》
는 「사법농단 없었다」(2024년 1월 27일자 1면), 「문재인 김명수가 쓴 사
법농단 소설」(사설)이란 제목으로 보도했다. 사법농단은 양승태 대
법원장 시절 대법원이 숙원사업인 상고법원 도입을 로비하기 위해
박근혜 청와대와 재판을 거래하고 판사들의 재판에 개입하고 또 판
사들을 사찰한 일이다. 재판의 독립이라는 헌법적 가치를 훼손한
위헌적 사건이다. 사법농단으로 기소된 법관 대다수가 무죄 판결을
받았고 최종 책임자 양승태는 47개 혐의 모두 무죄 선고로 끝났으
니 수사와 기소가 무리했다고 볼 수는 있다. 하지만 '애초에 사법농
단이란 건 없었다'는 실체 부정은 불온한 비약이다. 반성도 하지 않
겠다는 위험한 왜곡이다.
　사법농단의 실체는 부정된 적이 없다. 사법행정기관인 법원행정

처가 개입한 재판이 여럿이다. 2015년 산케이신문 서울지국장의 박근혜 대통령 명예훼손 사건을 담당한 서울중앙지법 형사 30부 이동근 재판장(현 변호사)은 임성근 형사수석부장판사(현 변호사)로부터 '판결 전 기사가 허위라는 중간 판단을 내 달라' '판결문을 수정해 명예훼손이 맞다고 적시해 달라' 등 요구를 받고 그렇게 했다. 임종헌 법원행정처 차장이 임성근에게 지시한 사항들이었다. 직권남용 혐의로 기소된 임성근에게 1심 재판부는 무죄를 선고하면서도 "법관 독립을 침해하는 위헌적 행위"라는 걸 분명히 했다.

일제 강제동원 손해배상 확정판결에 5년이라는 말도 안 되는 시간이 걸린 것도 청와대와의 거래 때문이었다. 대법원이 원심을 파기해 서울고법으로 환송됐다가 다시 올라온 사건이라 재고할 이유가 없었다. 하지만 법원행정처는 청와대·외교부·김앤장법률사무소(피고측 대리인)와 협의 채널을 가동하고, 각종 검토자료를 생산하고, 민사소송규칙을 바꿔 외교부 입장을 재판에서 밝힐 수 있는 통로를 열어주고, 외교부 입장 표명을 촉구하라고 김앤장을 떠밀기까지 했다. 대법원이 사건을 전원합의체에 회부해 시간을 끄는 사이 강제동원 피해자 원고 4명 중 3명이 눈을 감았다. 도대체 누구를 위한 재판인가. 법원행정처는 상고법원을 도입하려, 대통령 심기를 살피느라, 이런 일들을 했다. 유무죄 선고가 바뀌지 않았다 해서 재판 개입이 아니라고 할 수 없다.

전교조가 2013년 고용노동부로부터 법외노조 통보를 받고 제기한 취소 소송과 효력집행정지 가처분 신청도 재판 거래로 얼룩졌다. 서울행정법원과 서울고등법원이 잇따라 가처분신청을 받아들이자 법원행정처는 대법원이 재항고에서 노동부 손을 들어주는 것이 "양측(청와대와 대법원)에 윈윈의 결과가 될 것"이라는 의견을 냈다. '전교조 법외노조 통보처분 효력 집행정지 관련 검토' 문건이 그것이다. 실제로 대법원은 노동부의 재항고를 받아들여 법외노조 처분 효력을 되살렸다. 아예 재항고 논리를 정리해 노동부에 주기도 했다. 이것을 보고도 오직 법과 양심에 따라 독립적으로 재판이 이뤄진다고 믿을 국민은 없다.

이밖에 통합진보당 지방의회의원 행정소송 3건, 통합진보당 국회의원 행정소송 2건, 비위 법관이 연루된 형사사건 등 다수에서 재판 개입이 확인됐다. 정규직 전환을 요구하다 해고된 KTX 비정규직 승무원들의 1, 2심 승소가 2015년 대법원에서 패소로 뒤집힌 일도 의심을 샀다. 법원행정처의 '상고법원의 성공적 입법추진을 위한 BH(청와대)와의 효과적 협상추진 전략' 문건에 이 사건이 사법부가 박근혜 정부의 국정운영을 뒷받침하려 노력한 사례로 언급되기 때문이다. 대법원 판결로 해고자들은 코레일로부터 받았던 8,600여만 원의 임금과 소송비용을 물어내야 하게 됐고 목숨을 끊은 이도 있었다. 대법원이 국정을 뒷받침한 결과가 이런 것이다.

이 모든 사실에도 재판에 개입한 법관들에게 무죄가 선고된 것은, 재판 개입은 본래 판사의 직권에 포함되지 않기 때문에 남용할 수도 없다는 직권남용죄 해석 때문이다. '직권 없이 남용 없다'는 사법부의 법 적용은 일관적이다. 직장 내 갑질 사건들도 같은 이유로 무죄가 나곤 했다. 상식적으로는 납득이 어렵다. 제3자가 재판에 개입할 수 없다는 것은 직권 범위에 규정할 필요조차 없는 헌법적 의무인데, 더 죄질 나쁜 행위를 처벌할 수 없다면 직권남용죄는 왜 있는 걸까. 법의 허점인지, 법원의 법 해석이 너무 소극적인지 한동안 고민했었다. 법 개정이 필요하다는 게 내가 얻은 결론이었다. 사법방해죄를 신설하면 재판 개입, 증거 인멸 등을 처벌할 수 있다. 언론이라면 이러한 입법 공백 문제를 짚어야지 사건의 본질을 흐려서는 안 된다. 위안부 활동가였던 윤미향 전 의원 횡령 사건 1심에서 대부분 무죄가 나왔을 때 「법조계 "납득 어려워"」라는 1면 제목을 뽑았던 신문이라면 더욱 그렇다.

판사 블랙리스트도 실재했다. 법원행정처는 정치적 성향을 드러낸 판사 등을 「물의 야기 법관 인사조치」 문건에 정리하고 인사에 참고했다. 사법농단이라는 거대한 사건은 사실 여기에서 시작했다. 2017년 3월《경향신문》은 법원행정처 심의관으로 발령 난 이탄희 판사(21대 국회의원)가 판사 동향 조사, 국제인권법연구회 견제 등 업무를 맡을 것이라는 말을 듣고 사표를 냈다가 인사가 번복된 사실을 보도했다. 그것이 사법부 진상조사, 검찰 수사로 이어졌고 결국 블랙리스트, 재판 개입, 청와대와의 거래 등 상상할 수 없었던 일들이 밝혀진 것이다. 하지만 판사 블랙리스트 또한 인사재량권을 넘지 않았다는 판단으로 양승태에게 무죄가 내려졌다.

사법농단으로 기소된 판사 중 가장 무겁게 처벌된 이는 임종헌이다. 임종헌은 전교조 법외노조 통보 사건에서 노동부의 재항고 이

유서를 손봐주고, 메르스 사태 당시 박근혜 정부의 법적 책임을 면제할 방법을 검토하도록 지시하고, 일부 국회의원들에게 법률 자문을 제공하고, 헌법재판소 파견 법관을 이용해 헌재 내부 자료를 수집한 혐의 등으로 징역 2년, 집행유예 3년을 받았다. 임종헌이 유죄를 받은 혐의에 대해 상관이었던 양승태의 책임이 없을 수 없지만 지시나 공모가 입증되지 않았다는 이유로 양승태는 모두 무죄를 받았다.

사법농단은 재판의 독립을 훼손하고 삼권분립을 흔든 위헌적 행위다. 국민은 법 앞에 평등하게 재판받을 권리를 침해당했다. 행정부나 입법부 고위 공직자들이 재판에 압력을 행사할 여지를 열어젖혔다. 국민이 사법부를 불신하고 재판 결과를 부정하게 만들었다. 판결을 놓고 판사가 증거와 법리 이외의 것을 고려한 게 아닌지 의심하게 만들었다. 나는 사법농단이 민주화 이후 뿌리내려 온 제도에 대한 신뢰에 가장 치명적인 타격이었다고 생각한다.

이 중대한 사법 위기를 맞아 우리 사회의 자정 능력은 큰 구멍을 보였다. 사법농단 판결이 대부분 무죄로 끝난 것을 사법부의 제 식구 감싸기로만 볼 수는 없다. 애초에 형사처벌로 해결하겠다는 발상이 문제였다. 사법부가 철저하게 진상조사를 하고 책임자를 엄히 징계하고 재발방지대책까지 마련해 실행했다면 불필요했을 과정이었다. 그러나 사법부의 처리는 타협적이고 회피적이었다. 판사 블랙리스트 의혹이 처음 불거진 이후 사법부는 3차례나 진상조사를 했지만 진상 규명과 책임 묻기에 실패했다. 양승태 대법원장 재임 때 실시된 1차 조사에서 '판사 블랙리스트는 실체 없다'는 결론을 내린 것은 어쩔 수 없는 한계라 치자. 김명수 대법원장 재임 시 실시한 추가 조사도 실망스러웠다. 블랙리스트 은폐, 재판 거래 등 충격적인 사실들이 드러났지만 조사결과를 투명하게 공개하지 않았다. 관련자 징계는 축소되거나 늦거나 비공개였다. 불신이 쌓이고 의문이 남았다.

사법부의 자체 진상조사가 미진했으면 다른 해법은 법관 탄핵이었다. 헌법질서를 농락한 판사들을 해고해야 했다. 그러나 국회는 미적거리다 시기를 놓쳤다. 20대 국회는 탄핵소추를 할 생각도 하지 않았고, 21대 국회에서 사법농단 고발자였던 이탄희 의원 등이 주축이 돼 임기가 남은 소수 판사에 대해서만 탄핵소추를 발의했다. 소추된 임성근은 탄핵심판을 기다리는 사이 임기가 만료됐고 헌법재판소는 "탄핵심판의 이익이 없다"며 각하했다. 심리 자체를 하지 않은 것이다. 헌재는 기각으로 끝나는 한이 있더라도 심판을 해야 했다. 각하 결정문 속 소수의견이 지적하듯 "중대한 헌법위반에 해당함을 확인"하고 "재판 독립의 의의나 법관의 헌법적 책임 등을 규명"해 중요한 교훈과 기준으로 삼을 수 있었을 것이다. 헌재는 그 기회를 날려버렸다.

사법부가 자정에 실패하고 국회가 책임을 방기하고 헌재가 제 역할을 포기한 동안 검찰만 무리하게 수사를 한 게 우리 사회가 사법농단을 처리한 방식이었다. 검찰 수사로 사법농단의 어두운 실상을 규명한 것은 의미가 있지만, 심각한 위헌을 처벌하지 못함으로써 면죄부를 준 꼴이 됐다. 윤석열 서울중앙지검장-한동훈 수사팀장 라인의 수사팀이 전 대법원장을 구속하며 기세를 과시했음에도 기소된 14명 중 11명이 무죄(1심 기준)를 받은 것으로 귀결됐다. 법원행정처 개편 등 사법개혁 조치들은 큰 성과가 없거나 퇴행하고 있다. 보수가 더 공분할 일에 보수 언론이 실체를 부정했다. 문제 삼아서 문제된 일처럼 여기는 인식이 법관들 사이에서 스멀스멀 퍼져나갔다. 위기가 발생한 것보다 발생한 위기를 어떻게 해결하는지가 우리 사회의 역량을 보여준다. 사법농단은 사법부의 치부를 드러내고 아무것도 배우지 못한 사건이 되고 말았다.

원점으로 돌아가 사법농단은 왜 일어났을까. 헌법과 법률을 수호하고 재판의 독립을 누구보다 신성시해야 할 판사들이 왜 재판에 개입하고 그 지시를 따랐을까. 임성근이 탄핵소추됐을 때 사법연수원 동기(17기) 140여 명이 낸 김명수 대법원장 사퇴 촉구 성명서에 법조인의 내면을 엿볼 수 있는 문장이 있다. "(대법원장이) 법원의 수장으로 자신이 지켜야 할 판사를 보호하기는커녕 탄핵의 소용돌이에 휘말리도록 내팽개쳤다"는 대목이다. 놀라워라. 그러니까 대법원장은 조직의 보스로서 구성원이 어떤 비위를 저질렀든 감싸는 게 당연하다는 말이다. 판사 한 명 한 명이 독립적 헌법기관이 아니라 대법원장에게 충성하고 보호받는 조직원이라는 뜻이다.

대법원장이 최고 권력으로 군림하고, 재판 거래가 법원을 위한 일이었다고 변명하고, 조사와 징계는 미진했던 그 배경에는 이와 같은 조직원 정체성이 있다. 좋게 말하면 법원 가족주의다. 대법원장은 지시하고 판사는 따르며 퇴임 후엔 변호사로 개업해 함께 잘사는 공동체 의식, '그들만의 의리'가 있다. 이탄희는 이렇게 말했다. "사법농단 사건 피고인들이 하는 보편적인 변명이 '법원을 위한 것이었다'는 말이다. 여기서 법원은 판사들이 주인인 법원이지 공기관으로서 법원이 아니다. 판사들 마음속엔 판사 가족이라는 집단 의식, 사적 공간으로서의 법원, 가족을 위한 일이니 이 정도는 봐 줘야 하지 않냐는 생각이 있다. 지금도 일부 정치인과 언론이 그것을 국민에게 중계한다. 사법개혁을 지지부진하게 만드는 장애물이다."

양승태가 무죄 판결을 받은 지금, 나는 조희대 대법원장이 다시 사법농단의 위헌성을 지적하고 반성의 뜻을 밝혀주기를 바란다. 무죄 판결이 면죄부가 아님을 인정하고 판사들 스스로 경각심을 갖도록 환기하기를 바란다. 대법원장이 지켜야 하는 것은 판사가 아니라 재판 독립과 헌법 가치다. 판사 신분을 법으로 엄격히 보장하는 것이 이를 위해서다. 사법농단 무죄는 사법농단 부재를 증명하지 않는다. 우리 사회는 징계와 탄핵을 흘려보내고 형사처벌로 잘못 대처했지만 아무 교훈도 얻지 못한 채 사법농단이 사라지게 해서는 안 된다.

양념이라는 이름의 파시즘 ─────────

문재인 전 대통령은 '경쟁의 양념'이라고 했던 강력한 팬덤이 더불어민주당을 고립시키는 저주가 될 것을 예상했을까. 2017년 대선 후보 경선 때 문재인 후보 지지자들은 당내 경쟁 후보들에게 18원 후원금, 비난 문자폭탄, 비방 댓글을 달며 지지 이상의 화력을 과시했다. 언론이 이에 대한 의견을 물었을 때 문재인이 답한 말이 "경쟁을 더 흥미롭게 만들어주는 양념 같은 것"이었다. 그가 이재명 강성 팬덤에 대해서도 양념이라 할 수 있을지 궁금하다. 이재명 체포동의안 투표에 민주당에서 약 30표의 찬성표가 나왔을 때 문재인마저 '수박 7적(敵)' 포스터에 올랐다. '이낙연 전 대표 제명' '체포동의안 의원 찬반 명단 공개' 당원 청원에는 약 7만 명, 4만여 명이 동의했다. 이래서야 진보세력이 조롱하던 '태극기 부대'와 다르다고 할 수 없다.

결속력 높은 지지집단은 정치인의 활로를 넓히는 자산이다. 그 대표적 사례가 문재인이다. 문재인의 많은 팬들은 자신이 지지자가 된 정확한 시점을 알고 있다. 2009년 5월 29일 노무현 영결식에서 헌화하려던 이명박 대통령에게 백원우 전 의원이 "사죄하라"고 소리치다 제지당한 후 상주 문재인이 이명박에게 "조문 오신 분께 예의가 아니게 됐다"고 사과한 순간이다. 가장 참담하고 공허했을 문재인이 예를 갖춘 태도로 고개를 숙였을 때 많은 이들의 가슴으로 그 모습이 들어왔다. 비로소 문재인은 노무현의 동지가 아닌 독립적 정치인이 됐다. 진보의 대안으로 부상했다.

문파는 노사모에서 오기도 하고 그렇지 않기도 했지만, '이니 하고 싶은 대로 다 해'란 문재인 팬덤의 핵심 정서는 '지못미(지켜주지 못해 미안해)'에 있다. 노무현을 지키지 못한 미안함이 문재인만은 지키겠다는 의지로 승화했다. 대통령 문재인 지지율의 경이로운 점은 84%(이하 '한국갤럽')로 임기를 시작한 게 아니라 45%로 임기를 마친 점이다. 임기 말까지 이렇게 지지율이 높았던 전례가 없다. 굳건한 지지층이 흔들리지 않았고 중도층의 지지도 더해졌다는 뜻이다.

이재명 팬덤을 관통하는 정서를 명확히 규정하기는 어렵지만 그 뿌리인 팬카페 '이재명과 손가락혁명단'의 특징을 꼽아볼 수는 있다. 적극적이고 공격적이다. 내가 기획취재부장을 맡고 있을 때 「문빠, 힘인가 독인가」(《한국일보》 2017년 2월 18일자)라는 기획기사에서 빅데이터 분석과 심층인터뷰로 유력 대선 주자들 팬덤을 분석했었다. 이재명 팬카페는 문재인 팬카페보다 회원 수는 적지만 게시글 수는 비슷할 만큼 활동성이 높고 경쟁 정치인에 대한 비난 수위가 높았다. 이재명이 트윗을 올리면 순차적으로 받아 리트윗하는 중앙집중형 위계구조도 뚜렷했다. 이러한 특징은 지금도 크게 다르지 않다. 이재명 팬덤의 강력한 공격력은 이재명이 권력을 잡는 데에는 도움이 되었지만 지지층 밖의 다수를 질리게 만들었다. 이재명을 비판하거나 동조하지 않는 이들을 '수박'으로 몰아 당내 토론을 가로막았고 친명 지도부가 국민 여론과 동떨어진 결정을 주저 없이 내릴 수 있는 힘이 됐다. 결국 민주당 지지기반이 협소해진 한 원인이었다.

그러나 팬들에게 죄를 묻는 것은 부당하다. 잘못은 빗나간 팬덤을 부추기고 이용한 정치인들에게 있다. 체포동의안 찬성표로 당내 갈등이 격화했을 때 이재명은 며칠이 지나서야 페이스북에 "내부를 향한 공격이나 비난을 중단해 주시길 부탁드린다"고 써서 말리는 시늉만 했다. "시중에 나와 있는 명단은 틀린 것이 많다. 5명 중 4명이 그랬다고 해도 1명은 얼마나 억울하겠나"고 쓴 대목에 이르면 과연 자제하라는 것인지, 부추기는 것인지 종잡을 수가 없다. 친명계는 더 선명하게 공격 신호를 내렸다. 안민석 의원은 KBS 라디오에서 "이 대표 한 분이 자제해 달라고 분노가 멈춰지면 공산당 아니냐"며 지지자 분노를 이해해야 한다고 했는데, 전날 "조직적 공모에 가담한 핵심적 의원들이 신속하게 해명하라"고 타깃을 제시한 게 바로 그였다. 김용민 의원은 "(2024년) 총선에서 당원과 지지자들이 공천하는 시스템을 강화해 그분들(체포동의안에 찬성한 비명계)을 심판할 수 있는 길을 열어 둬야 한다"고 응징을 주장했다. 정청래 의원은 "반드시 외상값은 계산해야 할 것"이라며 협박을 잊지 않았다.

응징은 실현됐다. '비명횡사' 공천으로 충성도 낮은 이들을 걸러 냈다. 비명 의원들을 낙마시키면서 필적할 후보를 내세우는 성의라 도 보였다면 위안이 됐겠다. 상식 이하의 역사학자 김준혁, 무자비 한 혐오를 쏟아붓는 양문석, 막말과 성범죄 등 숱한 논란의 정봉주 후보를 내세운 게 혁신 공천이라면 웃을 일이다. 2020년 총선 공천 때 고위공직자범죄수사처 신설에 반대했던 금태섭 의원이 공천서 탈락해 다양성을 압살하는 정당이라고 비판받았던 것과는 비교도 안 되게 노골적이다. 팬덤에 부응한 이들이 당을 장악하고 당 주류 가 팬덤을 부추기는 구조다.

팬심은 반영된 것이 아니라 이용당한 것이다. 2024년 총선 경선 에서 현역 의원 박용진은 납득하기 어려운 하위 10% 감점 패널티 를 받아 과반 득표(강북을 권리당원 + 여론조사 51.6%)를 하고도 정봉주 후 보에게 졌다. 막말 논란으로 정봉주 공천이 취소된 뒤 두 번째 경선 에선 '강북을 권리당원 30% + 전국 권리당원 70%, 1인 2표제'라는 듣도 보도 못한 불공정 룰을 도입해 박용진을 막았다. 그렇게 등판 한 조수진 변호사마저 성범죄 가해자 변호 논란으로 사퇴한 후엔 친명 한민수 당 대변인을 꽂아 넣었다. 기이한 감점과 룰 적용으로 박용진을 과반 지지한 진짜 민심은 묵살당했다. '당원의 뜻'이란 허 울을 걷어내면 실상은 불공정한 '사천'이다.

민주당 지도부가 강성 당원을 이용한 것이 처음도 아니다. 2020 년 총선 때 위성정당 설립, 2021년 서울·부산시장 재보궐선거 무공 천 번복 등 원칙을 어겨야 하는 결정을 당원 투표에 떠넘겼다. 그때도 민주당은 서울·부산시장 후보를 내지 않았어야 했다. 그랬다면 차라리 대선에 도움이 됐을 것이다. 총선 압승으로 거론조차 안 됐지만 위성정당도 세우지 말았어야 했다. 그랬어도 과반 의석을 얻을 수 있었다. 결과를 알고서야 말이 쉽다. 미래가 불확실하고 패배가 두려울 때 이런 결단을 내리는 것을 우리는 원칙과 가치라 부른다. "원칙 있는 패배가 원칙 없는 승리보다 낫다"는 신념을 실천함으로써 당장 패배했으나 결국 승리한 것이 노무현이었다. 지금 민주당에는 원칙과 가치가 실종됐다.

팬덤의 달콤함에 빠져 민주당은 많은 것을 잃었다. 당원을 방패막이 삼아 원칙을 저버림으로써, 더 큰 지지를 잃었다. 민심과 멀어져 갈 때 제동을 걸 수 있는 다양성을 잃었다. 문재인 팬덤을 향유하던 친문 지도부는 더 거칠게 이재명 팬덤을 이용하는 친명 지도부에게 밀려났다. 민주당은 문자폭탄으로 이견과 토론을 막는 것은 양념이 아닌 테러임을 천명해야 했다. 전당대회 룰을 바꿔 강성 당원들에 휘둘리는 일을 제어해야 했다. 이는 당심과 민심을 저울질하는 문제가 아니라 민주주의를 회복하는 일이다. 문재인이 진작 했어야 하는 일이다.

친문, 친명의 계파가 사라지고 이재명 일극 체제로 재편되면서 민주당의 정체성 혼란은 커졌다. 대표 한 명의 결정에 좌지우지되면서 정책이 갈지자를 걷고 있다. 이재명은 당대표 연임 구호로 '먹사니즘'을 외치며 민생을 강조해 놓고는 부자 감세로 치달았다. 종부세 완화에 이어 폐지를 언급하더니, 금융투자세마저 폐지키로 했다.

5,000만 원 이상의 주식 매매차익에 부과하는 금투세 시행을 "우리 나라는 지금 하면 안 돼, 이런 정서가 있는 것 같다"(이재명)며 뒤집는 게 국민의힘이 아닌 민주당이라니 아연할 노릇이다. 먹사니즘은 잊 혔고, 강령에 명시된 "서민과 중산층을 대변한다"는 오랜 정체성도 실종됐다.

민주당의 지지층 배신은 이뿐만 아니다. 20대, 30대 여성의 민주 당 투표율은 2024년 총선 비례정당 출구조사에서 51%, 38.2%였고, 2022년 대선 때는 58%, 49.7%였다. 그런데도 총선 10대 공약에 비 동의 간음죄 신설을 포함시켰다가 다른 당이 반대하자 '실무적 착 오'라며 즉각 철회한 건 얼마나 부끄러운 자가당착인가. 대체복무법 통과를 주도했던 정당이 양심적 병역거부자인 임태훈 군인권센터 소장을 병역기피로 몰아 비례 공천에서 탈락시킨 건 도대체 무슨 자기부정인가.

민주당은 '누구를 대변하는 정당인가'를 다시 고민해야 한다. 원 칙도 가치도 없이 오락가락한 숱한 잘못은 근본적으로 당의 정체성 이 확고하지 않은 탓이다. 아니, 팬덤 정당의 정체성만 남은 탓이다. 민주당은 0.7%P 차 대선 패배 후 "졌지만 잘 싸웠다"고 한 자기기 만에서 한 발도 나아가지 않았다. 민주당은 잘 싸우지 않았다. 제대 로 싸운 적도 없다. 대장동 의혹에 빠져 허우적거렸고 부동산 정책 을 철회하면서 문제가 세금인지 주거불안인지 구분조차 하지 않았 다. 국민의힘의 젠더 갈라치기엔 중심 못 잡고 흔들렸다. 민주당은 여성 배제 선거를 심판하고자 "팔을 자르는 심정"(장혜영 전 정의당 의원)

으로 결집한 젊은 여성들 덕에 처참하게 지지 않았을 뿐이다. 유권자의 요구는 갈수록 분화하고 있으며 다양한 유권자 집단의 지지를 얻어야 집권할 수 있다는 것이 민주당 새로고침위원회의 대선 패배 진단이었다. 이에 따르면 민주당 지지기반의 중심은 평등과 복지를 요구하는 집단이며, 친환경·신성장 요구 또한 상당하다. 검찰개혁을 요구하는 개혁집단은 유권자 6% 정도에 불과했다. 정부와 검찰을 견제하라는 목소리만 민주당 지지자가 아니다. 3,000명 정도의 문자폭탄 투척자만 대변해서는 안 된다.

민주당에는 선물처럼 주어진 기회가 있었다. 대선 패배 직후 내 손으로 해결하겠다고 패배한 정당으로 걸어 들어온 20만 신규 당원 안에는 혐오 정치를 견제하고, 복지와 환경을 중시하고, 사회적 약자와 연대하자는 요구가 있었다. 민주당은 다양한 민의를 접수하고 지지기반을 확대하는 대신 '개딸'로 포장해 이용하고 말았다. 미래를 보지 못하는 민주당 주류의 좁은 시야가 안쓰럽다. 당의 외연을 넓히는 대신 '이재명 당'을 선택한 친명의 한계가 안타깝다. 팬덤 정치가 민주당에 독이 되었다.

더불어민주당이 이재명 일극 정당이 돼가는 과정을 지켜보기 괴로
웠다. 20세기 당총재 시절에나 있었던 당대표 연임은, 이재명 단독
추대를 피한 걸 다행으로나 여겨야 했다. 최고위원 선거는 "이재명
곁을 지키는 수석변호인이 되겠다"(전현희) "제 마음 속 대통령은 이
재명"(강선우) "이재명 인질 구출작전을 펴야 하는 상황"(민형배) 등 찐
명 경쟁으로 떠들썩했다. "왜 이렇게 표가 안 나오느냐"며 이재명이
밀어준 덕에 수석최고위원이 된 김민석 의원은 이후 계엄령 선포
의혹을 확산시키려 열심이다. 국회의장 후보들마저 "당심이 곧 명
심이고 명심이 곧 민심"(추미애) "명심은 나에게 있다"(조정식)고 명심
경쟁을 벌였으니 오죽하랴. "민주당의 아버지는 이재명"(강민구 최고위
원)이라는 민망한 망언은 떠올리고 싶지도 않다.

　퇴행한 민주당은 민주적 공당이라고 말하기 어려울 정도다. 이재

명 맞춤형 당헌당규 개정은 창피해서라도 해서는 안 되는 일이다. 민주당은 당권과 대권을 분리하기 위해 대선 출마 1년 전 당대표에서 사퇴하도록 한 조항을 '특별하고 상당한 사유가 있는 때는 당무위원회 의결로 사퇴 시한을 달리 정할 수 있다'는 예외 조항을 붙여 사실상 무력화했다. 이재명이 2027년 3월 대선에 출마하더라도 2026년 6월 지방선거 때까지 대표직을 유지하며 공천에 영향력을 행사할 수 있다는 뜻이다. '경선 불복 시' 10년 간 입후보를 제재하는 당헌 규정도 '공천 불복 시'로 바꿨다. 말 많은 '비명횡사' 공천을 밀어붙이더니 공천에 대한 불만을 더 폭넓게 억눌러 당대표 영향력을 확대했다. 한 사람에게 권력을 집중시키기 위해 당의 헌법을 개정하는 이런 일을 두고 독재라고 하지 않던가? 당권-대권 분리, 시스템 공천 등 민주적인 현대 정당이 되기 위해 세워 온 기둥들을 이렇게 무너뜨려도 되는 것인가?

그런데도 드러내 놓고 이의를 제기한 목소리는 김동연 경기도지사뿐이었다. 그는 SNS에 당헌당규 개정의 문제점을 지적하며 "소탐대실의 우를 범해서는 안 된다. '그 누구의 민주당'이 아닌 '국민의 민주당'이 돼야 한다. 정도(正道)를 걸어야 한다"고 썼다. 그 이상의 메아리가 없는 게 한탄스럽다. 170명 민주당 의원들에게 뭘 하고 있느냐고 묻지 않을 수 없다. 당무위원회는 토론을 갖긴 했지만 수정 없이 당헌당규 개정을 가결했다. "이 대표가 너무 착하다. 이 대표가 (1년 전 사퇴 예외 조항 개정에) 너무 반대해서 설득하는 데 회의 시간이 길어졌다"(박찬대 원내대표)는 용비어천가만 낯뜨겁게 울려퍼졌다.

이러니 이재명과 민주당을 수사한 검사들을 탄핵하겠다는 황당한 일이 가능했을 것이다. 분변으로 청사를 손상했다는 이유를 걸지 않나, 불법이라는 압수수색 날짜를 틀리게 적지 않나, 탄핵소추 발의안은 여러모로 무리수였다. 탄핵 대상으로 꼽힌 검사들은 이재명 대장동·백현동 사건(엄희준)과 대북송금 사건(박상용), 민주당 돈봉투 전당대회 사건 등(김영철)을 수사한 이들이다.《뉴스타파》'부산저축은행 수사 무마 의혹' 보도를 민주당과 연결지어 대선개입 여론 조작 사건으로 확대 수사한 검사(강백신)도 포함됐다. '우리를 수사하면 해임하겠다'는 협박이 아니면 뭔가. 대북송금 수사가 조작이라며 검찰을 수사할 특검법도 발의했다. 법정에서 소명해 재판부 판단을 받아야 할 문제를 국회에서 검찰을 압박해 피해보겠다는 이런 뻔뻔함이 어디 있나. 당대표를 지키겠다고 이토록 입법권을 남용하는 정당은 보다 보다 처음이다.

이 정도면 당내에서도 이의를 제기하는 목소리가 나와야 마땅하다. 전통적으로 민주당은 보수 정당보다 시끄럽고 다양한 정당이었다. 초선들의 소신 발언이 넘쳐서 걱정인 당이었다. 소수의견을 내는 조금박해(조응천 금태섭 박용진 김해영 전 의원)가 있었다. 이상민 전 의원과 박지현 전 비대위원장이 쓴소리를 하면서 옴부즈맨 역할을 했었다. 지금 그들은 탈당하거나 원외에 있고 현직 의원들 중에는 그런 목소리가 아직 없다. '비명횡사' 공천을 거쳐 일극화한 정당의 현주소라 하겠지만, 막 임기를 시작한 의원들이 왜 그렇게 숨죽여야 하는지 안쓰럽기만 하다.

민주당 의원 한 명 한 명에게 이렇게 묻고 싶다. 이재명을 중심으로 똘똘 뭉쳐 집권하기만 하면 전체주의 정당이 되든 부도덕한 정당이 되든 상관없다는 것인가. 그것이 나라와 국민에게 도움이 되나. 민주당이 집권하는 게 가능하긴 한가. 대통령이 디올백은 입도 뻥긋 못 하게 하면서 진두지휘하다시피 한 국민의힘은 왜 총선에서 패배했다고 생각하는가. 이렇게 올인했는데도 이재명이 패배한다면 함께 책임질 각오는 되어 있나.

통일민주당의 3당 합당 결의 전당대회에서 혼자 손을 번쩍 들고 "이의 있습니다! 반대토론 해야 합니다!"라고 외친 노무현 전 대통령의 결기가 그립다. 노무현은 반대토론 할 기회를 얻지 못했고 3당 합당은 박수로 의결됐지만, 그의 외침은 허사가 아니었다. 3당 합당이 만장일치로 의결되지 않았다는 역사를 기록했다. 정치는 야합이 아니라고 선언했다. 한국 정치에 희망을 남겼다. 이재명 체포동의안에 가결표를 던진 민주당 의원들, 팬덤에 쓴소리를 낸 의원들이 그 때문에 공천에서 탈락했다고 후회하지 않기를 바란다. 후회해야 할 일은 오히려 의총에서 당당히 토론할 용기가 없었던 것이고, 이재명 체제의 문제를 더 많은 다수에게 설득하지 못한 것이었다. 민주당의 희망은 파리한 희망이었다.

민주당 의원들은 각성해야 한다. 역사와 전통을 가진 정당을 선진화시키지 못하고 오히려 과거로 돌린 책임을 무겁게 느끼기 바란다. 강성 당원 눈치를 보며 의원 임기를 마칠 생각을 버리고 국민을 위한 의무를 생각해야 한다. 정치 생명을 걸고 소신을 택했던 노무현의 결단이 의원 한 명 한 명에게 필요하다. 일개 의원이 무슨 권한이 있느냐고 입 다물고 고개 숙일 거라면 조용히 의원직을 내놓는게 어떤가.

기본소득을 말할 기회

노동의 가치는 빛을 잃고 자산·소득 격차는 커지기만 하는 이 시대에 성장은 우리를 구할 수 있을 것인가. 아닐 것이다. 노벨상 수상자 조지프 스티글리츠 등 석학들은 성장이 아닌 불평등 해소가 관건이라고 강조한다. 이 중대한 문제의식을 공론화할 절호의 기회가 우리에게 있었다. 2022년 대선이었다. 하지만 더불어민주당은 이 기회를 차버렸다. 대선 후보 예비경선에서 반(反) 이재명으로 연대한 후보들이 기본소득을 집중 공격하고, 이재명 후보 스스로 대표 정책을 구겨 넣으면서다. 예비경선의 가장 실망스러운 대목은 이재명이 여배우 스캔들에 대한 질문에 "바지를 한 번 더 내릴까요"라는 답변으로 논란을 일으킨 것이 아니라 기본소득 공약을 후퇴시킨 것이었다.

이재명은 대선 국면에 접어들자 기본소득을 공약으로 내건 적이 없다고 물러섰고 제1공약은 성장회복이라 했다. 경쟁자들은 그의 말 바꾸기를 문제 삼았다. 결과적으로 기본소득의 목적과 방법과 의미는 다뤄지지 않았다. 그나마 박용진 후보가 기본소득의 재원을 따져 물으며 논쟁을 시도했다. 하지만 이재명의 회피로 토론은 본격화하지 않았다. 토론이 본격화했더라도, '감세를 통한 성장'이라는 고색창연한 캐치프레이즈를 들고 나온 박용진과는 한계가 있었을 것 같다.

국민 모두에게 조건 없이 지급하는 기본소득은 빈곤층을 선별해 지급하는 지원금보다 장점이 많다. 역사적 사례에서 뒷받침할 근거들도 꽤 쌓여 있다. 가난을 증명해야 하는 선별 지원은 행정비용이 많이 들고 낙인효과가 있으며 반드시 사각지대를 남긴다. 기본소득은 최소한의 생계 유지 이상의 자유를 열어준다. 더 질 높은 노동을 할 선택권을 주고, 혐오가 아닌 애정을 갖고 일하게 하며, 성장과 효율에 짓눌린 인간 존엄을 회복할 것이라는 옹호론(필리프 판 파레이스·아니크 판데르보호트,『21세기 기본소득』)을 들어보면 그 아름다운 이상에 반하지 않을 수 없다.

나는 기본소득에 유보적인 입장이다. 가장 큰 한계로 지적되는 재원 문제 외에도 국가 차원에서 도입했을 때의 효과를 확신할 수가 없다. 미국인 1,000명에게 3년간 월 1,000달러를 지급한 샘 올트먼 실험이 우리나라가 참고할 수 있는 최근의 사례인데, 결과는 양면적이다. 기본소득을 받은 이들은 주당 1.3시간 일을 덜 했다. 더 좋은 곳으로 이사하고 생필품을 사고 남을 돕는 데에 지출을 더 했다. 장기적인 재정상태나 건강에는 큰 변화가 없었다. 반대론자들은 노동이 줄고 부채도 늘었다고 부정적으로 평가하겠지만 그것이 대학 진학, 자폐 자녀 홈스쿨링으로 대체된 것은 폄하할 수 없는 기본소득의 효과다.

유보적인 입장임에도 나는 기본소득을 공론화하는 것은 너무나 중요하다고 믿는다. 기본소득이 필요한지 토론하다 보면 세계화 시대에 부의 격차는 왜 날로 커지는지를 따지게 될 것이다. 부동산과 금융으로 돈 버는 일이 낮은 임금을 받으며 사회를 지탱하는 노동보다 그렇게 큰 대가를 받을 일인지 묻게 될 것이다. 자산이 없어 빈곤상태에 머물러 있는 이들을 '무능력자'로 낮춰보는 게 당연한지 생각하게 될 것이다. 가난한 삶도 품위 있어야 한다고 주장하게 될 것이다. 그리고 온 사회가 함께 생산해 얻은 수익을 시혜가 아닌 권리로서 나눠야 한다는 것까지 말하게 될 것이다. 이재명은 이것을 말할 기회를 내던졌다. 불평등 문제가 대선 어젠다가 돼야 한다는 사실을 민주당은 알지 못했다.

기본소득의 재원을 고민하려면 어떤 식으로든 증세를 이야기해야 하기에 또한 기본소득 공론화가 필요하다. 눈을 밖으로 돌려보자. 주요 20개국(G20)은 조세회피를 막기 위해 15% 최저 법인세율과 다국적 기업의 현지 과세에 합의해 2024년부터 적용됐다. 감세를 발표했다가 총리가 교체된 영국은 부자 증세로 돌아서 조세부담률이 제2차 세계대전 이후 최고 수준인 37.5%에 이를 전망이다. 바야흐로 증세의 시대다. 불평등 해소를 위해 정부가 적극 개입하지 않으면 안 된다는 시각이 힘을 얻고 있다. 경제학자 토마 피케티는 부자들의 자산에 대한 부유세를 주장한다. 철학자 마이클 샌델은 근로소득세를 깎고 금융거래세를 신설하기를 제안한다. 기업인 빌 게이츠는 로봇세에 찬성한다. 기본소득에 반대해 안심소득을 내놓은 오세훈 서울시장, 중부담-중복지를 주장해 온 유승민 전 의원 등 보수의 복지정책조차 증세를 필요로 한다. 보수-진보 공통의 이해로써 증세로의 인식 전환이 필요한 것이다.

애석하게도 윤석열 정부는 이런 추세를 거슬러 감세를 밀어붙였다. 법인세를 구간별로 모두 깎았다. 종합부동산세의 경우 세율을 낮추고 기본공제금액은 높이고 과표가 되는 공시지가와 공정시장가액비율을 동결했다. 2024년부터 5,000만 원 이상 금융소득을 올린 투자자에게 22~27.5% 세금을 걷기로 했던 금융투자소득세를 2년 유예했고 아예 폐지하겠다고 밝혔다. 세법상 대주주에게만 부과되는 주식양도소득세의 대주주 기준을 '10억 원 이상 보유'에서 '50억 원 이상 보유'로 올려 과세 대상을 대폭 줄였다. 상속세 인하 논의도 시작됐다. 2023년 예산을 13조 원 적자로 짜놓고 추가로 23조 원 적자를 낸 상황에서도 감세 기조는 직진 중이다.

감세가 성장을 촉진한다는 주장은 실증적 근거가 없다. 경제학자들이 단언하는 바다. 국제통화기금(IMF)은 2015년 150여 개국 사례를 분석해 부의 낙수효과란 존재하지 않는다는 보고서를 펴냈다. 오히려 하위 20%의 소득이 1% 늘어날 때 연평균 0.38% 성장이 확대된다고 했다. 시카고대 부스경영대학원이 미국의 31차례 조세 개혁을 분석한 결과에서도 상위 10%에 혜택이 돌아간 감세는 고용과

소득 증대, 경제성장과 무관했다. 1980년대에 미국의 레이거노믹스와 영국 대처리즘은 감세, 기업 규제 완화, 노조 약화를 밀어붙였으나 성장률은 기대 이하였고 불평등은 폭발했다. 실례는 우리나라에도 있다. 이명박 정부는 2009~2011년 법인세 최고 세율(과표 2억 원 초과)을 25%에서 20~22%로 인하했지만 투자와 고용 촉진 효과는 거의 없었고 사내유보금이 매년 72조 원, 94조 원, 165조 원, 64조 원씩 늘었다. 윤석열 정부가 전방위적 감세를 추진한 2023년 경제성장률은 대형 악재도 없이 1.4%라는 기록적 수치로 떨어졌고 87조 원의 관리재정수지 적자를 남겼다.

심화하는 불평등은 자본주의에도, 민주주의에도 위협이 된다. 불평등은 성장의 발목을 잡고, 불만 세력은 포퓰리스트 정치인을 두 팔 벌려 환영한다. 트럼프의 포퓰리즘, 영국의 브렉시트, 유럽의 극우주의가 이런 불평등과 불만의 사회 분위기에서 등장했다. 우리나라도 예외가 아니다. 한국의 정치가 좋은 일자리 축소, 소득과 자산 불평등, 계층 양극화에 대응하지 못하는 사이 경제성장률은 떨어졌고 공정 담론은 고조됐다. 이대남의 불만과 불안을 노린 한국식 포퓰리즘이 등장했다. 민주당이 기본소득을 의제화했다면 불평등의 위험을, 증세의 필요를 말할 수 있었다. 이재명은 퍼주기 정치인이라는 낙인을 벗고 국가의 앞날을 고민하는 정치인으로 거듭날 수 있었다. 이 기회를 놓친 것이 민주당과 이재명이 통탄해야 할 일이다. 중요한 의제를 외면하는 한국이 어두운 미래로 미끄러지지 않을지 불안하다.

그럼에도《뉴스타파》는 있어야 한다

《뉴스타파》가 2022년 대선 직전 '2011년 부산저축은행 대출비리 수사 당시 윤석열 대검 중수2과장이 대출 브로커 조우형을 봐줬다'는 의혹을 제기한 보도[*]는 대화 당사자 간 돈 거래 사실이 드러나며 거짓 인터뷰로 몰렸다. 수사 무마 정황을 밝힌 것은 김만배 화천대유 대주주였고 그와의 대화를 녹음해《뉴스타파》에 제공한 것은 신학림《뉴스타파》전문위원이었다. 대화 며칠 뒤 김만배가 1억 6,500만 원의 거액을 주고 신학림의 책을 구매한 사실이 나중에 드러났다. '부산저축은행 수사 무마' 보도의 신뢰성이 떨어진 건 당연하다.

《뉴스타파》가 공개한 두 사람의 대화 전문은 의심을 더 키웠다.

[*] 「[김만배 음성파일] "박영수-윤석열 통해 부산저축은행 사건 해결"」,《뉴스타파》, 2022. 3. 6.

대화 녹취록에는 부산저축은행 수사 당시 조우형이 만난 검사 이름이 나오는데《뉴스타파》는 군이 이를 생략함으로써 윤석열이 커피를 타주고 내보낸 것처럼 오해하게 만들었다.《뉴스타파》측은 '핵심은 누가 커피를 타줬느냐가 아니라 김만배가 조우형에게 박영수 변호사를 소개한 뒤 수사가 무마됐는지 여부'라는 입장을 밝혔다. 그야 그렇지만 세부적 사실이 부정확하면 본질적 진실을 믿기 어려운 법이다. 커피는 정황일 뿐이나 윤석열이 타줬다면 심각한 정황이다.

《뉴스타파》는 녹음 속 김만배의 주장을 충분히 검증하지 않았다. 사건 당사자인 윤석열, 박영수, 조우형, 그리고 이름이 언급된 검사를 접촉했지만 들은 답변은 '기억나지 않는다'는 박영수의 문자뿐이었다. 그런데도 "박영수가 부인하는 게 아니라 '기억나지 않는다'고 답변했다"(한상진《뉴스타파》기자)며 보도하기로 결정한 것은 위험한 편견이다. 유력 대선 후보의 의혹을 고작 며칠 동안 건성으로 검증해 보도한 것도 언론의 정도(正道)가 아니다. 그러니 의도를 의심받은 것이다.

이 모든《뉴스타파》의 잘못과 의구심에도 불구하고, 대통령실이 부산저축은행 수사 무마 보도를 "희대의 대선 공작"으로 규정하고, 검찰이 특별수사팀을 꾸리고, 문화체육관광부와 서울시가 신문법 위반과 신문 등록취소를 검토해 가며《뉴스타파》죽이기에 나선 것에는 찬성할 수가 없다. "민주공화국을 파괴하는 쿠데타 기도로 사형에 처해야 할 만큼의 국가 반역죄"라는 김기현 전 국민의힘 대표의 극언에 혀를 내두를 뿐이다. 극악스러운 유튜브 채널조차 마음대로 없애지 못하는 게 우리나라가 일궈낸 민주화의 유산이다. 하물며 탐사보도에 굵직한 성과를 낸 언론을 이렇게 쉽게 문 닫게 한다면 그야말로 민주공화국이 허물어지고 있다는 증거다.

　검찰은 김만배와 신학림을 대통령 명예훼손과 청탁금지법 위반 등 혐의로 기소하고서 사건을 '대선 여론조작 사건'으로 확대하려 하고 있다. 검찰이 김만배 공소장에서 주장한 그의 여론조작 혐의는 두 가지다. 하나는 김만배가 '이재명 공산당 프레임'(이재명 더불어민주당 대표가 대장동 개발업자로부터 너무 많은 이익을 회수해 김만배가 공산당이라 불렀다는 것)을 퍼뜨려 이재명을 방어했다는 것이다. 하지만 재판부는 "이 사건 공소장에 '이재명 공산당 프레임'이 왜 들어가 있나. (…) 사건의 핵심인 윤 대통령에 대한 명예훼손과 무슨 관계가 있는지 모르겠다"고 정곡을 찔렀다. 검찰이 공판 때 같은 주장을 반복하자 "재판을 하는 것이지 기자들한테 들으라고 하는 소리는 아니지 않느냐"며 제지했다. 또 다른 하나는 '부산저축은행 수사 무마 프레임'을 퍼뜨려 윤석열을 공격했다는 것이다. 《뉴스타파》 보도는 문제가 있지만 수사 무마 의혹 자체를 부정하기는 어렵다. 2011년 부산저축은행 첫 수사 때 커피 대접과 참고인 조사만 받고 나온 조우형은 2015년 재수사 끝에 징역 2년 6개월형을 받았다. 처음부터 제대로 수사가 이뤄졌다면 조우형이 연루된 대장동 부실 대출도 묻히지 않았을 것이다. 부산저축은행 파산으로 피눈물 흘린 피해자들을 생각하면 언론이 충분히 제기할 만한 의혹이다.

　뉴스에는 하자가 없어야 하지만, 뉴스의 하자를 빌미삼아 권력이 언론을 옥죄는 것은 위험하다. 감시받아야 할 대상이 감시자에게 족쇄를 채우는 꼴이다. 국민의힘은 《뉴스타파》 기자 외에 비슷한 내용의 보도를 한 MBC·JTBC 기자들까지 죄다 고발했다. 검찰은 《뉴스타파》 뉴스룸은 물론 기자와 대표의 자택까지 압수수색했으며, 3,000명 이상의 무더기 통신 사실을 조회한 것으로 알려졌다. 방송통신심의위원회는 《뉴스타파》를 인용 보도한 MBC·KBS·YTN·JTBC에까지 총 1억 4,000만 원의 역대 최고 과징금을 부과했다. 과징금 부과의 시작은 류희림 방송통신심의위원장의 가족과 지인들이 제기한 '셀프 민원'이었다. 국가기관들이 권력의 하수인이 돼 권력 비판에 재갈 물리는 것이다.

창설 이후 《뉴스타파》는 스스로 존재 이유를 증명한 독립 언론이었다. 주류 언론이 자원 투입을 줄인 탐사보도의 공백을 메워왔다. 2013년 6월 조세회피처 한국인 명단 보도가 대표적이다. 국가정보원 간첩 증거 조작 특종은 주류 언론의 보도 흐름을 바꿨다. 세월호 참사에 대한 가장 방대한 아카이브를 구축했고, 면밀한 팩트체크로 외력이나 음모는 없음을 일관되게 보도해 왔다. 《뉴스타파》가 존재하지 않는다면 우리는 이런 뉴스들을 어디서도 볼 수 없게 될 것이다.

《뉴스타파》가 천명해 온 사실 우선의 원칙, 비당파성의 원칙은 비록 이번에 훼손된 면이 있지만 만만히 볼 게 아니다. 윤석열 검찰총장 후보자 인사청문회가 열린 2019년 7월 8일 《뉴스타파》는 그가 '윤우진 전 용산세무서장 뇌물 의혹 사건에 변호사를 소개했다'고 말한 녹음파일을 공개했다. 이를 줄곧 부인했던 윤석열은 청문회에서 위증으로 궁지에 몰렸다.《뉴스타파》는 문제를 보도할 때 어느 정부의 검찰총장인지 따지지 않았다. 진실 보도를 받아들이지 못한 건 후원자들이었다. 후원자 중 문재인 정부 지지자들이 정기 후원을 끊어《뉴스타파》의 유일한 수입원인 후원금이 급감했다. '자유한국당(현 국민의힘)과 야합했다'는 험한 댓글들이 홈페이지를 도배했다. 불과 몇 달 뒤 윤석열 검찰총장이 조국 법무부 장관을 수사하며 문재인 정부와 각을 세우자 '사죄드린다' '후원 증액한다'는 참회가《뉴스타파》에 쏟아졌다. 여기서 정파적인 것은《뉴스타파》인가, 뉴스소비자인가.

나는 이런 언론이 결코 사라지지 않기를 바란다.《뉴스타파》는 '너마저 정파적으로 기운 거냐'는 비판을 진지하게 성찰하고, 부산 저축은행 수사 무마 보도에서 드러난 문제들이 다시는 발생하지 않도록 해야 한다. 사실을 우선시하는 언론으로 돌아와야 한다. 그렇게 해서 본연의 탐사 보도를 꿋꿋하게 이어가기를 고대한다.《뉴스타파》만이 할 수 있는 집요한 취재로, 누구든 세금을 낭비하거나 권한을 남용하려 할 때 주저하게 하기를 원한다. 이 언론을 지키는 일은 단지 수십 명의 일자리를 지키는 것이 아니다. 그들이 권력 감시와 진실 규명으로 기여해 온 민주주의 가치를 지키는 것이다. 시민들이 이를 자기 문제로 여기기를 희망한다.

언론이 위축될 때 권력이 '족쇄 풀린 리바이어던(괴물)'이 된 사례는 인류 역사에서 확인됐다. 한국의 군사독재 정부는 보도지침으로 언론을 통제했다. 그랬기에 장기집권을 하고 5·18 광주민주화항쟁을 폭도로 왜곡하고 수천억 비자금을 쌓는 것이 가능했다. 지금도 러시아, 중국, 이란 같은 권위주의 국가들은 언론과 SNS를 검열하고 기자를 가둔다. 언론이 제 역할을 못 할 때 자유로워지는 건 시민이 아닌 권력이다. 없어져야 할 언론이 내 마음에 안 드는 언론인가. 권력의 마음에 드는 언론이야말로 존재 가치가 없다.

희망을 한 뼘 넓히는 정치인들

정치인에 대한 불신이 높은 건 세계 공통이지만 우리나라 국민의 정치인 욕하기는 과한 게 아닌가 싶다. 단적인 예가 국회의원 정원 확대에 대한 반감이다. 여론조사를 할 때마다 반대가 압도적이다. 증원을 주장했다가 곤욕을 치른 정치인이 여럿이다. 오히려 국회의원을 줄이자고 하면 박수를 받는다. 의대 증원에는 그토록 찬성하면서, 의사와 마찬가지로 대국민 서비스직이라 할 의원 증원에 결사 반대하는 건 참 감정적이다. 이성적으로 따지면 의원 정원 감축은 의원들만 좋아할 일이다. 의원 수가 줄어들면 경쟁도, 견제도 없이 권한은 소수에게 집중될 것이다. 정치인 집단을 싸잡아 비판하며 정치 혐오를 키우는 것이 이래서 위험하다.

나는 여야를 가리지 않고 정치 비판 칼럼을 많이 썼지만 비판이 기자 역할의 전부라 생각하지 않는다. 문제를 조명할 때면 대안을 찾고 해법을 제시해야 하듯, 좋은 정책을 칭찬하고 잘하는 정치인을 조명해야 한다. 상대를 더 잘 벨 수 있는 정치인이 아니라 삶을 더 낫게 할 정치인에게 주목해야 한다.

삶을 더 낫게 할 정치인이란 누구인가. 출세와 사익이 목적인 이들은 배제 대상이다. 말을 자주 바꾸고 말과 행동이 다른 정치인도 믿을 수 없다. 비전과 철학을 제시하고 실행하는 정치인이라면 관심을 줄 만하다. 추구하는 비전은 제각각 다를 수 있지만 최소한 어느 방향으로 가는지는 분명해야 한다. 자기 철학이 분명하되 의견이 다른 정치인과 대화할 줄 아는 민주주의자, 그렇게 해서 도달할 최종 목적지가 공동체임을 인식하는 공화주의자가 우리에겐 필요하다. 모든 것을 다 갖춘 이는 드물지만 그래도 내가 괜찮다고 생각하는 정치인들이 있다.

- **지적 정직함, 유승민의 보수**

유승민 전 국민의힘 의원은 내가 만나본 정치인 중 가장 준비된 대통령감이다. 그는 2022년 대선을 앞두고 나와 인터뷰를 통해 선거운동 시작을 알렸다. 신문 한 면을 털어 쓰는 전면 인터뷰이긴 했지만 인터뷰 시간이 3시간에 육박했던 건 이례적으로 길었다. 유승민이 거의 모든 질문에 정리된 생각이 있었고 할 말이 많았던 탓이다. 그가 잘 답변하지 못했던 유일한 예외가 임신중지에 대한 물음이었다. 그는 헌재의 헌법불합치 판결로 더 이상 논의할 게 없다고 여겼고 내가 '후속 법안이 없어 문제가 많다'고 지적하자 "그건 잘 몰랐다. 알아보겠다"고 답했다. 모르는 것을 인정하는 솔직함도 정치인으로서 드문 미덕이다. 국민의힘과 지지층은 왜 이런 후보를 놔두고 생초보 정치인을 대통령 후보로 골랐던 것일까. 정책 능력이 정치인 자질의 모든 것은 아닐지라도 유승민 같은 이를 대통령으로 뽑았다면 의료 공백 같은 혼란은 없었을 것이다. 비속어로 해외에서 망신 사는 일도 없었을 것이다.

나는 유승민의 가장 큰 장점이 정책적 해박함이 아니라 지적 정직함이라고 생각한다. 유승민은 자기 원칙에 충실하고 정직하다. 그는 승리를 위해 슬쩍 말을 바꾸거나 엉뚱한 의미로 말을 오염시키거나 논쟁의 핵심을 비틀어 국민과 자신을 속이지 않는다. 그가 2015년 4월 원내대표 첫 국회 연설에서 '증세 없는 복지는 허구'라며 중부담-중복지론을 펼친 것이 그런 정직함의 발로였다고 나는 본다. 혼자 튀어보겠다는 자기 정치가 아니었으리라. 말이야 백번 옳은 말이지, 증세 없이 복지가 하늘에서 떨어질 수는 없다. 무상보육, 기초연금 인상 등 복지 공약을 내걸고 당선된 박근혜 정부는 증세를 말만 하지 않았을 뿐 소득공제를 축소하고 담뱃세를 인상하고 법인세 감면을 줄여 실효세율을 높였다. 유승민은 증세를 증세라인정하고 그것이 옳은 방향이라고 밝혔을 뿐이다.

그리고는 '배신자'로 못 박혔으니 억울할 따름이다. 직접적 계기는 국회법 개정이었다. 세월호특별법 시행령이 모법의 취지를 위반해 진상규명을 제약한다는 논란이 있었던 2015년 5월 국회는 정부 시행령이 법률 취지에 어긋나면 수정을 요구할 수 있도록 하는 국회법 개정을 여야 합의로 통과시켰다. 박근혜는 거부권을 행사했고 자기 철학에 정치를 이용하는 것은 "배신의 정치"라며 "반드시 선거에서 국민께서 심판해 주셔야 할 것"이라고 독설을 뿜었다. 의원들의 퇴진 요구에 유승민은 원내대표에서 물러났고, 이듬해 20대 총선에서 공천 학살을 당했다. 배신당한 건 유승민이다. 국회 연설도, 공무원연금법 개정과 패키지로 타협한 국회법 개정도, 원칙에서 어긋난 게 없었다. 대통령 심기를 자극했다는 이유로 합법적으로 선출된 원내대표를 쫓아내고 공천을 안 주는 게 합당한가. 박근혜 탄핵에 찬성하고 바른정당을 창당한 것 또한 보수의 가치를 지키는 일이었다. 유승민을 배신자로 몰아가는 이들이야말로 그를 희생양 삼아 자기 이득을 취한다. 홍준표 대구시장은 "탄핵 때도 당을 지켰다"며 유승민과 비교하곤 하는데, 당을 지켜서 대체 뭘 해냈는지 묻고 싶다.

보수 진영에서 유승민만큼 '토론이 되는' 대선 주자는 일찍이 없었다. 그는 부정선거 음모론이나 5·18 망언, 무속 논란과 거리가 멀다. 명료하게 주장하고 근거를 댄다. 복지를 위해 필요하면 증세를 하겠다는, 솔직하고 일관된 논리를 가졌다. 상대 후보의 공약조차 칭찬할 줄 아는 열린 마음을 지녔다. 그가 완주했던 2017년 대선 TV토론회에서 가장 건설적이고 흥미로웠던 장면은 유승민(바른정당), 심상정(정의당) 후보 사이의 논쟁이었다. 증세, 사드 배치 등을 놓고 두 후보는 격렬하게 부딪혔는데, 양측의 논리가 모두 고민할 여지가 있었던 데다 예의 바르기까지 했다. 이들의 토론은 보수와 진보가 어떻게 대화를 통해 의회정치를 할 것인지 가능성을 보여주는 단초였다.

이런 정치인이 리더가 되는 건 정치사적 의미가 있다. 보수 정치가 크게 달라질 것이기 때문이다. 국민의힘은 대통령 탄핵 후 황교안 대표 체제에서 극우로 치달았다가 이준석 대표의 개혁 착시 시기를 거쳐 대통령 사당으로 주저앉았다. 여전히 구태 이미지에 갇힌 보수 정당을 유승민은 보다 합리적으로, 미래지향적으로 바꿀 수 있다. 보수 진영은 언제까지 전근대적 국가주의와 반북반공 이념만 붙잡고 있을 텐가. 나는 색깔론 아닌 글로벌 스탠더드를 말하는 보수, 대기업이 아닌 자유 시장을 지키는 보수, 가부장적 권위보다 개인의 자유를 중시하는 보수를 보고 싶다. 지적인 보수, 너그러운 보수로 탈바꿈할 때가 됐다. 유승민이 이끄는 보수 정치라면 가능할지 모른다. 리더와 정당이 바뀌면 지지자들도 달라진다.

문제는 유승민 정치력의 한계다. 정책 능력만으로 리더가 되지는 않는다. 그에겐 대중의 열망을 지피고 의원들을 규합해 세를 키우는 능력이 부족해 보인다. 바른정당 당대표가 될 때 "내가 맨 먼저 적진을 밟을 것이고, 내가 맨 마지막에 적진에서 나올 것"이라고 영화 〈위 워 솔저스〉 대사를 인용하며 결의를 다졌지만 바른정당 실험은 실패로 끝났다. 의원들이 한둘씩 탈당해 국민의힘으로 복귀하고 당이 와해되는 것을 그는 막지 못했다. 탄핵 이후 방황하는 보수 유권자들에게 다가가 보수 개혁의 꿈을 뿌리고 지지 기반을 넓혀야 했다. 결국 자신도 국민의힘으로 돌아왔지만, 2022년 대선 후보 경선에서 당원 득표 4%, 여론조사 10%로 3위에 그쳤다.

유승민의 한계만 탓하기는 어렵다. 그가 2015년 원내대표에서 쫓겨난 것은 대통령의 배신자 지목 때문이었는데 2022년 경기도지사 후보 경선에서 김은혜 후보에게 밀린 후에는 "윤석열 당선자와의 대결에서 졌다"고 했다. 보수 정당이, 유권자들이 이렇게까지 유승민에게 기회를 주지 않는 것이 애석하다. 유승민 같은 인물이 있어야 보수 정치가 더 풍성해진다.

▪ 반대편을 설득하는 능력, 김부겸

김부겸 전 국무총리는 민주당에서 더 큰 역할을 할 수 있다. 그는 노무현 전 대통령처럼 민주당 기호를 달고 보수의 심장 대구에 도전하며 성장했다. 경기 군포에서 3선 의원을 하고선 굳이 대구로 옮겨가 2012년 총선, 2014년 지방선거에서 낙선하고 2016년 총선에서 당선됐다. 2020년 다시 낙선했다. '여야를 다양하게 찍어 경쟁시켜야 대구가 발전한다'는 소신에 박수를 치건, 노무현 따라하기에 불과하다고 폄하하건, 눈여겨봐야 할 것은 그가 보수적 대구 유권자를 설득하는 방식이다. 2017년 대선 때 대구 칠성시장에서 그는 문재인 후보를 찍어야 하는 이유를 이렇게 말했다. "나라의 원칙을 바로잡아야 됩니다. 이래가지고는 우리 자식들이 살 수가 없어요. (…) 이번에는 한번 기회를 주이소. 저희들도 무슨 만병통치는 아이라예. 그러나 20년 전 IMF 국가부도가 났을 때, 대통령 세 번 떨어졌던 일흔두 살 김대중 후보 여러분이 선택했을 때 김대중이 거짓말 했습니까? 고통을 참고 허리띠를 졸라매자 울부짖었을 때 여러분 금반지 팔고 금숟가락 팔아가 국가 위기 극복했잖아예. 이번에 한번 기회를 주이소." 문재인 당선은 뻔한 일이었지만 김부겸은 탄핵으로 낙심했을 대구 시민들에게 자세를 낮췄고 대의로써 호소했다. 대구 유권자들의 묻지 마 투표 행태에 대해 호통치기도 했다. "칠성시장 앞에 대형마트 들어온다 할 때 (여당은) 상인 여러분하고 안 싸워줬잖아예! 저희들은 못난 야당이지만 여러분 곁에 서 있었잖아요. 이래 하는 기 세상이 바뀌는 거지 얼굴도 안 보고 찍어주는 그런 선거 언제까지 할낍니까?"

내 편 선동에 능한 정치인은 많지만, 반대편을 설득할 줄 아는 정치인은 드물다. 김부겸은 생각이 다른 이들을 무시하거나 비하하지 않는, 사람을 대하는 우아한 태도를 가졌다. 보수 유권자를 적으로 몰지 않으면서 보수의 문제를 짚고 민주당을 선택할 이유를 말한다. '적진'에서 단련된 그 설득의 힘은 국론이 분열되는 위기 때 지도자에게 반드시 필요한 것이다.

김부겸은 통합의 정치를 위한 최적의 리더다. 윤석열 정부의 초대 총리로 거론된 것만 봐도 알 수 있다. 경북 상주 출신으로 보수-진보 정당을 거친 이력은 그가 민주당 주류가 되기 어려운 한계로 작용했지만 폭넓은 교유범위와 친화력은 대단한 장점이다. 그는 다른 정당의 누구와도 대화할 수 있는 인물이다. 권위적이지도 않다. 지역구민들과 스스럼없이 포장마차에서 어울렸고 행정안전부 장관 시절 혼자 KTX를 탔다가 진상 고객을 제압하기도 했다. 장관 임기 마지막 날 청사 이임식을 취소하고는 고성 산불 현장을 지키며 대피 주민을 위로했던 마음씀씀이도 기억에 남는다. 게다가 그는 내가 우리 정치에 절실히 필요하다고 주장하는 유머감각을 갖고 있다. 국무총리 임기 마지막 인터뷰에서 정계 은퇴를 밝힌 그에게 내가 진영 대립을 완화하기 위해서라도 계속 도전해야 하는 것 아니냐고 물었을 때 그는 힘 빼고 "안 찍어주잖아요~"라고 말해 함께 웃어버렸다.

김부겸에게도 한계는 있다. 그는 지역구도 완화를 말하며 대구에서 어려운 도전을 이어왔지만 사실 그가 이루고자 하는 목표가 무엇인지 명확치 않다. 그것을 제대로 펼쳐 보인 적이 없다. 확고한 정치적 비전이 없다면 누구와도 대화할 수 있고 타협할 수 있다는 장점은 그저 "발 넓은 좋은 사람"에 그칠 수 있다. 반대를 무릅쓰고 설득해서라도 그가 만들고자 하는 세상이 무엇인지를 국민들이 알게 해야 한다.

정치 양극화가 극심한 지금이야말로 김부겸의 역할이 절실히 요구되지만 역설적이게도 그래서 그가 각광받지 못한다. 상대 진영을 절멸의 대상으로 삼는 분위기에선 강성의 막말 정치인이 성하고 타협적 온건 정치인은 입지를 잃는다. 김부겸은 "우리 진영에서 박수를 받으려면 상대편을 가차없이 욕해야 한다. 그렇게 하지 않으면 진영 내에 설 자리가 없다. (…) 지금 정치를 더 하려면 우리 편은 무조건 옳고 상대편은 무조건 나쁘다고 해야 한다. 이런 정치를 계속 해야 하나"라며 총리 임기 마무리와 함께 정치를 떠났었다. 2024년 총선 민주당 상임공동선대위원장으로 복귀한 뒤 그는 막말로 논란이 된 양문석·김준혁 후보 공천을 문제삼고, 국회 개원식에 불참한 윤석열 대통령의 독선을 비판하는 등 민주당에서 가장 상식적이고 균형 잡힌 행보를 보였다. 그러나 민주당 내에서 환호받지 못했다. 안타까운 일이다. 김부겸 같은 인물을 소중히 여겨 정치의 균형을 회복할 필요가 있다.

▪ 이탄희의 정치에는 사람이 있다

이탄희 전 민주당 의원은 사람을 위한 정치를 일깨워준 정치인이었다. 국회 법사위원이었던 이탄희가 법무부 장관이었던 한동훈과 검수원복 시행령 문제를 놓고 논쟁을 벌였을 때 나는 이탄희의 법과 한동훈의 법이 어쩌면 저토록 다른가 생각했었다. 국무위원 때부터 한동훈은 야당 의원들에게 면박 주는 화법으로 유명했다. 하지만 발언 내용이 아닌 말싸움 스타일이 주목받았고 대중은 게임 보듯 승패를 매겼다. 그의 말싸움 중 의미 있는 쟁점을 남긴 예외가 이탄희와의 검수원복 논쟁일 것이다. 고성도, 비아냥도 없이 둘은 치열한 설전을 벌였다.

민주당은 윤석열 대통령 취임 직전인 2022년 4월 검찰의 직접 수사 범위를 6개에서 부패·경제 범죄 2개로 축소한 검수완박 법 개정을 밀어붙였다. 법무부는 6월 검찰 수사 범위를 제한한 법이 위헌이라며 헌법재판소에 권한쟁의심판을 청구했고, 8월엔 검찰 수사 범위를 확대하는 시행령을 제정했다. 법이 수사권을 제한해 위헌이라면서 동시에 그 법에 근거해 수사권을 확대한 이중적 대응이었다. 이탄희는 법무부 대응이 그 자체로 모순임을 짚었다. 그는 "(법무부 장관이 청구인인 권한쟁의심판청구서를 보면) 2020년에 이미 6대 범죄 이외의 영역에서는 검사의 직접 수사 개시가 금지되었다. 그리고 2022년에 법(개정)을 통해서 직접 수사 범위 축소는 더 심화되었다. (…) 그렇게 해석된다고 청구서에 쓰여 있는데 (시행령 제정) 보도자료에는 이 법이 부패·경제 범죄 이외에 다른 주요 범죄 수사도 허용한다고 해석했다"고 정곡을 찔렀다. "두 해석이 동시에 존재할 수는 없다"는 타당한 지적이었고 "행정에도 일관성이 있어야 하지 않느냐"는 명료한 질문이었다.

법 지식에 아무리 정통해도 그 지식을 쓰는 철학과 규범이 없다면 법 기술자에 불과하다. 이탄희의 질문이 아픈 이유는 법 기술자들이 외면하는 문제를 들추기 때문이다. 그는 법이 무엇을 위해 존재하느냐는 근본적 질문을 던진다. '처럼회' 의원들처럼 한동훈 흠집 내기에 사로잡혀 있지 않다. 대신 결국 법이 향하는 사람을 끄집어낸다. 기계적 집행만 남을 때 법은 권력자의 지배 수단이나 약자를 억압하는 수단이 될 수 있음을 짚어낸다. 그가 오석준 대법관 인사청문회에서 800원 횡령 버스기사 해고 판결이 "근래에 본 가장 비정한 판결"이라고 했던 이유가 여기 있다. 이원석 검찰총장 청문회에서 편의점 알바생이 5,900원 족발세트를 먹은 사건을 검찰이 기소하고 무죄를 받고 또 항소했다며 "뭔가 잘못 돌아가는 것 아니냐"고 지적한 이유다.

이탄희는 또 다른 법조인 출신 국무위원인 이상민 행정안전부 장관과의 설전에서도 법을 쓰는 전혀 다른 방법을 보였다. 대우조선해양 하청노동자 파업 대응에 대한 국회 대정부질문에서 '불법 점거여서 특공대 투입 검토가 아무 문제가 없다'고 주장하는 이상민에게 이탄희는 어떻게 불법 점거를 확신하느냐고, 불법 점거에 이르게 된 과정을 지켜봤느냐고 물었다. 이상민은 불법 파업이라는 말을 반복했지만 파업의 진행 경과를 대답하지 못했다. 이탄희의 목소리가 높아졌다. "100명이 몰려와 하청 (노조원) 1명 밀치고…, 집단 폭행 집단 손괴 아닌가?" "전치 12주 상해, 이건 불법 아닌가?" "원청 단톡방에서 '하청 하나씩 박멸해 나가자' '산탄총 공기총 들고 가겠다' '잠자지 마라' 위협한 건 징역 7년 이하 불법 아닌가?" 그러고는 말했다. "정부의 아무도 말하지 않았다. 산업안전보건법 위반 등 사측 불법행위가 6가지가 넘는다. 어떻게 한마디가 없나. 처음부터 노사 똑같이 불법행위를 좌시하지 않겠다고 했으면 파업이 이렇게 끝났겠나. 이런 걸 편파적 법치주의라 한다." 대통령을 필두로 율사 출신 가득한 이 정부는 법과 원칙을 강조했다. 그러나 그 법치는 약자에게만 엄격하고 강자에겐 너그러웠다. 이탄희는 이를 편파적 법치주의라 했다.

이탄희의 법에는 사람이 있다. 법 조항을 줄줄이 외워도, 법은 정의를 구현하는 수단이고 정의는 사람을 구하는 일이라는 것을 잊는 이들이 있다. 법이 그 목적을 실현하려면 사람의 부단한 노력이 필요하다는 것 또한 놓치는 이들이 많다. 미국 연방검찰 뉴욕남부지검장으로 정계 거물들을 기소했던 프릿 바라라는 "훌륭한 조리법이 맛있는 음식을 보장하지 못하듯, 현명한 법도 정의를 장담하지는 못한다"며 "정의를 실현하거나 좌절시키는 것은 인간"이라고 했다(『정의는 어떻게 실현되는가』). 이탄희의 정치는 사람을 위해 법을 쓰도록 하는 것이었다.

목적과 수단을 헷갈리지 않는 사람이기에 이탄희는 사법농단의 고발자가 됐을 것이다. 그는 법원행정처 인사발령 후 판사들을 뒷조사하고 연구회를 탄압하는 일을 맡게 될 것이란 말을 듣고 사의를 밝혔다. 혼란스러운 진상 조사와 수사를 지켜보고는 2년 뒤 끝내 사표를 냈다. 그는 사직하며 법원 내부망에 "행정처를 중심으로 벌어진 헌법에 반하는 행위들은 건전한 법관사회의 가치와 양식에 대한 배신이었다. 법관이 추종해야 할 것은 사적인 관계나 조직의 이익이 아니라 우리 사회의 공적인 가치다. 가치에 대한 배신은 거부할 수 있을 때 해야 한다고 생각했다. 한번 물러서면 예전으로 돌아갈 수 없기 때문"이라고 밝혔다. 법관의 가치가 무엇인지 명확히 이해했던 한 판사가 부정한 지시를 따르지 않는 것으로 사법농단이라는 거대한 부조리가 폭로됐다.

이탄희가 2024년 총선에 불출마한 것은 여러모로 아쉬운 일이다. 짧은 정치 경력으로 그를 평가하기는 어렵지만 그는 국회의원이 국민을 대변한다는 것을 실감케 한 드문 정치인이었다. 그가 정치 활동을 이어가기를 바란다.

공교롭게도 정치적 기반이 약하거나 정치를 떠난 이들만 언급하고 말았다. 자격 있는 정치인들이 더 성장하지 않는 게 우리 정치의 문제일 것이다. 자극적 발언을 하고 싸움 잘하는 정치인이 주목받는다. 옳은 말 하고 뭔가를 만들어내는 정치인에게 관심을 기울여야 한다. 당대표가 마음대로 못 하는 공천 시스템과 당내 민주화가 그래서 필요하다. 국민들 또한 막장드라마를 보듯 정치를 소비하는 것 이상을 해야 한다. 내가 인터뷰했던 예자선 변호사는 "국민 노릇은 자영업자와 같아서 국회의원 뽑아서 맡기기만 해선 안 되고 주인처럼 정책도 살펴야 한다"고 했다. 그런 것이다. 정치가 더럽다고 외면할 때 그들은 자신의 이해를 우선시하게 된다. 국회의원 꼴 보기 싫다며 정원 줄이기에 찬성할 때 소수에게 집중된 특권은 더 커진다. 그런 꼴이 보기 싫다면 더더욱 어떤 정치인이 우리 삶을 더 낫게 할 것인지 눈을 크게 뜨고 지켜봐야 한다.

절망의 정치를 넘어

2024년 총선은 문재인 정권을 심판한 윤석열 정권을 심판한 조국의 선거였다. 불과 2년 만에 심판 대상은 문재인 정권에서 윤석열 정권으로 바뀌었다. '범죄자 정당'이란 조롱이 무색하게 조국혁신당은 창당 한 달 뒤 12석을 거머쥐었다. 조국 조국혁신당 대표는 검찰에 당할 만큼 당한, 아니 처절하게 당한 피해자의 자격으로 심판자가 됐다. "처벌받은 내로남불로 처벌받지 않은 내로남불을 심판하는 형국"이라고 최병천 신경제성장연구소 소장은 《경향신문》에 썼다. 조국 사태와 그를 감싼 문재인 전 대통령이 윤석열 검찰총장을 대통령으로 만들었다면, 정치인 조국을 세운 건 윤석열 대통령과 검찰이었다.

• 심판만으로 세상을 바꿀 수 없다

이 심판의 악순환이 서글프다. 유권자들이 패배를 안기려는 이유는 넘쳐나지만 그렇게 승리한 쪽이 더 나은 세상을 만들었는지는 의문이다. 많은 국민이 반(反) 문재인 기치에 이끌려 정치 경험이 전무한 신인, 숱한 설화와 무속 논란을 일으켰던 윤석열 대통령을 뽑았다. 그러고선 지금 의대 정원 2,000명 증원을 고집하다 해결하지 못하는 무능력에 실망하고 있다. 법치와 공정을 내세워 당선돼 놓고는 영부인 특검법을 번번이 거부하는 대통령에게 배신감을 느끼고 있다. 최서원의 국정농단과 박근혜 전 대통령 탄핵이 아직도 기억에 생생한데 김건희 여사의 공천개입 의혹과 정치브로커 명태균의 방자함에 공분하고 있다.

170석을 안고 다시 심판의 칼을 든 더불어민주당은 좀 나을까. 21대 국회에서 180석을 가졌던 민주당이 한 일은 검수완박 입법, 상임위원장 독식이었다. 방송 3법을 외면하다가 정권을 잃은 후에야 공영방송 장악을 비판했고, 노란봉투법을 뒤늦게 통과시켰다가 대통령 거부권으로 좌초했다. 22대 국회에서 해온 일은 온통 탄핵과 방탄이었다. 4개월 동안 검사와 방송통신위원장에 대해 7건의 탄핵소추안, 13건의 특검법, '표적수사 금지법' 같은 이재명 대표 방탄 법안을 발의했다. 당헌당규를 개정해 윤리기준을 허물었고 부자 감세 등 지지층 배반을 이어가고 있다. 이런 당이 뭘 해결하고 뭘 개선한다는 말인가.

제3의 대안이 조국혁신당이라는 현실은 역설적이다. 정치인 조국의 앞날이 불확실한데도 조국혁신당에 몰린 표심은, 주권 행사를 심판으로 소모하는 우리 정치의 비극적 현실이다. 중대재해처벌법 개정이나 근로시간 개편, 감세 등 여파를 고민해야 할 총선은 심판의 욕구를 쏟아내는 시간이 됐다. 누가 더 무거운 심판을 받아야 하는지를 놓고 싸운다. 이쪽도 잘못이지만 저쪽이 더 큰 문제라는 끝도 없는 늪이다.

선거가 심판의 열기로 충만하고 막말로 얼룩지면서 우리는 시대정신이라고 하는, 사회의 당면 과제를 진단하고 해법을 찾는 기회를 잃었다. 2011년 서울시장 보궐선거와 2012년 대통령선거의 화두였던 보편 복지와 선별 복지의 논쟁 같은 것을 더 이상 보기 어렵다. 2002년 대선 때 국민참여경선이라는 정당 혁신으로 민주주의를 강화하고 노무현 돌풍을 일으켰던 일이 앞으로 가능할지 의문이다. 현재 전 세계가 기후변화와 저출산고령화에 면밀히 정책을 세워 대응하는데 한국만 다급한 기색조차 없이 도태 중인 것을 정치권은 알고나 있는지 모르겠다. 외국인과 소수자에 대한 포용 없이는 우리나라가 성장은커녕 존속조차 어렵다는 걸 생각하는지 모르겠다. 거대 양당이 총선 한 달 전에야 후보를 내고 퍼주기·재탕 공약을 채워 넣어 그나마 가장 논쟁이 된 게 조국혁신당의 '사회권 선진국' 공약이니 할 말 다 했다.

드물게 오는 주권 행사의 시간을 응징으로만 소진하는 일은 그만두도록 하자. 심판이 끝이 아니라 시작이 되도록 하자. 심판의 이유였던 그 문제를 해결하라고 요구하고, 정당을 쇄신하도록 목소리 내고, 개헌으로 권력구조를 바꾸는 것에 관심을 갖도록 하자. 시대적 과제가 실종된 선거는, 가장 개혁이 시급한 분야가 정치라는 것을 말해준다. 대통령 한 명 잘 뽑아 문제를 해결할 수 있는 시대는 이제 끝났다고 봐야 한다. 그러기엔 우리 사회가 복잡해지고 다원화됐다. 보복 수사와 적폐 청산으로는 세상을 바꿀 수 없다. 더 나은 미래를 만들려면, 정치 구조를 바꿔야 한다. 심판을 벼르던 여러분들이 정치 개혁에 관심을 쏟아야 한다.

· 정치적 내전을 끝내려면

21대 국회에서는 선거제 개편을 놓고 국회의원 전원이 4일간 토론을 벌인, 헌정 사상 최초의 국회 전원위원회가 열렸다. 그러나 국민 관심이 크지 않았다. 어차피 나눠 먹기라는 냉소가 있었을 것이다. 하지만 지루하고 속 보이는 12시간 토론 속에서도 의외의 견해, 울컥할 진심이 박혀있었다. 옥석을 가려 조명하지 않은 언론의 나태함이 부끄러울 뿐이다. 정치인의 망언 같은, 자극적이고 많이 읽히는 기사가 아니라서 외면했을 터다.

왜 선거제를 바꿔야 하나. 이탄희 당시 민주당 의원은 "남의 말 조롱하고 반문하고 모욕 주면 끝"인 거대 양당의 반사이익 구조를 "절망의 정치"라고 진단했다. 절망을 끊기를 호소했다. "선거법 개혁의 핵심은 정치다양성 확보다. 다양성을 확보해 경쟁을 되살려야 한다. 김부겸 정도 되면 대구 출마해 당선되고 유승민 정도 되면 공천 안 주려야 안 줄 수가 없는 선거제도를 만들어야 한다. 호남에서도 유권자들이 후보를 선택할 수 있는 선거제여야 한다. 그래야 정치양극화가 해소되고 반사이익 구조가 깨지고 혐오 전쟁이 멈춘다. 다양성은 강하다. 유리하다. 다양성을 통해 한국 정치를 멸종에서 구해 달라." 더 나은 정치를 열망하며 가슴 뛴 적 있다면, 거기서 거기인 후보들 사이에서 표 줄 곳 몰라 고통스러웠다면, 선거제가 해법의 전부는 아니라도 일부는 될 수 있다. 1등이 독식하는 소선거구제를 허문다면 유권자는 사표를 두려워하지 않고 선뜻 제3당에 표를 나눠줄 것이다. 정당들도 3등, 4등까지 당선되는 중대선거구제에선 정당 이름만 내세워선 안 되고 김부겸 전 총리, 유승민 전 의원처럼 경쟁력 있는 후보로 승부해야 한다. 결과적으로 국회 구성원은 더 다양해질 것이다. 국회에서 대표되지 않던 소수집단의 요구가 분출되고 논의될 것이다.

정운천 당시 국민의힘 의원은 지역주의의 민낯을 지적했다. "(영호남 지역은) 공천만 받으면 당선되는 일당독재 체제로, 지역발전과 민생 정치는 뒷전이다. 경쟁도 없고 책임도 없고 정당정치는 실종된 상태"라고 했다. 2024년 영광·곡성 재보궐 선거는 조국혁신당이 민주당과 경쟁한 것만으로도 분위기가 달랐다. 선거제를 바꾸면, 영-호남에서 국민의힘-민주당이 빗자루만 꽂아도 당선되는 일은 없어질 것이다. 같은 당 김형동 의원은 수도권 의석은 48%나 되는데 농어촌 의석은 갈수록 줄어드는, "(농어촌의) 대표성이 적어지니까 지역

발전 안 되고 인구 유입 안 되는 지방소멸의 악순환"을 지적했다. 이 또한 선거제와 관련이 있다. 지역 대표성을 강화할 필요가 있다.

선거제 논의의 쟁점을 가장 쉽게 설명한 건 김종민 당시 민주당 의원이다. "쟁점은 한 명 뽑는 선거냐, 여러 명 뽑는 선거냐. 한 명을 뽑으면 양당이 단독 과반수 정치를, 여러 명 뽑으면 연합 과반수 정치를 하게 된다. 대화와 타협이 가능한 정치를 하려면 여러 명 뽑는 선거로 가야 한다. 여러 명 뽑는 유럽 국가들과 한 명 뽑는 미국·영국·한국·프랑스의 민주주의 지수를 비교해 보면 여러 명 뽑는 나라들이 앞선 게 우연이 아니다."

유럽의 제도가 바로 개방명부식 대선거구제다. 큰 선거구에서 4~7명을 뽑도록 하고 유권자는 정당과 후보에 각각 투표한다. 정당 득표율에 따라 의석 수를 할당하고, 당선자는 후보 득표 순으로 결정한다. 절절하게 말해온 비례성·다양성을 높이는 게 가능해진다. 이 방식에선 위성정당이 출현할 수 없다. 다당제가 정착하게 된다. 그중 과반을 차지한 정당이 없으면 정당들이 연합해 다수당을 구성해야 한다. 그러기 위해서라도 서로 대화하고 타협하게 될 것이다.

문제는 가보지 않은 길이라는 것. 국민들이 낯설어 하기에 의원들도 엄두를 못 낸다. 박주민 민주당 의원이 설득력 있다. "국민 요구는 사표 줄여라, 직접 선택권 넓혀라, 정수 늘리지 말라는 것이다. (개방명부식 대선거구제는) 낯설다. 낯설다 하더라도 국민 요구를 잘 수용할 안이라면 가야 하지 않나. 그게 정치인 역할 아닌가. 한번 선거제 바꾸고 3년, 4년 뒤에 또 바꾸는 것은 안 된다. 30년, 40년을 내다보고 개혁해야 한다. 애매하게 말고 확실하게 국민 요구에 부합하는 제도여야 한다."

의원들이 각자 유리한 것만 주장하는 것으로 들릴지 모른다. 그렇다면 이 발언을 들어보자. "청년과 여성의 목소리, 노동과 녹색의 의제, 약자의 권리가 더 반영될 수 있다면 정의당이 아니어도 된다. 다당제 협력(의 정치로 이어질 수 있다면), 다양한 해법을 가진 정당들이 더 많이 들어올 수 있다면 꼭 정의당이 아니어도 좋다"는 심상정 당시 정의당 의원의 말을 믿어보고 싶지 않은가. "촛불 광장을 메웠던 시민의 뜻을 받들어 선거제 개혁 선택권을 시민에게 돌려줘야 한다. (⋯) 정당은 이해관계에서 한발 뒤로 물러나야 한다. 시민공론화위원회가 선택의 주인이 될 수 있도록 전권을 위임하자"는 이용빈 민주당 의원에 호응해 선거제 결정에 참여하고 싶지 않은가.

전원위는 무위로 돌아갔다. 후속 여야협의체가 지지부진했다. 총선 1년 전 선거구를 획정하도록 한 법은 이번에도 지켜지지 않았다. 총선 두 달 전에야 기존 선거방식(소선거구제, 준연동형 비례대표제)을 유지하고 비례 의석은 1석 줄이는 허망한 결론에 이르렀다. 다수당인 민주당이 주저했다. 비겁했다. 이재명 대표의 결단만 기다리며 10개월을 허비했다. 결국 준연동형을 유지했지만 또 다시 위성정당으로 군소정당 몫을 훔쳤다. 의원 정수를 늘려 비례 의석을 대폭 확대하면 위성정당을 막을 수 있었지만 시도조차 하지 않았다. 대선거구제나 의원 증원에 국민 반대가 크지만, 노력조차 하지 않은 것은 유감이다. 최선을 다하고 못다 이룬 개혁이라면 유산으로 남은 게 있었을 것이다.

선거제 개혁을 이대로 포기할 수는 없다. 22대 총선에서 또 보리라곤 상상도 못했던 위성정당을 이렇게 정착시켜서는 안 된다. 국민의힘이 지역 득표율에서 민주당보다 겨우 6.7%P 뒤지고도 의석은 30%P나 차이가 난 총선 결과를 보고 느낀 바가 있다면 먼저 선거제 개편에 나서야 한다. 거대 양당 외 선택지에 대한 유권자 갈망은 조국혁신당에서 다 충족되지 않았다. 전원위에서 언급된 절망과 희망은 그대로다. 응징의 열기를 쏟아낸 씁쓸한 총선 뒤에 정치 개혁의 필요성은 더 커졌다. 선거제 개편뿐만 아니라 정당 개혁, 대통령제 변화나 내각제 전환 같은 권력구조 개편까지 고민할 때가 됐다.

전원위가 쇼로 끝난 것은 쇼라고 생각했기 때문이다. 세상을 바꾸는 것은 냉소가 아니라 열망이다. 전원위 발언 속에 깃들었던 진심이, 거기에 귀 기울이는 시민들이 정치를 바꿀 것이다. 언제까지 '욕하는 재미'로 정치를 구경만 하고 있을 텐가. 국민들이 요구해야 한다. 선거제를 개혁하라. 정치를 절망에서 구하라.

• '3년이 너무 길다'면 내각제를

"3년은 너무 길다"는 조국혁신당 총선 구호의 성공은 대통령을 갈아치우자는 정념이 얼마나 팽배한지를 보여준다. 총선 후 정치

브로커에 농락당한 대통령 부부의 통화 녹취가 정국을 뒤흔들자 사람들은 "하루도 길다"고 한다. 윤석열 대통령 지지율은 20% 안팎으로 고착됐고 탄핵 언급은 공공연해졌다. 대통령 탄핵소추안 발의 국민동의청원에는 143만 명이 동의해 2024년 7월 국회 법제사법위에 회부됐다. 그렇다고 해서 국회가 대통령 탄핵소추안을 발의할 수 있는 건 아니다. 우리나라가 대통령 탄핵을 경험한 나라이긴 하지만 대통령이 싫다고 해임할 수는 없는 노릇이다. 중대한 위헌·위법이 없는 한 대통령의 임기 5년은 보장된다.

생각해 보면 이런 대통령제는 참 무책임한 제도다. 당선된 후 대통령에게 책임을 물을 수단이 없다. 대통령 임기 중 한번은 치르게 돼 있는 국회의원 선거로 대통령 중간평가를 갈음하는데, 2024년 총선처럼 압도적 여소야대를 만들어놓고 나면 대통령이 일하기는 더 어려운 환경이 된다. 정부가 뭘 하게끔 하는 게 아니라, 못 하게만 할 수 있는 자해적 심판이다. 총선으로 대통령에게 민심을 경고할 수는 있지만 대통령이 바뀌지 않으면 뾰족한 수가 없다. 그러니 국민에게는 얼마나 허망한 제도인가. 5년마다 돌아오는 대선을 손꼽으며 심판의 칼을 가는 게 고작이다. 임기 내내 참고 버티다가 잘 드는 칼을 골라 한번 휘두르는 게 끝이다.

이럴 바에야 대통령 교체의 욕구를 제도로 승화시켜 보자. 탄핵이 아니라 내각제로. 더 유연하게 총리를 바꿀 수 있는 체제로 바꿔서 제대로 책임을 묻도록 하자. 그렇게 유권자의 정치효능감을 높이고 정치인의 책임의식은 높이자는 말이다.

대통령 직선제를 쟁취하며 1987년 체제는 시작됐다. 국민들이 내 손으로 대통령을 뽑는 직선제 개헌은 분명 한국 민주화의 자랑스러운 이정표다. 이후 역대 대통령들이 나름의 시대적 과제를 해결하며 한발씩 나아갔다. 문민정부를 연 김영삼 대통령은 전두환·노태우 전 대통령을 처벌하고 하나회를 척결해 군사쿠데타를 과거사로 만들었다. 수평적 정권교체를 경험케 한 김대중 대통령은 5·18 광주의 한을 풀고 복지의 기틀을 다져 산업화 이후 한국 사회가 나아갈 방향을 제대로 잡았다. 노무현 대통령은 지역균형발전 등 국가가 나아갈 비전을 실천했다. 박근혜 대통령까지만 해도 복지 논쟁을 거쳐 보편 복지 확대로 나아가는 시대정신이 있었다.

그런 시대는 다시 오지 않을 것이다. 대통령 한 사람의 혜안과 리더십으로 문제를 해결할 수 있는 시대는 지났다. 혜안은커녕 후보로 삼을 변변한 인물이 없어 상대 진영 검찰총장 출신을 대통령 후보로 세우지 않았던가. 21세기 한국은 한 사람의 걸출한 리더가 시대 과제를 풀 수 없는, 복잡하고 글로벌한 사회다. 연금개혁, 한중 패권경쟁에 낀 경제안보 환경, 기후변화, 저출생 등 무엇 하나 대통령 결단으로 해결할 문제가 아니다. 의회의 집단지도 체제로 대통령제를 대체할 때가 됐다. 도박처럼 한 명의 지도자에게 모든 걸 거는 것보다는 300명을 믿는 게 리스크가 작다.

다수당 대표가 총리가 되는 의원내각제였다면, 2024년 총선으로 윤석열 대통령은 이미 물러났다. 또는 총선을 치르기도 전에 의회가 내각을 불신임해 총리와 내각을 갈아치울 수 있다. 이런 강력한 정부 견제 장치가 있기 때문에 총리 지지율이 너무 낮으면 집권당에서 먼저 총리를 교체하기도 한다. 20%대 지지율은 통상 총리 사퇴의 신호다. 선거 패배나 내각불신임을 피할 수 없기 때문이다.

내각제에 대한 흔한 오해는 이런 내각불신임권, 이에 맞서는 총리의 의회해산권이 남용돼 나라가 혼란해질 것이라는 우려다. 하지만 "3년은 너무 길다"고 하루하루를 꼽는 한국 상황이라면 오히려 절실히 필요한 게 내각불신임권 아닐까? 이런 견제장치가 있다면 대통령이 특검법을 연거푸 거부하며 버티기는 어렵다. 야당 대표를 무시하고 여당 대표마저 안 만나겠다고 불통을 고수할 도리는 없다.

한국의 대통령제를 흔히 '제왕적 대통령제'라고 일컫는다. 확실히 대통령 권한이 비대하다. 국가원수로서 외교·군통수 권한과 행정부 수반으로서 내치 권한을 다 가질 뿐만 아니라, 내각제적 특징인 정부의 법률안 제출권과 의원의 각료 겸직까지 누린다. 그리고 사실상 공천에 영향력을 행사해 여당을 장악한다.

하지만 국회 의석 다수를 점하지 못하면 제왕적 권한은 무력해진다. 민주화 이후 역대 대통령들은 임기 중 한때는 여대야소, 한때는 여소야대로 강력한 리더십과 무기력한 리더십을 다 거쳤다. 윤석열 정부는 유일한 예외다. 임기 내내 여소야대다. 야당 협조 없이 할 수 있는 게 없는데 여야 협치는 바닥 수준이다. 국회가 입법으로 대통령을 가로막고 대통령이 거부권으로 국회를 훼방 놓는 이 꽉 막힌 국정 경색은, 다수당이 곧 정부인 내각제에선 원천적으로 발생하지 않는다. 어쨌거나 정부가 일을 할 수 있는 환경을 만들어놓고, 그에 대해 책임을 묻는 게 국민 정신건강에도 도움이 되지 않을까.

내각제는 다당제를 바탕으로 한다. 이 점 또한 우리에게 중요하다. 지금 한국은 공고한 양당제의 가장 나쁜 형태를 경험하고 있다. 제3의 대안 없이 거대 양당이 권력을 주고받는 구조에서 양당은 정책 경쟁을 내팽개쳤고 혐오와 적대로 지지층을 결집시켜 '더 싫은 쪽을 떨어뜨리는 선거'로 치달았다. 2022년 대선 때 양당은 윤석열·이재명 후보를 향해 공공연히 탄핵과 구속을 장담했고, 2024년 총선 땐 서로를 심판하라고 부르짖었다. 이처럼 정치적 양극화와 적대감이 심화하는 것에 대해 지병근 조선대 정치외교학과 교수는 "선거에서 지면 내가 희생될지 모른다는 두려움의 정치가 작동하는 것"이라고 말했다. 승자가 모든 권력과 자리를 휩쓸고 패자는 수사와 처벌의 위기에 처하는 게 공식이 되다 보니 오직 이기기 위해 온갖 네거티브를 불사한다는 것이다. 2022년 '퓨리서치센터'의 선진 17개국 설문조사에서 한국은 '정치적 입장이 다른 이들 간 갈등이 심하다'는 응답이 90%로 미국과 함께 최고였다.

다당제는 진영 간 갈등에 브레이크를 걸 수 있다. 한 표만 더 얻어도 집권당이 되는 양당제가 아니라 여러 당이 연대해야만 다수당이 될 수 있는 다당제에서는 혐오와 비방 대신 타협과 연합이 필요하기 때문이다. 정치인들이 그렇게 하겠냐고 냉소하기 전에 제도를 바꿔서 새로운 규범을 받아들여 보자. 이대로 둔다고 더 나아질 것도 없는데 시도해 보지 않을 이유가 없다. 기후변화, 성평등 등을 주요 비전으로 삼는 소수 정당이 국회에 진입한다면, 양당이 외면해 온 다양한 의제가 토론 테이블에 오를 수 있다. 이것이 거대 정당의 변화를 촉발할 수 있다.

내각제로 가는 길은 험난하다. 개헌을 주도할 정치세력이 안 보인다. 국민 다수는 여전히 대통령제를 선호한다. 국회에 권력을 부여하기엔 국민 불신이 높다. 하지만 강원택 서울대 정치외교학부 교수는 오히려 현 정부에서 "국민 설득 가능성은 높아졌다"고 말한다. "(국정을) 잘 모르는 대통령을 뽑아 다 함께 망하는 정치 형태는 문제가 있다는 성찰이 있다. 한 명의 지도자에게 국가의 5년을 걸 게 아니라 인재들이 집단적으로 결정하는 구조가 신뢰할 만하다는 생각이 커지고 있다. 총리와 내각의 정치는 일인 지배가 아니다. 한국은 군사독재와 민주화를 거쳤고, 80년대 저항세력도 권력을 잡아봤고, 산업화 세력과 민주화 세력이 부딪히기까지 했다. 온갖 구시대적 갈등을 다 겪은 이 시점이 새로운 그림을 그릴 때다. 정치인들이 아직도 갈등을 부추겨 지지를 이끌어 내는 구식 정치를 하고 있기 때문에 국민들이 식상해하는 것이다. 세력들이 연합하고 타협하면서 갈등을 풀어내는 정치가 오히려 새롭지 않나."

나는 새로운 정치를 꿈꾼다. 물들지 않은 신인 정치인이 아니라 해보지 않은 제도를 원한다. 나이가 어리거나 튀는 정치인이 새 정치가 아니다. 기존 제도가 풀지 못한 문제를 해결할 수 있어야 새 정치다. 내각제 개헌이야말로 새 정치라고 나는 믿는다. 제도를 개혁함으로써 정치 문화를 일신하기를 소망한다. 앞으로 3년이 너무 길다면, 또 다른 5년이 길지 않다고 장담할 수 없다. 약 40년 간 한국 사회는 민주화를 성숙시켜 왔다. 이제 거기서 한 발 더 뛰어야 할 때다.

AI, 존재의 전환기 앞에 선 인류

위대한 경연이었다. 인공지능(AI)에 충격을 받고, 사람에 경탄했다. 인공
지능이 바꿔놓을 세상을 앞당겨 경험했다. 두려움이 낙관을 압도했지만,
덕분에 우리가 어디로 가야 할지 깨달았다. 얼마를 줘도 아깝지 않을 '미
래에 대한 비전'을 한국사회는 얻었다.

세기의 대국이 남긴 중대한 유산은 따로 있다. 인간에 대한 존재론적 질
문이다. 인간이란 어떤 존재인가, 지능적 인간과 재현된 지능은 본질적으
로 다른가, 라는 엄청난 질문의 씨앗을 알파고는 뿌렸다. 그 열매는 분명
선악과가 될 테지만 너무 두려워할 필요는 없다. 인공지능 시대에 인간은
자기 존재를 새롭게 규정할 것이기 때문이다.

2016년 3월 딥마인드의 AI 알파고와 인류 최고의 바둑기사 이세돌의 대
국은 전도와 역전으로 막을 열었다. 역사상 첫 AI의 바둑 승리 후 하루아
침에 기계 알파고는 '알 사범'이, 입신(入神) 이세돌 9단은 '도전자'가 됐다.

경악스러운 인공지능의 승리는, 인간을 모방한 덕분이었다.

이미 20년 전 IBM의 인공지능 슈퍼컴퓨터 딥블루가 체스 세계챔피언 카스파로프를 꺾었지만 바둑은 줄곧 인간의 것이었다. 빠른 연산만으론 바둑을 이길 수 없었다. 돌 놓을 자리가 19줄 × 19줄 = 361개나 되는 바둑판에서 모든 경우의 수를 무작위적으로 계산해 승리할 착점을 찾는다면 슈퍼컴퓨터를 다 동원해도 첫 수를 놓기 전 인류가 멸종할 것이다.

사람은 전체 판세를 두텁다거나 무겁다고 느끼고, 예측이 잘 안 되는 중앙에선 뒷맛을 남겨 싸움을 미루고, 수 계산이 가능한 귀에서부터 집을 확보한다. 흔히 말하는 직관이다. 인간은 컴퓨터보다 느리고 부정확하지만 복잡한 것을 어림짐작하고 의미 있는 연관성을 파악하는 데에 능하다. 인간의 뇌에서 1,000억 개의 신경세포가 약 1,000조 개의 연결고리(시냅스)로 중층적으로 이어져 병렬연산함으로써 이런 일을 해낸다. 직관적인 패턴 인식은 생존을 위해 진화시킨 인간의 전략이다. 몇 개의 특징으로 사자와 고양이를 구분하고 얼굴에 스치는 찰나의 표정에서 상대의 거짓말을 간파하는 게 다섯 자리 곱셈을 잘하는 것보다 절대적으로 생존에 유리하기 때문이다.

알파고가 이렇게 했다. 딥마인드 최고경영자 데미스 허사비스의 《네이처》 논문*에 따르면, 13개 층으로 이뤄진 알파고의 인공신경망은 사람의 바둑(기보 16만 개, 3,000만 개 상황)을 학습해 바둑돌이 놓인 패턴을 파악할 줄

---

*   데이비드 실버 외, 「심층 신경망과 트리 탐색을 이용한 바둑 정복(Mastering the game of Go with deep neural networks and tree search)」, 《네이처》, 529, 484-489 (2016)

알았고 엉뚱한 수를 배제시키는 법을 배웠다. 인간처럼 '직관적으로' 연산 범위를 좁히자 승률이 높은 수를 찾아내기 쉬워졌다. 이를 가능케 한 AI 기술의 돌파구가 심층 학습(Deep Learning)이다. 딥블루가 사람이 변수를 설정해 훈련시키는 전문가 시스템의 성취라면, 알파고는 AI 스스로 빅데이터로부터 변수를 찾아 조정하는 딥 러닝의 개가다. 우리는 아직도 우리의 뇌를 분석적으로 이해하지 못하지만 어쨌든 두뇌가 학습하는 방식을 모방함으로써 인간을 뛰어넘은 것이다.

인간의 바둑과 다른 점도 있다. 승리 목표에 충실한 알파고는 크게 이기기 위해 장고하는 스타일이 아니라 쉬운 계산으로 이길 수를 찾는다. 알파고의 기풍을 일컬어 "(예상치 못한 수를 두는데 끝내기를 하고 나면 꼭 반 집씩 이기던) 전성기의 이창호 같다"고 하는 이유다. 알파고는 인간 기보 학습에 이어 알파고끼리의 대국을 통한 강화학습을 거쳤는데, 해설자들이 말하는 "프로기사들이라면 결코 두지 않을" 수가 그래서 나왔을 터다. 인간을 모방했으나 인간과 똑같지 않은 이런 점이 알파고의 승인이자 패인이었다.

알파고가 예견하는 미래는 가공할 만하다. 알파고가 2년 만에 5,000년 바둑 역사를 따라잡았듯, 인공지능은 짧은 시간에 빅데이터를 학습할 수 있다. 방대한 데이터를 학습한 사람 같은 신경망은 제한된 영역에서 신세계를 열어젖힌다. 수백만 건의 법률자료에서 적합한 판례와 법조항을 찾아낼 것이며, 수만 가지 병리적 증상에 적용될 가장 효과적인 치료법을 알아낼 것이고, 온갖 변수를 감안한 기민한 투자를 가능하게 할 것이다. 우리는 차츰 사람보다 일 잘하는 알파 변호사, 알파 의사, 알파 애널리스트를 신뢰할 것이다. 실적이 안 좋으면 인공지능에 배신감과 분노도 느낄 것이다. AI에 일자리를 빼앗길 것이라는 두려움과 공포도 번지고 있다. 하지만 인간도 호락호락하지 않다. 알파고가 판판이 이세돌을 꺾자 "애초부터 1,202개 CPU와 맞붙은 불공정 게임이었다"며 방어기제를 작동시키는 인간이 아니었던가. AI에 나쁜 의도는 없다고 믿겠지만 그래도 재판에 지거나 돈을 잃으면 화를 낼 것이다. AI를 규제하거나 개선하자고 압박할 것이다. 자율주행차 개발사들이 사고 피해를 최소화할 알고리즘을 개발할 때 윤리적 기준을 주입하도록 입법 규제가 논의될 것이다. 인공지능 윤리학이 학문의 일가를 이룰 터다. 특정 영역에서 AI가 인간의 지능을 앞지를지 몰라도 사람은 AI를 제도 안으로 끌어들여 재편할 것이다. 세기의 대국이 한국에 남긴 이런 비전과 시야는 구글 딥마인드가 AI 선두자임을 만천하에 떨친 마케팅 효과보다 더 값지다.

알파고를 대하는 인간들의 태도 역시 AI 시대의 단면이다. 인간이 두지 않는 수, 컴퓨터만 둘 수 있는 수에 사람들은 깜짝 놀랐고, 훨씬 앞을 내다본 묘수를 치켜세웠다. 알파고의 악수(惡手)에 대한 반응은 훨씬 재미있다. 이세돌이 유일하게 승리한 제4국에서 그가 둔 신의 한 수에 '당황한' 알파고가 '혼란스러워했고', 79수에 '실수'를 했는데도 87수가 돼서야 그 실수를 '알아챘다'고 사람들은 해석했다. 사람들 마음속에서 알파고는 이미 하나의 인격체였다.

그러면서도 AI에게 인간만의 본질적인 그 무엇이 결여돼 있다는 사람들의 믿음은 강고하다. 알파고에게 영혼이 있을까? 바둑의 낭만을 알고나 두는 걸까? 바둑을 즐기고 있을까? 대부분의 사람들은 "그렇지 않다"고 답할 것이다. 아무리 바둑을 잘 두는 지능이라도 인간보다 열등하다고 폄하한다. 과연 그런가.

알파고가 '뒤늦게 알아차린 착각'에 대해 허사비스는 "79수 때 알파고의 승률이 70%였지만 87수 때 급격히 떨어졌다"고 설명했다. 그러면 사람의 착각이란 과연 무엇일까. 인간의 뇌 신경망이 시냅스를 잘못 연결해 빚어진 착각이 이와는 다른 것인지 생각해 보자. 컴퓨터의 실리콘 신경망은 전자의 연산이고 생명체의 단백질 신경망은 영혼의 손길이라고 구분할 이유를 말해보자. 똑같이 지적 기능을 하는 AI와 인간의 신경망을 차별할 이유가 없다는 게 영국 철학자 닉 보스트롬의 견해다. 그는 이렇게 말한다. "윤리적 관점에서 사람이 생물학적 뉴런을 갖든 실리콘 뉴런을 갖든 아무 차이가 없다. 피부색이 어두우냐 밝으냐가 도덕적으로 무관하듯 말이다. 인종 차별이나 종 차별을 반대하는 논리 그대로 우리는 탄소 우월주의, 즉 생물중심주의를 거부해야 한다."[*]

세기의 대국이 남긴 마지막 질문은 바로 인간 존재의 본질에 대한 것이다. 알파고에게 영혼이 없다면 인간에게는 어떻게 있다고 확신하느냐는 질문이다. 인공지능이 인문학과 철학에 미칠 파장은 과학기술과 산업에 미칠 충격보다 심각하다. 물론 인간의 자유의지와 감정 같은 고차원적 개념, 이 모든 것을 아우르는 영혼이라는 개념은 한동안 유효할 것이다. 이세돌이 알파고와의 대국 제의를 단 5분 만에 받아들인 이유이자 제5국에서 불리한 흑을 잡겠다고 한 이유, 호기심과 도전이라는 욕구도 최후까지 설명하기 어려운 인간적 특질이다. 이 때문에 이세돌은 AI에 패배한 첫

---

[*] 레이 커즈와일, 김명남·장시형 옮김, 『특이점이 온다』, 김영사, 2007

번째 인간이 아니라, AI를 꺾은 마지막 인간으로 남았다. 하지만 언젠가 인간 정신의 고유함이 부정되고 이 모든 신비와 낭만이 물질적으로 설명되는 날이 온다 해도 분노하거나 두려워하지 말자. 인공지능을 통해 자신을 더 잘 알게 될 인간은 충분히 받아들일 테니까.

¶ ¶ ¶

이 글은 이세돌과 알파고의 역사적인 서울 대국이 끝난 날 대국의 의미를 총정리하기 위해 쓴 리뷰다. 「위대한 경연은 끝나고, 우린 다시 존재를 묻는다」는 제목으로 2016년 3월 16일자 《한국일보》 1면에 실렸다. 당시 사회부장이었던 내가 사회부 담당도 아닌 알파고 기사를 쓰게 된 배경이 있다. 대국 첫날이었다. 국장과 부장들이 지면계획을 논의하는 아침 회의 때 담당 부서장은 한 치의 의심 없이 이세돌 승리 지면안을 보고했다. 알파고가 승리할 경우 지면안은 아예 없었다. 이세돌이 우세하다는 예상이 지배적이긴 했다. 그러나 AI가 바둑에서 승리하는 것도 시간문제라고 여겼던 나는 "알파고가 이기면 지면을 어떻게 할 거냐"고 물었다. 모두들 웃어넘겼다. 당황한 건 나였다. 몇 시간 뒤 바둑 해설자만큼이나 당황한 뉴스룸은 허둥지둥 지면안을 뒤엎었다.

이세돌이 승리한 제4국 때도 "오늘은 이세돌의 인간 승리에 초점 맞춰 써야 한다"고 혼자 흥분했다가 무안함을 감당해야 했다. 기사가 뻔히 보이는데도 내가 결정할 수 없다는 사실에 그렇게 갑갑했던 적이 없다. 그러다 결심했다. 차라리 내가 쓰자. 나는 대국 총정리 기사를 쓰겠다고 손을 들었고 감사하게도 국장은 흔쾌히 허락했다. 주말 동안 허사비스의 논문과 관련 자료를 읽으며 기사를 준비했다. AI 기술의 진보가 인류에 던진 함의를 쓰겠다고 마음먹었다. 인간은 AI에게서 공포를 경험하고 또한 인간이 무엇이냐는 존재론적 질문에 답을 얻게 될 것이라는.

알파고를 보면서 예견했던 '가공할 미래'는 6년 만에 도래했다. 문장을 학습해 글을 쓰는 생성형 AI 챗GPT는 2022년 11월 공개되자마자 세계를 사로잡았다. 반응은 열렬했다. 글, 이미지, 영상을 생성해내는 AI들은 무시무시한 속도로 발전해 일상을 파고들었다. 학생들은 평생 그랬다는 듯 챗GPT와 함께 과제를 한다. 인터넷에는 실사인지 AI 생성물인지 알 수 없는 이미지와 영상들이 넘쳐난다. 문화예술, 교육, 광고, 그리고 다양한 산업분야에서 생성형 AI가 도입되고 있다.

사람들은 알파고의 영혼을 부정했듯 챗GPT의 창의성을 부정한다. '창작' 아닌 '생성'이란 용어부터 차별적이다. 생성형 AI의 글, 그림을 혼성 모방이라 폄하하고 저작권을 인정하지 않는다. 즉, AI를 인간의 제도 안에 재편해 사용하는 중이다. AI에게서 인간을 재발견하게 될 것이라는 예상도 틀리지 않았다. 나는 창의성의 본질 또한 AI와 인간이 다르지 않다고 생각한다. 인간의 창작 역시 경험적으로 뇌에 입력된 많은 데이터를 모방하고 짜깁기하는 것에서 출발한다. 그중 거리가 먼 데이터를 잘 연관 짓는 능력이 창의성이다. 확률적으로 연관성 높은 단어를 찾도록 학습된 생성형 AI의 창의성은 모차르트와 셰익스피어를 따라잡기 어렵지만 그 격차를 신이 내린 선물이라고 해석할 필요는 없다.

나는 2024년 4월 국내 언론사 중 처음으로 《한국일보》 생성형 AI 활용 준칙'을 제정한 책임자였다. 뉴스스탠다드실장으로 발령받자마자 준칙이 필요하겠다고 예상했고 제정 계획을 공지했었다. AI 사용을 제도화할 것이라는 나의 전망을 내가 실천한 셈이다. 사실 보도가 핵심 가치인 언론에는 생성형 AI 도입이 유용성만큼 위험성이 크다. 생성형 AI는 진실만을 말하지 않기 때문이다. 언어로 소통하는 챗GPT는 알파고보다 인격화하기 쉽지만 이는 언어를 익힌 지능이지, 추론하고 판단하는 지능은 아니다. 《한국일보》의 준칙이 AI 사용을 폭넓게 허용하면서도 사실 확인은 반드시 인간 기자가 하도록 한 건 그래서다.

고민은 이것만이 아니다. 글쓰기를 훈련해야 할 어린 연차의 기자들에게는 생성형 AI로 기사쓰기를 금해야 하지 않느냐는 의견이 있다. 타당해 보이지만 사용을 막을 수 있을지 모르겠다. 사진기자가 생성형 AI로 현장을 재현해 실사 촬영을 대체하는 건 허용되는가. 실제로 이 질문을 받고서 나는 "사실 보도라는 언론의 가장 중요한 원칙을 훼손하는 것"이라고 단호히 선을 그었다. 하지만 "이용자들은 받아들일 것 같다"는 질문자의 반응은 생각의 여지를 남겼다.

뉴스를 소비하는 방식도 달라질 것 같다. 나는 2024년 9월 '미디어의 미래 콘퍼런스'에서 언론의 생성형 AI 활용을 세 단계로 전망했다. 언론사가 생성형 AI로 뉴스를 제작하는 게 첫 번째, 뉴스콘텐츠를 지식 데이터로 활용해 이용자서비스를 제공하는 게 두 번째라면, 세 번째는 뉴스이용자가 직접 뉴스를 생성해 읽는 것이다. 생성형 AI를 장착한 검색 포털이나 뉴스브리핑업체 사이트에서 이용자가 프롬프트를 입력해서 뉴스를 생성해 읽는 미래가 상상이 된다. AI 뉴스는 다양한 언론사 뉴스를 종합해 생성한 것이지만, 뉴스이용자들은 기사 원문을 읽지 않은 채 뉴스를 다 봤다고 여길 가능성이 있다. 12부작 드라마를 1시간 요약 영상으로 보는 시대가 아닌가. AI 뉴스에서는 매체·기자마다 차별적인 관점과 정보와 문장은 뭉개질 것이다. 매체의 영향력은 더 떨어질 것이다. 그때에도 최신의 정확한 정보를 생산하는 언론의 역할은 반드시 필요하지만, 언론이 없어도 된다는 오해가 커질 수 있다. 우리나라처럼 언론에 대한 불신이 높고 기자 혐오가 심한 나라라면 더욱 그렇다. 우리 사회가 의제를 공유하고 토론하는 일이 더 어려워지지 않을지 걱정스럽다.

AI에 대한 걱정은 연구자들에게서 먼저 나왔다. '딥 러닝의 아버지' 제프리 힌튼(2024년 노벨물리학상 수상)을 비롯해 AI 혁신의 최전선에 있던 연구자들은 인류를 멸종시키고 싶지 않으면 연구 속도를 늦추라고 경고했다. AI의 지능이 인간의 지능을 초월할 특이점이 눈앞에 보이자 우려가 커진 것이다. 이들은 AI가 악의를 품지 않아도, 자유의지가 없어도, 인간이 다 간파하지 못한 AI의 연산이 우발적으로 인간을 멸종시킬 가능성을 우려했다.

AI 연구 속도를 늦출 것인가, 말 것인가. 인류의 미래는 이런 결정에 달려 있다. 정답을 찾아내는 똑똑한 지능이 아니라, 하기로 또는 하지 않기로 결정할 인간에게 달렸다. AI가 인류를 멸종시킨다면 그것은 결국 인류의 선택 때문일 것이다. 인간과 AI의 경쟁이란 실제로는 AI를 쓰는 인간끼리의 경쟁일 것이다. AI에게 무엇을 허용하고 금지할 것인지는 인간이 그을 선이다. AI로 재현한 이미지를 현장 사진으로 인정할 것인가? 사실에 대한 기준이 중요한가? 언론과 기자가 없어도 괜찮은가? 이 모든 것들은 AI의 발전에 따른 불가피한 결과가 아니다. 우리가 어떻게 합의하느냐의 문제다.

과학은 초월적 관점을 준다. 내가 과학 기자를 할 때 가장 매료됐던 점이다. 인간 종의 시간을, 우주적 공간을 그릴 수 있게 만든다. 천문학자 칼 세이건이 태양계 외곽에서 보이저 1호가 촬영한 '창백한 푸른 점'(세이건이 지구를 일컬은 말이자 그가 쓴 책 제목)을 보며 인류 역사의 위대한 영광과 승리, 만행, 오해, 증오, 그리고 우리가 특별하다는 망상이 얼마나 사소한지 보여준다고 했던 그런 관점 말이다. 인공지능에 인간의 모습을 비춰보고 그것이 인간의 지능을 초월할 순간을 떠올려 보자. 이 책에 쓴 많은 문제들이 하찮아질 것이다. 찰나의 권력을 잡겠다고 거짓과 위선과 비굴을 무릅써야 했는지, 그 약간의 차이가 뭐라고 차별과 혐오를 쏟아내는지, 화려하게 춤춘 궤변은 무엇을 위한 것이었는지 아연해진다. 그리고 진짜 중요한 문제들이 떠오를 것이다. 인류는 스스로의 멸종을 막을 수 있을지, 지구와 다른 생물 종에 가장 위험한 존재인 인류를 구하는 게 옳은 일인지, 인류가 존속하기 위해 가장 필요한 건 소통과 연대가 아닌지 생각하게 된다.

나는 이제 인공지능과 함께 살 미래를 한없이 낙관하지 못한다. 비관과 낙관이 중첩한다. 인간 정신의 고유함과 신비가 사라지는 건 두렵지 않다. 다만 우리가 어떤 미래를 살기로 선택할지 확신할 수 없다. 그래도 나는 올바른 선택을 도우려 목소리를 낼 것이다. 나의 기자 경력은 무수히 하찮은 분노, 중요한 고민으로 이뤄졌고 또 이어질 것이다. 분노하고 비판하며 진실을 밝히려 분투할 것이다. 나의 목소리는 때로 주목받고 또 때론 묻힐 것이다. 기자라서 할 수 있는 일에 감사하다.

오염된 정의

기자 김희원, 탈진실의 시대를 말하다

발행일	2024년 11월 28일 초판 1쇄
	2024년 12월 31일 초판 2쇄

지은이	김희원
편집	박성열, 신희정
디자인	박은정
인쇄	민언프린텍
제본	라정문화사

발행인	박성열
발행처	도서출판 사이드웨이
출판등록	2017년 4월 4일 제406-2017-000041호
주소	서울시 영등포구 당산동3가 522-2, 304호
전화	031)935-4027 팩스 031)935-4028
이메일	sideway.books@gmail.com

ISBN   979-11-91998-36-8 (03300)